प्यार हुआ, इकरार हुआ

लेखिका की अन्य पुस्तकें

प्यार हुआ, इकरार हुआ

लाइफ इज व्हाट यू मेक इट की बेस्टसेलिंग लेखिका की कलम से

प्रीति शेनॉय

www.prabhatbooks.com

प्रकाशक

प्रभात पेपरबैक्स

प्रभात प्रकाशन प्रा. लि. का उपक्रम

4/19 आसफ अली रोड, नई दिल्ली–110002

फोन : 23289777 • हेल्पलाइन नं. : 7827007777

इ–मेल : prabhatbooks@gmail.com ❖ वेब ठिकाना : www.prabhatbooks.com

संस्करण

प्रथम, 2022

अनुवाद

रचना भोला 'यामिनी'

मूल्य

तीन सौ रुपए

मुद्रक

आर–टेक ऑफसेट प्रिंटर्स, दिल्ली

★

PYAR HUA, IKRAAR HUA

novel by Smt. Preeti Shenoy

(Hindi translation of WHEN LOVE CAME CALLING)

Published by **PRABHAT PAPERBACKS**

An imprint of Prabhat Prakashan Pvt. Ltd.

4/19 Asaf Ali Road, New Delhi-110002

by arrangement with Srishti Publishers & Distributors

ISBN 978-93-5521-156-9

₹ 300.00

पूर्वी और उसके सभी सामाजिक प्रयोगों के नाम!

लेखिका और उनके लेखन के लिए प्रशंसा के शब्द

"भारत के सबसे लोकप्रिय लेखकों में से।"

—कॉस्मोपॉलिटन

"भारत की टॉप-सेलिंग लेखिका।"

—बी.बी.सी. वर्ल्ड

"बेहतरीन, ताजा और आसानी से समझ आनेवाला लेखन।"

—न्यू वूमेन

"तेजी से पढ़ने योग्य उपन्यास।"

—डी.एन.ए.

"सकारात्मक और जीवन से भरपूर।"

—फाइनेंशियल वर्ल्ड

"सरल भाषा में समझदारी से लिखा गया...गहरा असर छोड़ता है।"

—एक्जॉटिका

"आश्चर्यजनक! वे कितनी कारीगरी से कहानी बुनती हैं।"

—ईव्स टाइम्स

"पाठक को पहले पन्ने से आखिरी पन्ने तक बाँधे रखती हैं।"

—आफ्टरनून वॉइस

"चुंबकीय और मन रमा देनेवाला लेखन। आसानी से पढ़े बिना नहीं रख सकते।"

—वन इंडिया वन पीपल

"गहन कथानक, जो आपके भावों से खेलता है।"

—द न्यू इंडिया एक्सप्रेस

"प्रीति शेनॉय ने इसे कर दिखाया।"

—द हिंदू

"दिल को छू लेनेवाली प्रेमकथा।"

—बैंगलोर मिरर

"इसमें सबके लिए कुछ है।"

—द हिंदू

"शो-स्टीलर।"

—डेक्कन क्रॉनिकल

"कितना गहन निरीक्षक मन।"

—डी.एन.ए.

"अद्‌भुत, जुनून से भरी साधारण कथा।"

—द सेंटीनल

आभार

मेरी बिटिया पूर्वी के लिए—हर चीज के लिए! वह इस किताब के लिए मेरी पहली संपादक बनी और मुझे युवा वयस्क लोगों की दुनिया को समझने में मदद की। मैं इन खूबसूरत तसवीरों और किताब के शानदार आवरण चित्र के लिए भी आभारी हूँ। इस किताब के लिए पूर्वी ने बहुत बड़ी भूमिका अदा की है।

मेरे आरंभिक पाठक और निकटतम मित्र, जिन्होंने किताब को और बेहतर बना दिया।

मेरा बेटा अतुल, उसे तकनीकी आउटपुट और विवरणों के लिए शुक्रिया। उसने भी किताब पढ़कर अपने सुझाव दिए। मेरे पति सतीश, जो हमेशा की तरह मेरे साथ बने रहे।

मेरे पिता के.वी.जे. कामत और मेरी माँ प्रिया कामत, जो मेरी शक्ति और प्रेरणा के स्रोत रहे हैं।

अरुप बोस, जे.के. बोस, स्तुति और सृष्टि की सारी टीम के लिए। उन्हें मुझ पर पूरा विश्वास है।

किताब से जुड़ी बारीकियों पर चर्चा के लिए संध्या श्रीधर का आभार।

प्रणव शाह और उनकी टीम का आभार। उन्होंने भरोसेमंद और सुपरफास्ट तकनीकी सहयोग दिया। शुक्रिया, साथियो!

लेखक चित्र के लिए मूर्ति और प्रदीप का धन्यवाद।

किताब लिखने के दौरान जब भी आराम की जरूरत महसूस हुई तो जुंबा के साथी बहुत काम आए।

जिम में फिटनेस के लिए समर्पित साथियों का आभार। आप सदा प्रेरित करते हैं।

लॉस्ट्रिस, तुमने मेरे जीवन को रोशन किया है!

एक लड़की की डेस्क पर रखी नोटबुक से

"बंदरगाह पर खड़ा एक जहाज सुरक्षित होता है; परंतु जहाज इसलिए तो नहीं बनाए जाते।"

—जॉन ए. शेड

यात्रा अपने आप में किसी बड़ी शिक्षा के समान है। यह आपको आपके आरामदायक घेरे से बाहर ले आती है, आपको बड़े-बड़े काम करना सिखाती है, मन का विस्तार करती है, आपको एक व्यक्ति के रूप में विकसित करती है और आपको इंस्टाग्राम पर कई टन फॉलोवर्स भी मिल जाते हैं।

यात्रा करना इतना आसान नहीं होता। इसके लिए आपको धन चाहिए, समय चाहिए। यह भी हो सकता है कि आपके पास इनमें से एक चीज हो और दूसरी चीज का अभाव हो। और इनमें से एक का भी अभाव होने पर यात्रा करना असंभव है।

दूसरी बात यह है कि आपको असुविधा के साथ सहज होना होगा। यात्रा आपको सामान्य दिनचर्या से अलग कर देती है। आपको अपनी मंजिल और रहने की जगह सावधानी से चुननी होंगी तथा योजना बनानी होगी कि आप नए देश में कैसे रहने वाले हैं। आपको करेंसी, रिवाज, संस्कृति, नई भाषा और बहुत सी बातों की जानकारी रखनी होगी। यह सब परेशानी एक ऐसे अनुभव को पाने के लिए है, जिसके लिए उम्मीद की जाती है कि वह एक बड़ी असफलता में नहीं बदलेगा। कुल मिलाकर, यात्रा कोई आसान चीज नहीं है।

अगर आपको यात्रा के दौरान मतली होती है, विमान या पानी के जहाज से डर लगता है तो आपकी समस्या और भी बढ़ जाती है। हालाँकि, यात्रा का विचार बहुत नेक है, मन को आजादी का अहसास देता है और जब आप इंस्टाग्राम पर लोगों की सुंदर तसवीरें देखते हैं तो मन में उत्साह भी जगाता है; पर इसके पीछे जो असली मेहनत छिपी है, वह विशालकाय है।

आपको दुनिया की खोज करने के लिए स्वयं को इतने कष्टों में डालने की जरूरत क्यों है? आप स्नैपचैट की स्टोरीज और इंस्टाग्राम वीडियो की मदद से भी तो यात्रा कर सकते हैं।

आपको ठीक वही अनुभव मिलेगा।

खैर, लगभग वैसा ही अनुभव!

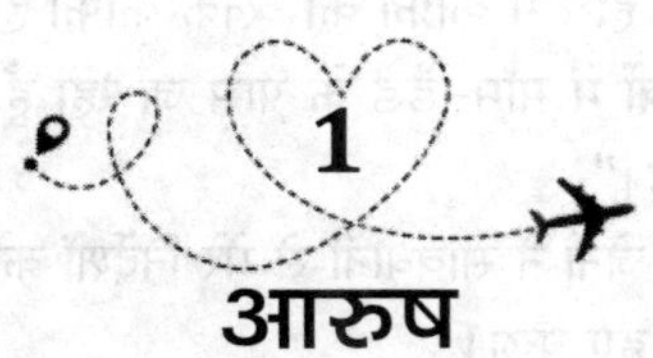

1
आरुष

सुबह 8.30 बजे : नींद से जगाना

गरमाहट लानेवाली लाइट जलाना

कटोरे का पानी बदलना

ह्यूमीडिफायर ऑन करना

सुबह 9.30 बजे : केला/कीवी/संतरा या तरबूज खिलाना

11.30 बजे : ताजा कटी हरी स्क्वैश, रॉकेट या पालक खिलाना

कैल्सियम सप्लीमेंट्स मिला देना

दोपहर 3.00 बजे : विंसेंट को बाग में धूप सेंकने के लिए ले जाना

रात 8.00 बजे : खाने की प्लेट हटाना

10.30 बजे : गरमाहट लानेवाली लाइट बंद करना।

इग्वेना या गोह का ध्यान रखना इतना मुश्किल भी नहीं है; पर आपको थोड़ी मेहनत करनी पड़ती है। इसलिए मैंने ये सारे निर्देश लिखे और तीन फोटोकॉपी कर दीं, जो मेरे कमरे में रहनेवाले तीनों दोस्तों के नाम हैं। इनमें से एक कॉपी को विंसेंट के घर के ठीक ऊपर चिपका दिया। यह 30 गैलन का एक एक्वेरियम टैंक है, जिसमें एक रेप्टाइल ह्यूमीडिफायर, गरमाहट देनेवाला लैंप, पौधे, विंसेंट के चढ़ने के लिए शाखाएँ, ताजा पानी का कटोरा और उसके घर को अल्ट्रा-लक्जरी पैड बनानेवाली हर चीज मौजूद है। उन तीनों के बीच काम बाँट दिए गए हैं। वे तीनों ही विंसेंट को बहुत प्यार करते हैं। इसलिए मुझे लगता है कि सब ठीक रहेगा। पर मेरे मन का एक हिस्सा अब भी आशंकित है।

जोश ने निर्देश पढ़ते हुए मुझे दिलासा दी, "तुम चिंता मत करो। हम विंसेंट को उसकी पूरी सनशाइन देंगे और मुझे यह सब करना आता है। मैं उसकी उतनी ही देखरेख करता आ रहा हूँ, जैसे तुम करते हो।"

"तुम दोबारा कब जा रहे हो?" टॉम पलंग पर कमर टेके अपने लैपटॉप से झाँक रहा है और उसके हाथ में कोफ्रा की ब्लैक कॉफी है।

"आज रात मैं डर्बी में मॉम-डैड के पास जा रहा हूँ। वहीं से तीन दिन बाद भारत के लिए फ्लाइट है।"

"उत्साहित हो?" जेना ने सावधानी से मेरे निर्देशों को अपनी डेस्क के ऊपर लगे बोर्ड पर पिन करते हुए पूछा।

"थोड़ा डरा हुआ हूँ।" मैंने ईमानदारी से जवाब दिया।

"क्या भारत तुम्हारा घर नहीं है?" टॉम ने त्योरियाँ चढ़ाईं।

"यह तो रेसिस्ट बात हुई। डर्बी मेरा घर है। मैं कभी भारत नहीं गया, एक बार भी नहीं। यहीं मेरा जन्म हुआ और मैं यहीं पला-बढ़ा। मैं भी तुम्हारे जितना ही ब्रिटिश हूँ। इंडिया मेरा घर कैसे हो सकता है?" मैंने गंभीर स्वर में कहा।

"बिल्कुल सही कहा। सॉरी, मेरे कहने का यह मतलब नहीं था। यह कुछ ऐसा नहीं है कि तुम चीन या हो ची मिन्ह सिटी में जा रहे हो।" उसने जल्दी से कहा और थोड़ा बेचैन-सा दिखा।

"अरे, मैं तो ऐसे ही दिल्लगी कर रहा था।" टॉम के चेहरे पर असहजता के भाव बढ़ते देखकर मैंने मामला सँभाला। वह 'रेसिस्ट' शब्द सुनकर ही शर्मिंदा हो गया था।

"ओह, मैं तुम्हारी बातों में आ गया। मुझे लगा कि मैंने तुम्हारा दिल दुखाया है।" उसने मुझ पर कुशन चलाकर मारा। मैं पीछे हट गया। वह जेना के सिर पर जाकर लगा।

"जोकर कहीं के!" उसने अपना सिर हिलाते हुए कहा।

मुझे कोई बुरा नहीं लगा था। मेरे नाम और रूप-रंग के सिवा मेरे अंदर कुछ भी भारतीय नहीं था। जब आप किसी देश में बड़े होते हैं, जहाँ आप दूसरों से अलग हों, तो आपको अनुकूल होना आ जाता है। मेरे पापा मेरा नाम 'एंडी' या 'एरोन' रखना चाहते थे। मॉम ने कहा कि भले ही वे मुझे एक इंडियन के बजाय ब्रिटिश की तरह पालने के लिए मान गईं, पर वे मेरा नाम पश्चिमी तर्ज पर नहीं रखेंगी। उन्होंने 'आरुष' नाम रखने का आग्रह किया, जिसका अर्थ है—'सूर्य की पहली किरण'।

मेरा नाम एक समझौता है।

मेरे जीवन में बाकी सभी चीजों की तरह।

मेरे पापा जितना भी ब्रिटिश बनने की कोशिश करें, पर अंदर से वे पूरे भारतीय हैं, जिनकी सोच है कि मेडिसिन या इंजीनियरिंग ही एकमात्र कॅरियर हो सकते हैं। या फिर लॉ या फाइनेंस। बाकी सब इनसे नीचे ही आते हैं।

जब मैंने इधर नॉर्विच में आर्ट कॉलेज के लिए पूरी स्कॉलरशिप जीती, यानी कोई ट्यूशन फीस नहीं देनी थी, तब भी पापा प्रभावित नहीं हुए। उन्हें लगा कि वे मेरे रहने-खाने का खर्च देने से मना करके मुझे कदम पीछे हटाने पर मजबूर कर देंगे। पर आप इन छोटी-मोटी बातों से घबराकर अपने जीवन के सबसे बड़े सपने को तो नहीं भुला सकते, है न? हर दूसरे दिन, तीन घंटों के लिए एक चैरिटी शॉप में अंशकालिक काम खोजना इतना मुश्किल नहीं था। सबसे अच्छी बात क्या रही? मुझे बस, काउंटर के पीछे बैठना होता था और इस तरह चित्र बनाने का भी अवसर मिलता था।

□

"देखो इसे! तुम इस जगह जा रहे हो और तुम कहते हो कि तुम डरे हुए हो?" टॉम ने अपना लैपटॉप मेरी ओर करते हुए भौंहें नचाईं।

'वेलकम टू गॉड्स ऑन कंट्री' उस जगह शीर्षक था। मीलों दूर तक फैले नारियल के पेड़, शांत ठहरे हुए बैकवाटर में नावों के दृश्य, अद्भुत पहाड़ी पर्यटन स्थल, अनछुए हरे-भरे चाय बागान और कई ऐसे ही आकर्षण हमारे सामने स्क्रीन पर दिखाई दे रहे थे।

मैंने ये तसवीरें सैकड़ों बार देखी थीं।

"यह तो जन्नत का टुकड़ा लगता है।" जेना ने कहा। बेशक, वह सच कह रही है।

"हरामखोर, कितना लकी है तू!" जोश बोला।

"उसने इसके लिए मेहनत की है। वह इसका हकदार है। इसका काम तो देख, कितना अद्भुत है!" जेना ने मेरा साथ दिया। उसे इस बात का मलाल नहीं कि उसका चुनाव नहीं हुआ और मुझे इंडिया जाने के लिए चुना गया। हम दोनों ने ही इंटरनेशनल प्रोग्राम के लिए आवेदन किया था। इसमें चुने गए प्रत्याशियों को तीन महीने के लिए विदेश में वॉलंटियर काम के लिए भेजा जाना था और कुछ नए कौशल सीखने का अवसर भी मिल रहा था।

जब चयन साक्षात्कार के दौरान उन्होंने मुझसे पूछा कि मैं भारत की यात्रा क्यों करना चाहता था, तो मैंने कहा कि मैं अपनी मूल भूमि को देखकर अपनी जड़ों की तलाश करना चाहता था। मैं स्वयं देखना चाहता था कि मेरे पूर्वज कहाँ से आए थे, ताकि मैं अपनी सभ्यता व संस्कृति को और बेहतर तरीके से जान सकूँ। वे मेरे उत्तर से प्रभावित हो गए थे।

असली वजह यह थी कि मेरी मॉम व डैड ने मुझे अपने साथ इंडिया ले जाने से इनकार कर दिया था और अब पूरी तरह से मुफ्त यात्रा करने का मौका मिल रहा था। मैं स्वयं जाकर देखना चाहता था कि भारत में ऐसा क्या है कि मेरे पिता को उससे इतनी नफरत है।

हालाँकि, मैंने अपने साक्षात्कार में तो बड़े ही उत्साह और बहादुरी से जवाब दिया था, पर अब घबराहट के मारे हालत खराब है। पेट में खलबली-सी मची हुई है। विदेश में तीन महीने का प्रवास लंबा नहीं है ? काश, मैं अपनी बात से पीछे हट पाता! पर टिकटें बुक हो चुकी हैं, सारे प्रबंध हो गए हैं।

अब बहुत देर हो गई है।

□

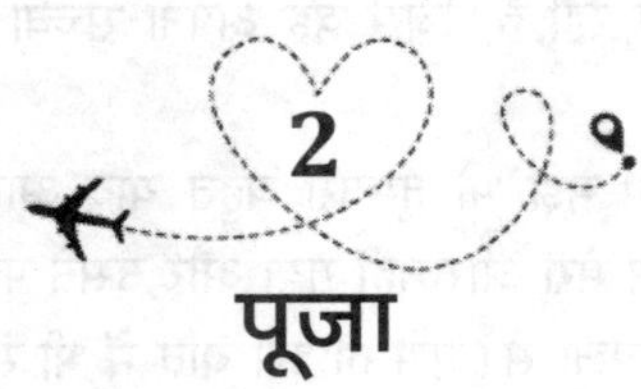

पूजा

जो भी व्यक्ति सफल है (इसमें मेरे पापा, मम्मी और बहन भी शामिल हैं), वह एक ही बात कहता है—'अपना जुनून तलाश करो', 'कड़ी मेहनत करो', 'जो भी करो, दिल से करो' और इससे भी बदतर—'हर काम के पीछे एक वजह होती है'। वे आपको यह नहीं बताते कि अपने जुनून को कैसे खोजना है या वे आपको यह नहीं बताते कि वह वजह क्या है (उदाहरण के लिए, ऐसी क्या वजह है कि मुझे ऐसा कोर्स पढ़ने पर मजबूर किया गया है, जिसमें न तो मेरी दिलचस्पी है और न ही योग्यता)। मैं जो करती हूँ, उससे लगाव नहीं रखती (या जो मुझे करने को मजबूर किया गया है)।

इन बातों को सोचने से ही मेरे मन में ये प्रश्न पैदा होते हैं—मैं क्या करना चाहती हूँ? मुझे कोई अनुमान नहीं है। मेरे जैसे लोगों का क्या होता है? यह सब न्यू एज फील गुड के लोगों का फैलाया जाल है, जिन्होंने पता लगा लिया है कि उन्हें अपने जीवन में क्या करना है। वे दूसरों को बुरा महसूस करवाने के लिए ऐसी बातें कहते हैं, जो पहले से ही बुरे हालात में घिरे हुए हैं।

ठीक है, मैं मानती हूँ। मुझे कुछ कामों को करना पसंद है। उनमें से एक तो वही है, जो मैं अभी कर रही हूँ—लकड़ी की टाइल-युक्त महँगी बालकनी के एक कोने में सींकों से बने सोफे की मनपसंद जगह पर बैठी, हाथ में चाय के प्याले और सामने रखे प्याज के पकौड़ों (शांति चेची ने ठीक वैसे ही बनाए हैं, जैसे मैं पसंद करती हूँ) के साथ समंदर को निहारते हुए बीच-बीच में इंस्टाग्राम को स्क्रॉल करना। मैंने एक तसवीर क्लिक की और उसे एक स्टोरी की तरह पोस्ट कर दिया। फिर, मैंने अपने दोस्तों की स्टोरीज देखीं। उनमें से एक ने कोह समुई नामक जगह

की तसवीरें पोस्ट की थीं। किसी और ने मिस्र की यात्रा की तसवीरें लगाई थीं। वे अपने मॉम-डैड के साथ घूमने जाते हैं, पर तसवीरें इस तरह लगाते हैं, मानो अकेले ही गए हों।

तभी मेरी बहन दिव्या (मिस परफेक्ट) इस ओर आती दिखी। वह फोन पर उस लड़के से बात कर रही है, जिसे वह अपना सच्चा प्यार कहती है, उसका मंगेतर कार्तिक।

"ओह, माई बेबी। मुझे भी तुम्हारी बहुत याद आती है। तुम दोबारा कब आओगे?" उसका ध्यान मेरी ओर नहीं गया और उसने फोन पर पूछा।

सच्चा प्यार, मेरी बला से। मुझे तो इस बात में भी संदेह है कि अगर लड़के में ये सब खूबियाँ न होतीं तो मेरी बहन शायद उससे शादी की हामी भी न भरती—

1. पैसेवाला।
2. डैड के सबसे पक्के दोस्त का बेटा (इस तरह मंजूरी की माता-पिता संबंधी मुहर पहले से तैयार)।
3. दिखने में सुंदर।

मैंने अपनी आँखें मोड़ीं और क्षितिज पर दिखते जहाजों को देखने लगी। हलकी बूँदाबाँदी होने लगी और क्षितिज की ओर से धुंध-सी उठती दिखाई देने लगी।

बालकनी बहुत बड़ी है। इसमें बहुत सारी हरियाली, एक निजी लॉन और एक फाइबर ग्लास का बना गुंबद है, जिससे धूप तो आती है, पर बारिश नहीं आ सकती। पापा का मानना है कि पैसे से दुनिया की सबसे बेहतरीन चीजों को खरीदा जा सकता है। उन्होंने बाईसवीं मंजिल के चारों फ्लैट खरीदे और फ्रांस के जाने-माने इंटीरियर डिजाइनर की मदद से हमारे घर को अतिरिक्त स्थानवाले, दस हजार वर्ग फीट के पेंट हाउस में बदल दिया, जिसके इंटीरियर की मदद से समंदर के सुंदर नजारे देखे जा सकते थे। हमारे घर के हर कमरे से सागर का असीम विस्तार दिखाई देता था। उन्होंने हमारे घर को नाम दिया है—'लाइफ इज पैराडाइज'। इस मामले में पापा थोड़े से अजीब हैं।

इतना ही काफी नहीं था कि मेरी बहन प्याज के पकौड़ों के साथ मेरी हसीन शाम को बरबाद करने चली आई थी, कुछ ही देर में मॉम भी आ गईं। हालाँकि, यह दृश्य अपने आप में बड़ा दुर्लभ है। कोच्चि के सबसे अच्छे अस्पतालों में से एक में शीर्षस्थ कार्डिएक सर्जन होने का मतलब है कि वे अपनी मरजी से कभी भी परिवार को उपेक्षित कर सकती हैं।

दिव्या ने मॉम को देखते ही फोन काट दिया; पर वह फोन पर बेहूदी आवाजों वाले किस करना नहीं भूली। आशिक इस तरह पेश आते हैं, मानो उनके सिवा दुनिया में कोई रहता ही नहीं। उन्हें लगता है कि उन्होंने प्यार का आविष्कार किया है और वे धरती पर ऐसा महसूस करनेवाले पहले लोग हैं। खिझाऊ और पकाऊ कहीं के! मॉम उसे देखकर दुलार से मुसकराईं। उनकी नजरों में दिव्या रानी बेटी है, जो कभी कुछ गलत कर ही नहीं सकती।

मैंने अपनी ओर से कुशनों में छिपना चाहा, ताकि नजर न पड़े; पर वे मुझे देख चुकी थीं।

"ओह, तुम इधर हो।" मॉम ने कहा और वे दोनों मेरी ओर बढ़ीं।

हे भगवान्!

"पूजा, क्या तुमने सोचा कि तुम अपनी गरमी की छुट्टियों में क्या करना चाहती हो?" मॉम ने मेरे सामने रखे सोफे पर बैठते हुए पूछा। इसके बाद मुझे समंदर दिखाई देना बंद हो गया।

मेरी मॉम और बहन उस तरह के लोगों में से हैं, जो अपनी गरमी की छुट्टियों में इंटर्न करते हैं, ताकि उन्हें उनके सी.वी. में शामिल किया जा सके।

"अरे नहीं, मुझे नहीं लगता कि मैं कुछ करूँगी।" मैंने अपनी चाय पीते हुए आराम से कहा। मेरी बहन की आँखें मारे आश्चर्य के फटने को आ गईं।

"मुझे नहीं लगता कि तुम्हारे लिए इस तरह घर बैठने का इरादा कोई अच्छी बात होगी।" मॉम बोलीं।

"मेरा भी यही मानना है।" मिस परफेक्ट बीच में टुहुकीं।

"मैं चाहती हूँ कि तुम सामुदायिक विकास कार्यक्रम में नाम लिखवा लो।" मॉम ने मेरे आगे मेज पर एक ब्रॉशर रखते हुए कहा।

दिव्या ने प्याज का पकौड़ा उठा लिया और मैंने उसे घूरा।

"क्या?" दिव्या ने पूछा, "मुझे यकीन है कि शांति चेची ने और पकौड़े भी बनाए होंगे। अब तू यह मत कहना कि ये सारे तूने अकेले ही भकोसने थे।"

"मैं कोई सामुदायिक सेवा नहीं करना चाहती।" मैंने जवाब दिया।

"यह एक अच्छा प्रोग्राम है।" मॉम ने कहा।

मैंने यूँ ही ब्रॉशर को उलटा-पलटा। हरे-भरे जंगलों की तसवीरें, निर्धन बच्चों के साथ प्रसन्नचित्त युवाओं की तसवीरें, धरती पर उकड़ूँ बैठी एक वृद्धा की

तसवीर—वह अपने आसपास बच्चों के दल के साथ पौधे लगवा रही है। मुझे उनमें से किसी में भी दिलचस्पी नहीं जागी।

"वायनाड का एन.जी.ओ. आदिवासियों, दलित महिलाओं और आर्थिक रूप से निर्धन बच्चों के लिए काम करता है। उन्हें बच्चों को पढ़ाने, बागबानी करने, मार्केटिंग और कला परियोजना के लिए स्वयंसेवक चाहिए। वे पारंपरिक रूप से घर का पका ऑर्गेनिक भोजन देंगे। कम-से-कम आठ सप्ताह के लिए आवेदन किया जा सकता है।"

आठ सप्ताह! मेरी सारी गरमी की छुट्टियाँ! मतलब कोई फ्री टाइम नहीं मिलेगा! यह प्रोग्राम अच्छा कैसे हो सकता है?

"मैं नहीं जाना चाहती।" मैंने कहा।

"देखो पूजा, क्या तुम्हारे पास इसके सिवा कोई और योजना है? क्या तुम इसके बदले में कुछ और करना चाहोगी?"

मैंने कंधे झटके। नेटफ्लिक्स देखने और सोने के अलावा मेरी कोई योजना नहीं थी; पर मुझे नहीं लगता कि माँ इसके बारे में सुनना चाहेंगी।

"अपने कपड़े पैक करो। मैं नहीं चाहती कि तुम्हारी छुट्टियाँ ऐसे ही बरबाद हों। एंथोनी तुम्हें छोड़ आएगा और ट्रैवल सिकनेस की दवा साथ रख लेना।" मॉम बोलीं।

फिर वे अपने सोफे को पीछे खिसकाकर उठीं और मेरे हाथ में फॉर्म पकड़ा दिए।

यह तो साफ था कि इस विषय में अब और चर्चा नहीं होगी। मेरी मॉम ने 'न' सुनना नहीं सीखा।

वे बालकनी से चली गईं और पीछे-पीछे दिव्या भी अंदर गई।

मैं गहरे सन्नाटे के बीच समंदर को ताकती रही।

जहाज नजरों से ओझल हो चुके थे।

□

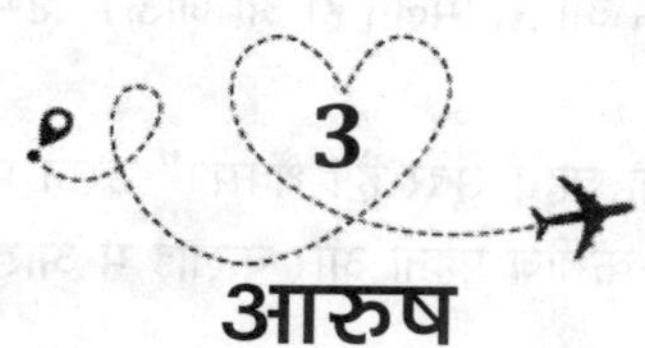

3

आरुष

माँ ने मेरे साथ भारत ले जाने के लिए दो डिब्बे सामान पैक कर दिया है। वे पिछले तीन दिन से पैकिंग कर रही हैं, जब से मैं नॉर्विच में कॉलेज से वापस आया हूँ। अगर मुझे पता होता कि यह सब भी इंडिया ले जाना होगा तो मैं डर्बी आने के बजाय नॉर्विच से ही रवाना हो जाता।

"मॉम, क्या ये सब ले जाना जरूरी है?" मैंने कमरे में इधर-से-उधर चक्कर काटते हुए पूछा।

"हाँ, जरूरी है। चिंता मत करो, चंद्रू मामा तुम्हें दिल्ली एयरपोर्ट पर मिलेंगे। बस, तुम यह सामान उन्हें दे देना।" उन्होंने कहा और जब वे उन्हें पैकर्स टेप से पक्का कर रही थीं तो उनकी भौंहें आपस में छोटे पहाड़ की तरह सिकुड़ आईं। वे जब भी कभी तनाव में होती हैं तो इसी तरह भौंहें सिकोड़ लेती हैं। उन्होंने पैकर्स टेप से बॉक्स उठाने के हैंडिल भी बना दिए हैं, ताकि उन्हें सूटकेस की तरह उठाया जा सके। ये बिल्कुल वैसे ही लग रहे हैं, जिनमें वे भारत के दौरे से वापस आते हुए साड़ियाँ लेकर आती हैं; और मुझे उनसे नफरत है। उन्हें देखकर लगता है कि मैं साड़ियों का सेल्समैन हूँ।

मेरी मॉम डर्बी में पापा के राशन एवं दूसरे सामान के स्टोर के छोटे से हिस्से में इंडियन कपड़ों की दुकान चलाती हैं। यह हमारे घर से ज्यादा दूर नहीं है। वहीं साथ में मेरे मामा और मामी एक भारतीय रेस्तराँ चलाते हैं। यह एक ऐसा जीवन है, जिसकी मैं अपने लिए कल्पना भी नहीं कर सकता।

"क्या आप मुझे कॉल करके इंडिया के बारे में बताओगे?" मेरी छोटी बहन रिया ने पूछा और झट से अपनी बाउंसिंग बॉल पर घर से बाहर निकल आई, जहाँ

मेरी कैब इंतजार कर रही थी। हवा में ठंडक है और उसके गाल उछलने से हलके लाल हो गए हैं। वह किसी सुंदर देवदूत जैसी दिख रही है।

"क्यों नहीं, कॉल जरूर करूँगा।" मैंने उसके बाल सहलाते हुए दिलासा दी।

"6 बजे। उसके लिए सबकुछ रोमांच है।"

"हो सकता है कि मैं आपसे मिलने ही आ जाऊँ।" उसने कहा और मुझे एक कार्ड थमा दिया।

"ओह रिया, यह तो बहुत सुंदर है! थैंक्स।" उसने एक युवती की तसवीर बनाई है, जिसने सलवार-कमीज पहनी और कलाई में आड़ी-तिरछी रेखाएँ डाली हुई हैं।

"ये क्या हैं?" मैंने चित्र में इशारा करके पूछा।

"ये चूड़ियाँ हैं, जैसी मॉम के पास दुकान में होती हैं।" रिया ने कहा।

"ओह, तुमने तो खूब बारीकी से काम किया है।" मैंने उसके चुने हुए रंग भी पहचान लिये। उसने मॉम की दुकान में रखे पुतले की नकल करने की कोशिश की है।

"मुझे भी आपके जैसा कलाकार बनना है।" उसने खुश होकर सिर हिलाया।

मैं उसे देखकर मुसकराया और कहा कि अब मुझे जाना होगा।

मैंने परिवार को गले से लगाया और हीथ्रो की ओर रवाना हो गया। यकीन नहीं आता कि मैं भारत जा रहा हूँ।

□

4
चैत्रा

इंस्टाग्राम और स्नैपचैट की पीढ़ी के साथ यही परेशानी है कि ये लोग हर चीज अपने सामने थाल में सजी हुई चाहते हैं। इन्हें दुनिया की सबसे बेहतरीन चीजें चाहिए, पर उसके लिए मेहनत नहीं करेंगे। ये कोई योजना बनाकर उस पर टिक नहीं सकते। इनमें फोकस की कमी है। इन्हें लक्ष्य तय करने नहीं आते।

अगर सारा समय सोशल मीडिया पर, दूसरों के जीवन में ताक-झाँक करने में बीत जाएगा तो तुम्हें पता कैसे चलेगा कि तुम क्या चाहते हो? दूसरों की सोच ही तुम्हारे दिमाग और जिंदगी पर कब्जा करके रखेगी। मैंने यह बात पूजा से हजार बार कही होगी, पर उसके कान पर जूँ तक नहीं रेंगती। मैं अंतिम अस्त्र के रूप में उसका फोन नहीं लेना चाहती, जैसा कि मैंने तब किया था, जब वह बारहवीं कक्षा में थी। और उससे भी कोई बात नहीं बनी थी। बोर्ड की परीक्षा में 54 प्रतिशत अंकों के लिए क्या कहूँ। अगर मैंने हाथ-पैर न मारे होते तो उसे इस कॉलेज में दाखिला भी कहाँ मिलना था! उसे न तो इस बात पर कोई शर्म आती है और न ही उसने कभी इसके लिए अहसान माना। उसे इस बात का भी पछतावा नहीं कि वह दो बार स्कूल से निकाली गई थी—पहले ग्यारहवीं में क्लास बंक करने के लिए और दूसरी बार बारहवीं में कुछ बच्चों के साथ मिलकर अस्थायी टीचर के साथ कोई मजाक करने के लिए।

जब मैं बड़ी हो रही थी तो मैं जानती थी कि अगर मुझे बेलापुर के एक बेडरूम वाले छोटे भीड़भाड़ से भरे घर से बाहर निकलना है तो मुझे मेहनत करनी होगी। मैं उसी कमरे में अपने दो बड़े भाइयों के साथ पढ़ाई करती थी। और फिर भी, मैंने सारी मेडिकल प्रवेश परीक्षाएँ पास कीं और उन सभी मेडिकल कॉलेजों से दाखिले

के लिए पत्र आए, जहाँ-जहाँ मैंने आवेदन किया था। मैंने अपनी शिक्षा की फीस का प्रबंध भी स्वयं किया था। मैंने अपने नाम से बैंक से ऋण लिया था। वह ऋण उतारने के लिए ग्रेजुएट होते ही नौकरी पर लगना था। मेरे पास कोई चुनाव नहीं था। पिता क्लर्क के वेतन से मेरी फीस नहीं भर सकते थे। जब मैंने कार्डियोलॉजी में एम.डी. किया तो उस समय मेरी दिव्या होने वाली थी और मैंने उसे भी पास किया। जहाँ चाह हो, वहाँ राह अवश्य मिल जाती है।

पूजा के साथ समस्या यह है कि उसका कभी परेशानियों या मुश्किलों से सामना ही नहीं हुआ। उसे गरीबी का मतलब नहीं पता। हम जिस संपन्न जीवन-शैली में जी रहे हैं, वह उसके बीच ही लाड़-प्यार से पली है। मेरा भी थोड़ा दोष माना जा सकता है। मैं अपने काम में इतनी व्यस्त रही कि उसकी ओर पूरा ध्यान नहीं दे पाई। पर काम ही एकमात्र ऐसी चीज है, जिससे मुझे आनंद मिलता है। इन लड़कियों को पालकर भी क्या हासिल हुआ? (दरअसल, दिव्या इतनी बुरी नहीं है, पर पूजा? इसकी वजह से ही अब मेरे सिर के बाल सफेद होने लगे हैं।)

हालाँकि, यह सही है कि कृष्णन ने ही दोनों लड़कियों को बिगाड़ा है। वे मेरी बात नहीं सुनते। वे स्वयं मेरी तरह बहुत ही निम्न-मध्यम वर्गीय पृष्ठभूमि से हैं, इसलिए उन्हें पैसे की अहमियत पता होनी चाहिए। पर नहीं। बस, एक ही रट लगी रहती है—वे हम तीनों को दुनिया की सबसे बेहतरीन चीजें देना चाहते हैं—मुझे, दिव्या और पूजा को।

पर कई बार आप दूसरों के लिए कुछ करना चाहें तो बेहतर यही होता है कि आप उन्हें उनकी सच्ची संभावना को साकार करने का अवसर दें। मैं पूजा के लिए यही कर रही हूँ। मुझे पता है कि यह प्रोग्राम उसकी भलाई के लिए है। जब दिव्या कॉलेज में थी तो उसे भी ऐसी ही जगह भेजा गया था। उसने तो कभी आना-कानी नहीं की।

मुझे लगता है कि पूजा को मेरा यह फैसला पसंद नहीं आया। पर माँ होने के नाते मुझे वही करना है, जो उसके लिए सही हो। जब उसकी ओर से कोई पहल नहीं हुई तो मुझे दखल देना ही पड़ा। कम-से-कम वह कोई योजना बनाती या बताती कि वह क्या करना चाहेगी, तब मैं उसका मार्गदर्शन कर सकती थी। पर उसने ऐसा कुछ नहीं किया।

मैं इस लड़की को कभी समझ नहीं सकती।

□

रोमांच

"रोमांच सार्थक है।"

—ईसप

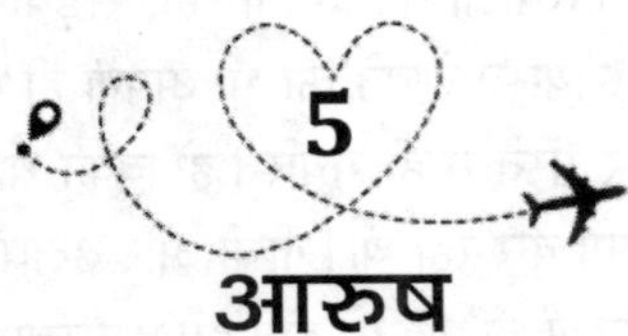

आरुष

भारत तो बिल्कुल भी वैसा नहीं है, जैसी मैंने उम्मीद की थी। गाइडबुक्स और वेबसाइट्स में लिखा था कि यह भीड़ से भरी, शोर-शराबे, गंदगी एवं धूल से भरी जगह है, जहाँ लोग आपको धकियाएँगे और आपको अपने साथ ले जाने की कोशिश करेंगे। मैंने एक छोटे से एयरपोर्ट की कल्पना की थी; पर यह तो वर्ल्ड क्लास जगह है। यह बहुत बड़ा एयरपोर्ट है और मुझे इमीग्रेशन तक जाने के लिए कम-से-कम सात गलियारे पार करने पड़े। यह हीथ्रो की तरह ही है, बस, अंतर इतना है कि इस जगह सभी लोग मुझ जैसे दिखते हैं। मैं इस जगह पर गोरे और ब्लांड बालोंवाले लोगों को देखने के बजाय अपने जैसे लोगों को देखकर उत्साहित हुआ और ऐसा लगा कि अपने ही घर वापस आ गया।

उत्साह इतना है कि थकान का पता नहीं चल रहा। अपनी फ्लाइट में नींद लेने के बाद अब पूरी तरह सचेत हूँ। 8.30 बजे का स्थानीय समय है। यू.के. की उड़ान देर से आने के कारण दिल्ली से केरल की उड़ान लेने के बीच का समय घट गया है। कतार में कुछ देर इंतजार करने के बाद इमीग्रेशन अधिकारी ने कैमरे में देखने को कहा और मेरी तसवीर उतार ली। पासपोर्ट पर मुहर लगी और मुझे आगे जाने का संकेत कर दिया गया।

भारत! भारत! भारत! आह, कितना अच्छा लग रहा है! अभी एयरपोर्ट में ही हूँ; पर माहौल और वातावरण अलग है। अपना सामान लेने के बाद मैं इंटरनेशनल टूरिस्ट के काउंटर पर रुका, ताकि इंडियन सिम कार्ड मिल सके। इस प्रक्रिया में ज्यादा समय नहीं लगा। मेरे पास भारत का नंबर आ गया। यू.के. की तुलना में भारत के डाटा प्लान काफी सस्ते हैं। मैंने चंद्रू मामा को कई बार कॉल करनी चाही, पर

बात नहीं बनी। फिर मैंने अपने माता-पिता को मैसेज किया कि मैं सही-सलामत पहुँच गया और अब केरल रवाना हो रहा हूँ। उन्हें उठाने की कोई तुक नहीं है। उस जगह यू.के. में अभी आधी रात होगी।

कोच्चि से वायनाड का रास्ता काफी लंबा है। पर मुझे बहुत आनंद आया। मैं लगातार आसपास की हरियाली को देखता रहा, सड़क पर हर चीज को ताकता रहा। घाटों से गुजरते हुए सूर्यास्त देखने का भी अपना ही आनंद था। जब तक हम पहुँचे, रात हो गई थी और रास्ते में ही सूर्यास्त हो चुका था।

अश्वटी भवन जगमग कर रहा था। नीची और ढलवाँ छतवाली पुरानी इमारत में जाने के लिए खड़ी सीढ़ियाँ थीं, जिनसे होते हुए हम स्वागत कक्ष तक पहुँचे। वहीं से अंदर का खुला बरामदा दिखाई दे रहा था, जिस पर छत नहीं थी। लग रहा था, मानो कोई पेंटिंग बनने की प्रतीक्षा में हो। प्रवेश द्वार पर पानी से भरे पीतल के बड़े से पात्र में लाल व गुलाबी गुड़हल के फूल तैर रहे थे। देखनेवाला नजारा था। उसके पास ही चमचम करता पाँच फीट लंबा पीतल का दीपदान दिखाई दिया, जिसमें तेल और बत्तियाँ भरे हुए थे। उसका ऊपरी हिस्सा किसी मोरपंख की तरह बनाया गया था। शाम को मेरे जाते ही उस दीपदान को जला दिया गया और मेरे चारों ओर रोशनी नृत्य करने लगी, मानो मेरे आने का जश्न मना रही हो। उस देहाती इलाके के आकाश में टिमटिम करते अनेक तारे मुझे देख पलकें झपकाने लगे। मैंने गहरी साँस भरी और मंत्रमुग्ध खड़ा रहा। आकाश तो हर जगह एक-सा होता है, परंतु यहाँ नहीं था। यू.के. का रात का आकाश ऐसा सुंदर नहीं होता।

मिसेज ओमणा ने मेरे जाते ही बड़ी सी मुसकान के साथ स्वागत किया। उन्होंने गहरी मैरून सूती साड़ी पहनी है और बाल एक कसी हुई चोटी में गुँथे हैं। वे ठिगने कद की एक गदबदी प्रौढ़ा हैं।

"आरुष, स्वागत! अश्वटी भवन में तुम्हारा स्वागत है। तुम्हारी यात्रा कैसी रही?" वे मुसकराईं तो आगे के दाँतों के बीच खाली जगह दिखाई दी। उन्होंने छोटी सी लाल बिंदी लगा रखी है। वे मेरा नाम ठीक उसी तरह ले रही हैं, जैसे मेरे मॉम और पापा लेते हैं। यू.के. में कोई इसे नहीं समझता और अब मुझे उनके मुँह से यही सुनने की आदत हो गई है—आ-रुश।

"अद्‌भुत! केरल कितना···" मेरे पास देखे गए दृश्यों का वर्णन करने के लिए शब्द नहीं हैं।

"सुंदर?" उन्होंने हँसते हुए पूछा।

"हरा-भरा, हरियाली से भरपूर, अद्‌भुत। यह तो सचमुच देवताओं का अपना देश है।"

"अरे, तुम कल दिन के समय देखना, यह और भी सुंदर लगेगा। मैं तुम्हें तुम्हारा कमरा दिखा देती हूँ। आओ।" उन्होंने कहा। वे कुछ ठहर-ठहरकर बोलती हैं।

उन्होंने एक लड़के को मेरा सामान उठाने के लिए बुलाया तो मैं परेशान हो गया। "अरे नहीं, मैं उठा लूँगा।"

"भारत में अतिथि को देवता माना जाता है।" उन्होंने कहा और शायद मलयालम भाषा में उस लड़के से कुछ कहा। उस लड़के ने सूटकेस व बॉक्स उठाए और मुझे पीछे आने को कहा।

ज्यों ही मैं अकेला हुआ तो थकान हावी होने लगी। मैंने सूटकेस खोलकर कपड़े एक ओर रखे और पलंग लगा लिया। नए देश में आने का उत्साह धीमा हो गया है। अब मैं सोना चाहता हूँ। मैंने मॉम और पापा को संदेश भेज दिया—मैं सुरक्षित रूप से अश्वटी भवन आ गया हूँ। यात्रा की बहुत थकान हो गई है और केरल बहुत सुंदर है।

अगली सुबह छत की टाइलों की दरारों से आती सूरज की किरणों ने मेरे लिए अलार्म का काम किया। मैंने अपनी आँखें सिकोड़ीं। भारत में तो सूरज की रोशनी भी कितनी उजली है। यह यू.के. से कहीं अधिक तेज है। पर मुझे उससे कोई परेशानी नहीं है।

गेस्ट हाउस से बहुत दूरी पर बने बाथरूम बहुत पुराने जमाने की बात लगती है। कोई वॉशबेसिन भी नहीं है। मिसेज ओमणा ने बताया कि मैं नारियल के पेड़ के नीचे टूथपेस्ट थूककर उस पर मिट्‌टी डाल सकता हूँ या बाथरूम के फर्श पर टूथपेस्ट थूकने के बाद उस पर पानी डाल सकता हूँ। मैंने अपने जीवन में इतना विचित्र कार्य कभी नहीं किया—बहुत सारे पक्षियों की चहचहाहट और पतंगों की आवाजों के बीच टूथब्रश करना।

जब मैंने यह काम कर लिया तो मिसेज ओमणा ने पारदर्शी गिलास में चाय थमा दी। चाय तेज और मीठी है, जो मुझे अच्छी लगी।

"तुम आज के दिन आराम करो। आसपास की जगह भी घूम सकते हो। अश्वटी भवन के पास दस एकड़ से ज्यादा जगह है। हमने कई तरह के फल और मसाले उगा रखे हैं। हमारे और स्वयंसेवक भी आने वाले हैं। कल हम ओरिएंटेशन करेंगे। इसके बाद तुम काम शुरू कर सकते हो।" उन्होंने कहा।

"मुझे क्या करना होगा?" मैंने पूछा।

"आशा सब समझा देगी। वही ओरिएंटेशन कर रही है।"

उन्होंने आगे कहा, "तुम 8.30 बजे केरल नाश्ते के लिए आ सकते हो। तब तक आसपास घूम लो।"

"शुक्रिया। यह ठीक रहेगा।"

मैं आसपास की जगह का जायजा लेने लगा। पहाड़ी पर होने के कारण नीचे की सड़कें देखी जा सकती हैं—वही, जिनसे कल हम आए थे। मीलोंमील तक हरियाली-ही-हरियाली है। लंबे पेड़ों से छतनार बन रही है। मैं पके हुए कटहल और आम के पेड़ देखते हुए विस्मित होकर आगे बढ़ता जा रहा था। मैंने तो सेंसबरी के ताजे फलों के शेल्फ में ही वे फल देखे थे। ताड़ के पेड़ों पर गहरे हरे रंग की लताएँ इस तरह लिपटी हैं, मानो प्रेमी आलिंगनबद्ध हों।

इसके बाद, टाइलोंवाले बड़े से शेड्स में बच्चे जाते दिखाई दिए। मैंने देखा कि उस जगह रंग-बिरंगी चटाइयाँ बिछी थीं और ब्लैकबोर्ड भी रखा था। वे सभी साफ कपड़ों में थे, बाल सँवरे हुए थे।

"गुड मॉर्निंग, चेट्टा··गुड मॉर्निंग, चेट्टा!" उन्होंने पास से निकलते हुए अभिवादन किया। मैं हैरान रह गया।

मैंने भी उन्हें अभिवादन किया। वे अलग-अलग आयु वर्ग के थे, तीन से बारह साल की उम्र के होंगे।

जब मैं कमरे में वापस आया तो चंद्रू मामा का सामान याद आया। उसे खोला तो मैकविटीज, जाफा केक्स, जैमी डॉजर्स, स्कॉटिश शॉर्टब्रेड्स, ओरियोज, जिंजर बिस्कुट्स और फ्लैपजैक्स दिखाई दिए, जो मेरी मॉम ने पैक किए थे। अचानक ही मैं जान गया कि मुझे उस सामान का क्या करना था। मैंने वह सामान मिसेज ओमणा के पास ले जाकर कहा कि मेरे पास बच्चों के लिए कुछ है।

"तुम बहुत उदार हो, आरुष, बहुत दरियादिल। बच्चे खुश हो जाएँगे। हम इन चीजों को उनके बीच बाँट देंगे।" उन्होंने कहा।

शाम को मैं फिर से आसपास घूमने निकला। मैंने पक्षी, तितलियाँ और असंख्य नन्हे जीव देखे। उस हरियाली के बीच रहने से स्वर्ग जैसा अहसास हो रहा था। फिर मेरी किस्मत और मेहरबान हुई और मुझे कुछ ऐसा दिखा, जिसने मुझे मोहित कर दिया। मैं उसे देखने के लिए और पास गया। यह तो वाकई कमाल है!

□

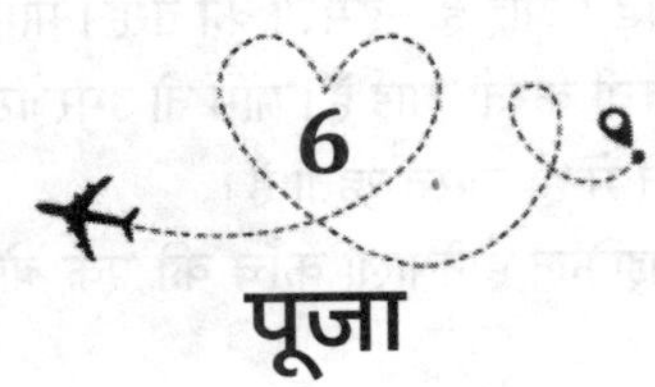

पूजा

अश्वटी भवन, वायनाड के लिए अनिवार्य पैकिंग सूची

1. पलंग की चादर–1
2. कंबल–1
3. तकिए के खोल–2
4. टॉर्च (अनिवार्य)
5. छोटा बैकपैक–1
6. एक जोड़ा फीतोंवाले सैंडिल
7. जूते (जल्दी सूखनेवाले)
8. 5 जोड़ी जुराबें
9. छोटे तौलिए–2
10. बड़े तौलिए–2 (जल्दी सूखनेवाले हों तो बेहतर)
11. 2 बड़े प्लास्टिक बैग (अगर आपको गीले कपड़े ले जाने हों)
12. निजी प्रसाधन का सामान
13. उलटी करने के लिए 3–4 बैग (घाट की ओर से यात्रा करनी है)
14. कोई खास निजी दवाएँ (हमारे यहाँ फर्स्ट एड किट और एक स्थानीय स्वास्थ्य केंद्र है)।

यह सूची देखकर ही जी मिचलाने लगा। भला दुनिया में स्वयंसेवकों को यह सामान लाने को कौन कहता है! यही क्या कम है कि इस काम के लिए कोई पैसा नहीं मिलेगा! मेरे दोस्त कितनी सुंदर जगहों पर छुट्टियाँ मना रहे हैं और मुझे इस बेहूदे देहाती कस्बे में भेजा जा रहा है।

"गर्रररर···" मैं अपने बैग की जिप बंद करते हुए भुनभुनाई। मैंने उनकी लिस्ट के हिसाब से सामान भी नहीं रखा। बस, कुछ शॉर्ट्स और टी-शर्ट रख लिये हैं और हाँ, लैपटॉप, फोन एवं चार्जर रखे हैं। इसके अलावा, मोशन सिकनेस की दवा भी ली है। यात्रा के दौरान तबीयत खराब हो जाती है।

शांति चेची मुझे छोड़ने आई हैं—हमेशा की तरह। मॉम ने यह काम कभी नहीं किया। यह काम शांति चेची करती आई हैं। मॉम तो इमरजेंसी में गंभीर सर्जरी करते हुए लोगों की जानें बचाने में ही व्यस्त रहती हैं।

शांति चेची ने रीसाइकिल होनेवाली काँच की एक बोतल में तरबूज का जूस थमा दिया।

"बाय, शांति चेची।" मैंने उन्हें गले से लगा लिया।

मोशन सिकनेस की दवा लेने के बावजूद दो बार उलटी हुई। कोच्चि से निकलने के तीन घंटे बाद यह सब चालू हुआ। हर बार मैं एंथोनी को कार रोकने को कहती और उलटी करती। मैं पसीने-पसीने हो गई थी। एंथोनी एक बार असहाय खड़ा था। जब मैंने उलटी कर ली तो उसने मुझे पानी और टिश्यू दिए। मेरा गला सूख रहा है। मुँह अजीब सा गंदा हो गया है। ऐसा लग रहा है कि आँतें ही बाहर आ जाएँगी। शायद तरबूज के जूस का आइडिया सही नहीं था। मैंने गीले टिश्यू से अपना चेहरा पोंछा।

बदहाल हो गई हूँ। शर्मिंदा, थकी हुई और निढाल। मेरा बुरा सपना फिर से शुरू हो गया है। यह कार यात्रा मुझे फिर से उस समय में ले गई, जब मेरी उम्र सात साल की थी।

माँ ने बीस दिनों के लिए अस्पताल से अवकाश लिया था। वे पिछले दो साल से योजना बना रही थीं। वे अपने काम से इतनी आसानी से छुट्टी नहीं ले पाती थीं। सभी उत्साहित थे, क्योंकि पापा ने अमेरिका का ट्रिप बनाया था। यह एक बड़ा ट्रिप था—लाइफटाइम ट्रिप जैसा! हम लॉस एंजेलेस, लास वेगास, सैन फ्रांसिस्को, नियाग्रा फॉल्स, वाशिंगटन डी.सी., न्यूयॉर्क जाने वाले थे और आखिर में ग्रैंड बहामास क्रूज था। पापा ने हाल ही में पहली कंपनी बेची थी और यह उसका ही जश्न मनाया जा रहा था। मैं और मेरी बहन घूमने जाने के लिए कपड़े तैयार करते हुए खूब नाचते रहे। वैसे, मैं अपने प्यारे स्टफ टॉय मिकी माउस को भी साथ ले जाना नहीं भूली थी।

"तुम्हें पता है कि अमेरिका उसका घर है। वह तुम्हारे साथ वापस नहीं आना चाहेगा?" मॉम ने कहा था।

"नहीं, यह मुझे प्यार करता है और यह जरूर वापस आएगा।" मैंने कहा।

"अरे, नहीं, नहीं! यह अमेरिका देखकर इंडिया भूल जाएगा और घर नहीं आएगा।" दिव्या ने मुझे चिढ़ाया।

"नहीं।" मैं चिल्लाने लगी।

"दिव्या, बहुत हो गया।" पापा बोले। मैंने एयरपोर्ट जाते हुए अपने मिकी को कसकर पकड़ लिया।

हमने मुंबई की उड़ान भरी और आगे वहीं से लॉस एंजेलेस जाना था। उसी यात्रा में मेरा बुरा सपना आरंभ हुआ। मैंने कार में आगेवाली सीट की बैक पर उलटी कर दी, जिन पर सफेद कपड़े बिछे हुए थे। फिर मम्मा के कपड़े भी गंदे हो गए। मेरे आगे बैठी दिव्या चिल्लाई—छिह! उलटी के छींटे उस पर भी आ गए थे।

जब कार चालक ने कार रोककर सफाई की और गंदे कपड़े डिग्गी में डाले तो मैं शर्म से अधमरी हो गई। वह नाक चढ़ाकर बोला, "ओह, कितनी गंदी बदबू!" मेरी मॉम ने अपनी सलवार-कमीज पर पानी डाला और एक शब्द भी नहीं कहा। उन्होंने बैग से निकालकर दवा दी। मैं रोने लगी और माफी माँगी। पापा ने कहा कि चिंता की कोई बात नहीं है। मॉम गुस्से में थीं। "तुम कार रोकने के लिए बोल सकती थीं। इतनी बड़ी तो हो ही गई हो।" उन्होंने तीखे स्वर में कहा।

अभी तो हालत और भी खराब होनी थी। मेरा पेट दुख रहा था। ऐसा लग रहा था कि अंदर कोई उथल-पुथल मची हो। मैं डरी हुई थी। फिर से उलटी नहीं करना चाहती थी। नहीं, मैं किसी भी कीमत पर उलटी नहीं करने वाली। मैंने किसी तरह खुद को सँभाला। उड़ान के दौरान मुझे टॉयलेट जाना था, पर मैं डरी हुई थी और कहने में भी शर्म आ रही थी। मैंने कपड़ों में ही पॉटी कर दी।

दूसरे यात्री हैरान हुए कि इतनी बदबू कहाँ से आ रही है। मॉम ने एक नजर मुझे देखा और जान गईं। उन्होंने शेल्फ पर रखे बैग से साफ कपड़े निकाले। फिर मुझे कोहनी से पकड़कर टॉयलेट ले जाते हुए केवल इतना कहा, "शुक्र है कि मैंने इस बैग में एक जोड़ा कपड़े रख लिये थे।" शर्म के मारे ज़मीन में गड़ गई थी मैं। एयरलाइन की सीट गंदी हो गई थी। मुझे यकीन है कि यात्रियों ने मेरी गंदी पैंट भी देखी होगी। मैं सुबकियाँ भरने लगी, पर मिकी को अपने हाथ से नहीं छोड़ा।

"अब बहुत हो गया, रोना बंद करो।" मॉम ने कहा, "टॉयलेट में कोई है और हमें इंतजार करना होगा।" इस तरह मेरी यातना और बढ़ गई।

जब मैं साफ अंडरवियर व नई पैंट पहनकर बाहर आई तो सीट साफ की जा चुकी थी और उस जगह से कीटाणुनाशक की गंध आ रही थी।

"इसके बाद दोबारा टॉयलेट जाना हो तो पहले बता देना।" मॉम ने कहा।

सारे ट्रिप के दौरान तबीयत खराब रही। मैंने न केवल माँ, बल्कि पूरे परिवार का मजा खराब कर दिया था। मैं लगातार सबसे सॉरी ही कहती रही। मॉम कहतीं, "सॉरीवाली क्या बात है? तुमने जानकर तो कुछ नहीं किया।" पर उनके स्वर से यही लगता था कि यह मेरी ही गलती थी।

मैंने किसी एयरपोर्ट टॉयलेट में ही अपना मिकी खो दिया था। जब उड़ान के दौरान पता चला तो मैं बहुत डरी हुई और उदास थी। मुँह से आवाज ही नहीं निकली। दिव्या ने वापसी के दौरान यह देखा।

"मैंने ठीक कहा था, मिकी अमेरिका में ही रहना चाहता था।" वह बोली।

मैंने फिर कभी कोई यात्रा नहीं की।

गोल-गोल चक्करवाली बहुत सारी सड़कें खत्म होने का नाम ही नहीं ले रही थीं। जब मैं उस जगह पहुँची तो मैंने झट से अपना फोन निकालकर सेल्फी कैमरे में अपना चेहरा देखा।

हे भगवान्! मेरी हालत देखनेवाली थी।

बाल सिर से किसी कसे हुए हेलमेट की तरह चिपक गए थे। टी-शर्ट का आगेवाला हिस्सा पसीने और उलटी साफ करने के लिए इस्तेमाल किए हुए पानी से भीगा हुआ था। मैं दिखने में मरियल और बीमार-सी लग रही थी। मेरा दिल चाहा कि उस पहाड़ी से छलाँग लगा दूँ, जिस पर यह नाशपिटा अश्वटी भवन खड़ा था। अगर मॉम को कहीं भेजना ही था तो कम-से-कम ऐसी जगह तो भेजतीं, जहाँ पहुँचना आसान होता। मैंने मन-ही-मन में मॉम को कोसा। तभी एक महिला ने बड़ी सी मुसकान के साथ मेरा स्वागत किया।

"पूजा, स्वागत है, स्वागत। मैं मिसेज ओमणा। यात्रा कैसी रही?" उन्होंने गुनगुनाते स्वर में पूछा।

मौत का सफर रहा और आँतें बाहर निकल आईं।

"धन्यवाद। ठीक रहा।"

"बढ़िया, बढ़िया। सुनकर अच्छा लगा। आओ, तुम्हें तुम्हारा कमरा दिखा दूँ।" उन्होंने कहा।

इमारत बदहाल लग रही थी। उसे खड़ी सीढ़ियों के साथ केरल के पुराने स्टाइल में बनाया गया था।

तभी एक लड़का आया और मेरा डफल बैग उठा लिया। मैंने उसे सामान उठाने दिया और सीढ़ियों की ओर चल दी। मुझमें खड़े होने की भी शक्ति नहीं बची थी। बस, दिल कर रहा था कि बिस्तर पर गिरकर कुछ घंटों की नींद ले लूँ।

"क्या कुछ खाना चाहोगी या फिर चाय लोगी? साथवाली इमारत में ही हमारा डाइनिंग हॉल है।" मिसेज ओमणा ने कहा।

"शुक्रिया! मैं आराम करना चाहती हूँ।" मैंने किसी तरह आवाज निकाली और मुसकराने की कोशिश की।

"ठीक है, कल ओरिएंटेशन है। आज तुम फ्री हो। डिनर शाम 7.30 बजे होगा। यदि चाहो तो आसपास घूम सकती हो। हमारे पास दस एकड़ जगह है।" उन्होंने गर्व से कहते हुए मेरे कमरे का दरवाजा खोल दिया।

"अरे, कोई चादर नहीं है?" मैंने दो खाली पलंग देखकर पूछा। तकियों पर कवर भी नहीं थे। सारे कमरे में पलंग, दो मेज और अलमारी के सिवा कुछ नहीं था। ताँबे के जग में एक जगह पानी रखा था। मैंने इस बारे में सोचा ही नहीं था; पर मन में तो यही छवि थी कि वह कमरा किसी होटल के कमरे की तरह होगा और उसमें चाय व कॉफी बनाने की केतली भी रखी होगी। मैंने तो कुछ ज्यादा की उम्मीद की थी। इस जगह अटैच्ड बाथरूम तक नहीं थे।

"ओह...हमने तो आप सबको पैकिंग लिस्ट दी थी। हमने साफ लिखा था कि चादरें भी लानी हैं।" वे बोलीं।

मैं उन्हें कैसे बताती कि मैंने लिस्ट के अनुसार सामान नहीं लिया और कमरे में इतने कम सामान की उम्मीद भी नहीं की थी।

"सॉरी, मैं भूल गई। क्या आसपास कोई दुकान होगी, ताकि मैं चादर खरीद सकूँ? मेरा ड्राइवर चादर खरीद लाएगा।" मैंने कहा।

"उम्म...नहीं। सबसे पासवाली दुकान ही पैंतीस किलोमीटर दूर है और आज बंद होगी।" उन्होंने कहा और कुछ सोचने लगीं। मुझे लग रहा था कि काश, वे थोड़ा जल्दी सोच पातीं! मैं लेटने को बेचैन थी।

उन्होंने धीरे से कहा, "एक काम कर सकती हूँ। अपने घर से एक चादर, कंबल और तकिए के खोल उधार दे सकती हूँ। बस, यही तरीका है। तुम इस जगह रहने तक उनका इस्तेमाल कर लो।"

"धन्यवाद।" मैंने कह तो दिया, पर उस समय मेरे लिए उन शब्दों का कोई मतलब नहीं था।

अब तो बिना चादर के भी लेट सकती थी। हालत इतनी पस्त हो चुकी थी कि फर्श पर भी लेट सकती थी। बस, आराम करना था।

मैंने तय किया कि मॉम को इस जगह पहुँचने की खबर नहीं करनी। उन्हें चिंता करने दो। देखें तो सही, उन्हें याद भी है या नहीं कि मुझे कहीं भेजा है। यदि वे चाहें तो एंथोनी से पूछ सकती हैं। मैंने अपना फोन फ्लाइट मोड पर डाल दिया। मैं किसी से बात नहीं करना चाहती। बस, दुनिया से ओझल हो जाना चाहती हूँ।

वह लड़का कुछ ही देर में चादर ले आया, जो काफी पुरानी लग रही थी। पर वह साफ, धुली हुई और प्रेस की हुई थी। 'भिखारी को जो मिल जाए, उसमें ही संतोष करना होता है।' मैंने पलंग पर चादर बिछाते हुए स्वयं से कहा। फिर आराम से बिस्तर पर लेटकर आँखें बंद कर लीं।

एक घंटे बाद उठी तो शरीर तरोताजा लग रहा था। अब मैं कार में नहीं थी, इसलिए बेहतर लग रहा था। दिमाग शांत हो चुका था और एक घंटे की नींद ने सुकून दे दिया। मैंने थोड़ा पानी पीया, बाल पोनी टेल में बाँधे और पसीने से भरी हुई टी-शर्ट बदल ली। मैं सोचने लगी कि क्या चाय का एक कप मिल सकेगा, जिसके बारे में मिसेज ओमणा ने पहले पूछा था। यह पता करने का एक ही तरीका था, मैं कमरे से निकलकर रिसेप्शन एरिया की ओर चल दी।

जब मैं सीढ़ियों से नीचे जा रही थी तो मारे डर के बुरी तरह से चिल्ला पड़ी। सीढ़ियों के ठीक बीच में हरे रंग की गहरी धारियों और लंबी पूँछवाला गिरगिट दिखाई दिया। वह मुझे घूरते हुए अपनी आँखें मिचमिचा रहा था।

□

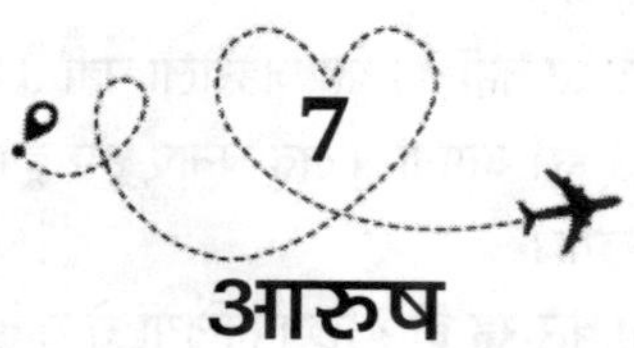

आरुष

मैं उस तेज चीख से बुरी तरह से चौंका। देखा कि एक लड़की सीढ़ियों के बीच ही थम गई थी। वह डरी हुई थी। दरअसल वह मेरी नई दोस्त जीलन से डरी हुई थी, जिसके साथ मेरा पिछला एक घंटा बीता था। उसका चेहरा पीला पड़ गया था और देखकर लग रहा था कि उसके पैर वहीं जड़ हो गए हों। सूरज की उजली धूप में उसका चेहरा चमक रहा था। उसकी आँखें बड़ी-बड़ी हैं और हलके गुलाबी होंठ 'ओ' की मुद्रा में खुले हुए थे। उसके बाल काफी मोटे और काले हैं, जो एक पोनी टेल में बँधे हैं। वह डेनिम शॉर्ट्स और खुले पंजोंवाले सैंडल व सफेद टी-शर्ट पहने हुई थी। टी-शर्ट पर बड़े अक्षरों में लिखा था—'नॉट यूअर टाइप'। पता नहीं क्यों, इसका चेहरा जाना-पहचाना-सा लगता है।

मैंने खुद को उसे ताकते हुए पाया और लजा गया। इस तरह की हाई स्कूल बेहूदगी के लिए मैं बड़ा हो गया हूँ। शुक्र है, वह इतनी डरी हुई थी कि उसका ध्यान ही नहीं गया। तब मैंने जीलन को याद किया।

मुझे पूरा यकीन था, जीलन उसकी चीख सुनकर भाग खड़ा होगा। पर वह अब भी आराम से बैठा पलकें झपका रहा था। उसे कोई फर्क नहीं पड़ा था। दरअसल, गिरगिट कुछ नहीं सुनते। उनके पास कान नहीं होते या स्तनधारियों की तरह सुनने की क्षमता नहीं होती। फिर भी, वे 200-600 हर्ट्ज की ध्वनियों को सुन सकते हैं। मुझे खुशी है कि वह चीख उसकी सुनने की क्षमता के दायरे से बाहर थी, वरना वह भी डर जाता। मैंने अपना हाथ बढ़ाया तो वह मेरी हथेली पर आ गया।

"ओफ्फ! हद हो गई। तुम्हें डर नहीं लगता?"

अब वह पहले से कहीं ज्यादा डरी हुई लगी।

"जीलन से मिलो।" मैंने दाँत निकाले।

"छिह। इसे मेरे पास मत लाना। और यह तो हद है, इसका नाम भी रखा हुआ है!"

उसके गाल अब लाल हो गए थे। वह वहीं अकड़ी हुई खड़ी थी और उसकी नजरें मेरे हाथ पर जमी हुई थीं।

"इससे डरने की जरूरत नहीं है। यह जहरीला नहीं है।" मैंने उसे दिलासा दी। मैं पिछले चालीस मिनट से इसे अपना पालतू बनाए हुए हूँ।

वह थोड़ा संदेह में लगी।

"कौन हो तुम? क्या कर रहे हो? छिपकलियों से बातें करते हो?" उसने धीरे से कहा और फिर से सीढ़ियों से ऊपर जाने लगी।

मैं हँसा, "छिपकलियों से बातें करनेवाला, लिजर्ड विस्परर। नाम पसंद आया।" मैं ऐसा करता हूँ और मैं ऐसा हूँ।

जीलन मेरी कोहनी पर आ गया था और मैं खुद को बहुत खास समझ रहा था। मैं कनखियों से देख सकता था कि लड़की फिर से जड़ हो गई थी। मैंने जीलन के आगे दूसरा हाथ फैलाया और वह उछलकर उस पर आ गया। अब वह बेचैन हो रहा था और मैं इसे भाँप सकता था। वह ठीक विंसेंट की तरह पेश आ रहा था।

मैंने उसे सीढ़ी के पास ही बड़ीवाली शाखा पर रख दिया। जीलन शाखा से आगे बढ़ा और अपनी गोल आँखें घुमाईं। गिरगिट दोनों आँखें अलग-अलग गोल घुमा सकते हैं। उसकी एक आँख शिकार पर होती है और वह दूसरी आँख से आसपास का माहौल परखता है। पल भर में ही उसने जीभ बाहर निकाली और एक कीट निगलकर चबाने लगा।

"कल फिर आना।" मैंने उसे प्यार से देखकर पुकारा और वह भोजन की तलाश में टहनी पर आगे बढ़ गया।

"हे भगवान्! क्या पागलपन है! क्या तुमने देखा कि उसकी जीभ कितनी लंबी थी?" लड़की ने कहा। उसकी आँखों की पुतलियाँ बड़ी होकर फैल गई थीं।

अब जीलन चला गया है, इसलिए मेरे पास उससे शालीनता के साथ बात करने के सिवा कोई चारा नहीं है। काश, मुझे भी इस तरह की बातें करनी आतीं! पर मैं ऐसा ही हूँ और घबराहट हावी होने लगी। वह मेरी ओर देखते हुए जवाब मिलने की उम्मीद कर रही है।

"हम्म, मैंने देखा था। गिरगिट की जीभ अकसर उनके शरीर के आकार से दुगुनी होती है।" मैंने उत्तर दिया।

फिर अपनी घबराहट छिपाने के लिए मैंने कहा, "मैंने यह नस्ल पहले कभी नहीं देखी। यह 'Chameleo Zeylanicus' है। यह नस्ल केवल भारत में ही पाई जाती है। मैं सोच रहा था कि भारत में खोजूँगा, पर यह नहीं सोचा था कि किस्मत इतनी अच्छी निकलेगी। 'जीलेनिकस', इसीलिए इसका नाम 'जीलन' रखा, समझीं?"

पर वह मुझे देखकर मुसकरा नहीं रही। अब वह मुझे घूर रही है, मानो मैं किसी दूसरे ग्रह का प्राणी हूँ।

अकसर मेरी घबराहट मुझ पर ऐसे ही हावी होकर सारा खेल बिगाड़ देती है। मैं कुछ ज्यादा ही बक गया हूँ। ओह, मैं उसे कितना अजीब और बेवकूफ लग रहा होऊँगा! अगर वह मुझसे दोबारा कभी न मिलना चाहे तो भी मुझे कोई आश्चर्य नहीं होगा।

□

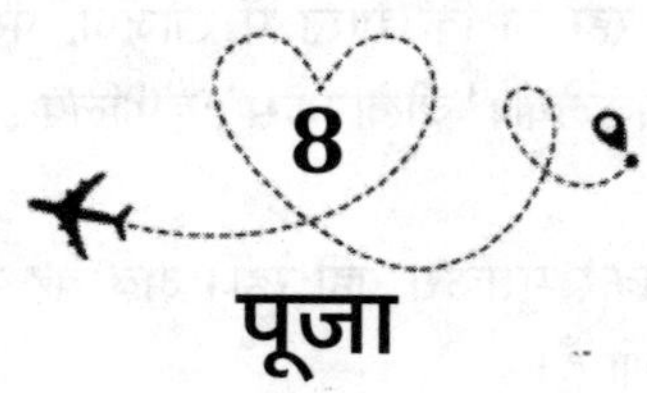

पूजा

उफ्फ! मैंने अभी-अभी यह क्या बेहूदगी देखी है? कोई इस दुनिया में इन छिपकलियों या गिरगिटों को छू भी कैसे सकता है? छिह उसे देखकर तो लगता था कि उसे गिरगिटों से प्यार है। उसने उसका नाम भी रखा हुआ था। एक मिनट के लिए तो लगा कि क्या मैं कोई कल्पना कर रही हूँ। उसे उनकी नस्लों के नाम कैसे पता हो सकते हैं? और इसका ब्रिटिश लहजा क्यों है? यह सुनने में तो बड़ा ही सभ्य लगता है।

शायद वह जवाब सुनना चाहता है, क्योंकि वह मुझे ही देख रहा है, मेरे बोलने का इंतजार कर रहा है।

"ओह, जीलन। बड़ा चतुर है।" मैंने कहा।

"शुक्रिया!" वह काफी खुश दिखाई दिया। फिर वह दूसरी ओर देखने लगा। वह लंबा है। छह फीट के लगभग होगा। उसने आधी बाजू की लाल-भूरी चेक शर्ट, खाकी सूती पतलून और सफेद तस्मोंवाले लाल जूते पहने हुए हैं। यह तो साफ है कि उसने बहुत सोच-समझकर अपने कपड़े पहने हैं। यह उन लड़कों जैसा नहीं लगता, जो शॉर्ट्स, टी-शर्ट के साथ मरियल-सी हवाई चप्पल पहने घूमते हैं। इसके काले सीधे बाल बड़ी सफाई से कटे हुए हैं—दोनों किनारों से थोड़े छोटे और बीच में से लंबे हैं। सिर के ऊपरवाले बाल हवा से उड़ रहे हैं। मैंने कभी किसी लड़के का ऐसा हेयरस्टाइल नहीं देखा। इसका रंग साफ है, पर हलका पीला-सा दिखता है, मानो इसने कभी सूरज की धूप नहीं ली। यह थोड़ा अलग-सा है। इस जगह का नहीं लगता।

"तुम कहाँ से हो?" मैंने सीढ़ियाँ उतरते हुए पूछा।

वह कुछ घबराया हुआ-सा दिखा। आँखों में बेचैनी झलक रही थी।

"नॉर्विच कॉलेज ऑफ आर्ट्स, यू.के.।" उसने जवाब दिया।

ओह, इसमें कोई हैरानी नहीं। यह भारतीय लगता ही नहीं है।

"क्या यह विजिट कॉलेज के कोर्स में शामिल है?" मैंने उसके पासवाली सीढ़ी के पास ठहरकर पूछा।

"लगता तो यही है।" वह हँस दिया।

"ओह, अच्छा।"

"मैं बारह सप्ताह का समय लगा रहा हूँ। इसे देखकर तो यही लगता है कि वे लोग इसे मेरे क्रेडिट में शामिल कर लेंगे। तुम अपना बताओ? क्या यह तुम्हारे भी क्रेडिट में शामिल होगा? तुम क्या पढ़ती हो?" उसने पूछा। वह बहुत तेजी से बोलता है और उसकी बात समझने में समय लगता है।

"मैं बी.बी.एम. कर रही हूँ और यह क्रेडिट में शामिल नहीं होगा। हमारे कॉलेजों में यह सिस्टम नहीं होता।"

"ओह, अच्छा। फिर नंबर कैसे देते हैं? और बी.बी.एम. क्या है?"

"बैचलर ऑफ बिजनेस मैनेजमेंट। साल के अंत में परीक्षा होती है। यूनिवर्सिटी ही परीक्षा लेती है और उसमें जो नंबर आते हैं, उसके अनुसार परिणाम आता है।"

"अच्छा।" वह सूचना पर गौर करने लगा। "मैं पूछना चाहता था कि पूरे साल में अगर तुमने कोई कोर्स वर्क किया हो तो उसका कोई मतलब नहीं होगा? केवल एक परीक्षा से सब तय होगा? है न?" उसने पूछा।

"हम्म।"

"ओह, अच्छा। जैसे हमारे 'ए' लेवल में होता है। हमारे स्कूल में ऐसा ही होता है; पर कॉलेज में तो पूरे साल का आकलन किया जाता है।"

"मतलब पूरा साल काम पर ध्यान देना होगा। कोई गड़बड़ नहीं चलती।"

वह हँसा, "कैसी गड़बड़? हम कर ही नहीं सकते। हम लोग गंभीर किस्म के स्टूडेंट्स हैं।" वह हँसने लगा। पता नहीं मजाक कर रहा था या नहीं। मैं भी मुसकराने लगी।

"अगर तुम कॉलेज की ओर से इस जगह न आतीं तो तुम्हारे अवकाश का समय होता?" उसने पूछा।

"नहीं, मेरा दो महीने का अवकाश है और उसके बाद मैं फाइनल डिग्री के लिए पढ़ाई करूँगी।"

"मुझे लगा कि तुम निस्स्वार्थ भाव और उदारता के साथ अवकाश बिताने आई हो।" उसने चिबुक (ठोड़ी) खुजलाई।

"अरे नहीं, मॉम के दबाव के चलते आना पड़ा। मैं कोई मदर टेरेसा नहीं हूँ।" मैंने झट से कहा।

"उम्म···तुम वाकई ईमानदार हो।" वह बोलते हुए हँसा।

मैंने तो मजाक नहीं किया था। यह हँसने क्यों लगा? पर ऐसा करते हुए भी कितना क्यूट लग रहा है! इसके दाँत कितने प्यारे हैं! अब मैं इसकी ओर कुछ ज्यादा ही ध्यान दे रही हूँ।

"तुम यू.के. कब गए थे? तुम स्कूल कहाँ जाते थे?" मैंने पूछा।

"मैं तो शुरू से वहीं था। डर्बी में पढ़ता था। वहीं जनमा और पला-बढ़ा।"

तब मुझे समझ आया कि उसका लहजा ऐसा क्यों था। मैं अमेरिकी लहजा जानती हूँ, क्योंकि मेरे कुछ दोस्त अमेरिका और कनाडा से हैं; पर यू.के. से किसी को नहीं जानती और इनकी बात सुनने के लिए पूरा ध्यान देना पड़ता है।

"केरल में पहली बार आए हो?" मैंने पूछा।

"भारत में पहली बार। कमाल की जगह है।"

"मुझे तो कोई कमाल नहीं दिखता।" मैंने नाक सिकोड़ी तो वह मेरी बात समझने की कोशिश करने लगा, मानो उसे समझ नहीं आ रहा कि मैंने मजाक में कहा है या सही। फिर वह दोबारा हँसने लगा।

मैं इसे बहुत हँसा रही हूँ। वैसे, मैं जानकर ऐसा नहीं कर रही और वह यह नहीं जानता।

"अगर कोई मुझसे पुराने इंग्लैंड के बारे में पूछता तो शायद मेरा भी यही जवाब होता। मैं तुम्हारी बात का मतलब समझ रहा हूँ।" उसने कहा।

मुझे कुछ पता नहीं कि इंग्लैंड आलीशान है या नहीं। मैंने कभी यू.के. के बारे में सोचा तक नहीं।

"क्या ऐसा है?" मैंने पूछा।

"क्या?"

"क्या यू.के. कमाल की जगह है? मतलब, अगर तुम उस जगह जनमे और पले-बढ़े न होते तो क्या फिर भी उसे कमाल की जगह मानते?"

वह सोचते हुए अपनी भौंहें सिकोड़ लेता है, "मुझे यही लगता है। यह जगह बहुत सुंदर है। टर्नर, कॉन्स्टेबल, जोसेफ राइट बहुत प्रेरित हुए और अंग्रेजी लैंडस्केप

आर्ट को बढ़ावा दिया। उसे अठारहवीं सदी के मध्य में अंतरराष्ट्रीय रूप से सामने लाए। मेरा मत तो इसकी सुंदरता के पक्ष में ही होगा।"

यह तो स्पष्ट है, उसकी अपेक्षा है कि उसने जिन कलाकारों का नाम लिया, मुझे उनके बारे में पहले से पता होगा। मुझे कुछ अंदाजा नहीं है कि वह किनके बारे में बात कर रहा है और मैंने झट से मन में वे नाम दोहराए—टर्नर, कॉन्स्टेबल, जोसेफ राइट; टर्नर, कॉन्स्टेबल, जोसेफ राइट और उन्हें बार-बार टेप की तरह दोहराने लगी। मुझे इनके बारे में देखकर पता लगाना होगा। मैं मूर्ख नहीं लगना चाहती। किसी भारतीय लैंडस्केप कलाकार के बारे में बात करनी चाही, पर कोई नाम ही दिमाग में नहीं आया। यह बहुत भयंकर बात है। समझ नहीं आ रहा कि क्या कहना है। फिर मुझे बचाव का उपाय मिल गया। मि. लिजर्ड के मिलने से पहले मैं चाय के लिए जा रही थी, तभी याद आया कि मुझे तो उस लड़के का नाम तक पता नहीं है।

हमने एक-दूसरे को परिचय नहीं दिया। "मैं पूजा हूँ।" मैंने अपना हाथ आगे नहीं किया। उसने अभी छिपकली को छुआ था और मैं चाहती थी कि वह पहले अपने हाथ धो ले। उसे इस बात की परवाह नहीं लग रही थी।

"हैलो पूजा, मैं आरुष हूँ। तुमसे मिलकर अच्छा लगा।" वह बोला।

"उम्म...एक कप चाय पीने की इच्छा हो रही है। मैं तो जा रही हूँ..."

"डाइनिंग एरिया इस ओर है। इनकी चाय मुझे पसंद आई। आओ, मैं रास्ता दिखाता हूँ।" उसने मेरा वाक्य पूरा होने से पहले ही कहा और आगे-आगे चल दिया।

मेरे पास उसके पीछे जाने के सिवा कोई उपाय नहीं था।

□

आरुष

मुझे लगता है कि मैंने बड़े ही अजीब तरीके से जानी-पहचानी लगनेवाली लड़की के सामने खुद को पूरी तरह से बेवकूफ साबित कर दिया है, जिससे मैं अभी हाल ही में मिला हूँ। जब मैं घबरा जाता हूँ तो बेवजह हँसने लगता हूँ और लगातार बोलता जाता हूँ। मानो भारतीय गिरगिट की नस्लों की जानकारी ही काफी नहीं थी, मैंने उसे इंग्लिश लैंडस्केप पेंटर्स का भी ओवरडोज दे दिया। काश, जब उसने पूछा कि क्या यू.के. बहुत कमाल की जगह है, तो मुझे कोई और बेहतर जवाब सूझा होता! मैं उसे आसानी से वह सब बता सकता था, जैसे टूरिस्ट ब्रोशर में लिखा होता है, या उसे स्कॉटलैंड, न्यूयॉर्क या फिर किसी दूसरी जगह की जानकारी दे सकता था। पर बदकिस्मती से, मैं कुछ नहीं कर सका। केवल अपने बचाव में मैं अपनी घबराहट को छिपाने की कोशिश ही करता रहा।

हम डाइनिंग हॉल की ओर बढ़े तो वह भी साथ थी। मिसेज ओमणा ने हमारा स्वागत किया।

"ओह! हैलो पूजा, हैलो आरुष! स्वागत! स्वागत चाय का समय समाप्त होने ही वाला था। आओ, गरम वड़े और चाय तैयार है।" उन्होंने कहा।

"तुम अपने हाथ उस जगह धो सकती हो।" उन्होंने पूजा से कहा। उन्होंने बाहर डाइनिंग हॉल के पास इशारा किया, जहाँ संतरी रंग की एक बड़ी सी प्लास्टिक की बालटी रखी थी। उसमें हलका गुलाबी रंग का डिब्बा डूबा हुआ था। मैं इसे पहचानता हूँ, क्योंकि पहले भी यहाँ आ चुका हूँ। मैंने तो कुएँ से पानी भी निकाला था। मैंने इस तरह के कुएँ बच्चों की रंगीन तसवीरोंवाली किताबों में ही देखे थे। इस पर एक पुली सिस्टम के साथ रस्सी होती है और इसके कोने पर लोहे की बालटी

बँधी रहती है। पूजा ने कुआँ देखते ही पल भर के लिए नाक चढ़ाई और फिर उसके चेहरे के भाव सामान्य हो गए। उसने हामी भरी। उसे पता नहीं चला कि मैंने उसका वह भाव पढ़ लिया था।

हम दोनों ने अपने हाथ धोए। (यह भी एक भारतीय रिवाज ही लगता है—हर बार खाने से पहले हाथ धोना। मैं हर चीज अपने हाथों से खाना सीख रहा हूँ। घर में तो हम हाथ से रोटी और पराँठा ही खाते थे, अन्यथा काँटे व छुरी का इस्तेमाल होता था।) एक रीसाइकिल प्लास्टिक की बोतल में तरल साबुन रखा है। पूजा ने उसे ऐसे लिया, मानो उसमें ही कीटाणु भरे हों। इस जगह कोई तौलिए नहीं हैं।

"तुम्हें अपने हाथ इस तरह झटकने होंगे, जैसे भीगे हुए कुत्ते अपना शरीर झटकते हैं।" मैंने कहा और हाथों को पीछे करके हिलाने लगा।

उसने भी हँसते हुए ऐसा ही किया। मुझे खुशी है कि मेरी वजह से उसके चेहरे पर हँसी आई।

जब हम डाइनिंग एरिया में गए तो तीन लोग और आ गए थे—दो लड़के और एक लड़की। मिसेज ओमणा ने हमारा परिचय करवाया।

"यह अच्छी बात है कि सभी इस जगह आ गए। आप सब मिलकर अगले दो महीने काम करोगे। हमारे पास इस समय पाँच स्वयंसेवक हैं।" उन्होंने पहले मेरी ओर इशारा किया, "यह आरुष है और यू.के. से आया है।" सबने अभिवादन किया और पूजा मुझे देखकर मुसकराई।

हमारी टीम काफी बहुरंगी लग रही है। ओशान श्रीलंका से है, पर अमेरिका में रहता है। उसकी दोस्त लिआ उसके ही कॉलेज में पढ़ती है (दोनों में खासा लगाव लगता है, क्योंकि ओशान का हाथ उसकी कमर पर है और दोनों एक-दूसरे को देख-देखकर थकते नहीं हैं।); फिर केरल का सुजीत (मुझे उसके कॉलेज या जगह का नाम पता नहीं है)।

सुजीत अब पूजा को घूर रहा है। पूजा उसकी ओर ध्यान न देकर हरियाली को ताक रही है।

अचानक वह बोला, "पूजा, कोच्चि से पूजा कृष्णन? क्या मेरी कुछ याद है?"

पूजा ने उसे हैरत से देखा। फिर धीरे-धीरे चेहरे पर पहचान उभरी। उसकी आँखें मुसकान से दमक उठीं। "ओह, सुजीत नायर! किसने सोचा था!" वह बोली।

"अरे, तुम दोनों एक-दूसरे को जानते हो?" मिसेज ओमणा ने पूछा।

"जी, हम एक ही स्कूल में थे।" सुजीत बोला।

"अरे, कमाल है। चलो, मैं डिनर का प्रबंध देखने जा रही हूँ।" मिसेज ओमणा उस जगह से चली गईं।

ग्रुप बिखर गया। लिया और ओशान अलग मेज पर चले गए।

सुजीत अब पूजा से गप्पें मार रहा है। पूजा उसकी हर बात पर खिलखिलाती है। मैं एक अलग मेज के पास जाकर बैठ गया।

उस जगह की देखरेख करनेवाला लड़का मेरे आगे केले का एक पत्ता रख गया है और उस पर गरम वड़े व चटनी रख दी है।

मैंने पूजा और उसके दोस्त को देखा। वे अब भी बातें कर रहे हैं।

अब मुझे यू.के., उस जगह के जीवन और अपने दोस्तों की याद सता रही है। इसलिए मैंने फोन निकाला और उन्हें मैसेज करने लगा।

□

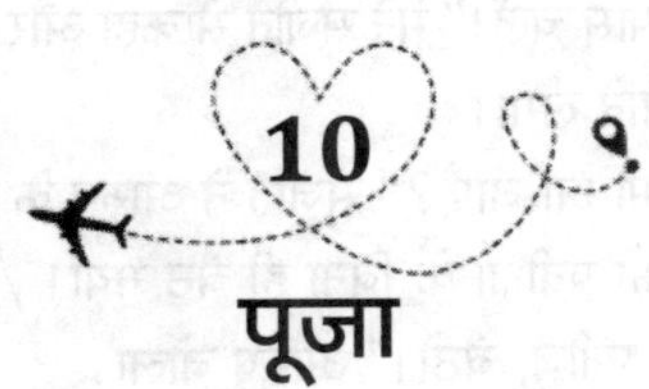

पूजा

सुजीत नायर को तो यहाँ देखने की दूर-दूर तक कोई अपेक्षा नहीं थी। सुजीत ठीक वैसा ही दिखता है, जैसा स्कूल में लगता था। बस, थोड़ा सा मोटा हो गया है। सिर पर वैसे ही घुँघराले झाड़ू जैसे बाल, बड़े साइज की मैली-सी टी-शर्ट, घुटनों तक जानेवाले ढीले शॉट्‌र्स और हवाई चप्पलें। वह अब भी उसी तरह रहता है, 'मुझे किसी की परवाह नहीं' वाला रवैया! स्कूल में सुजीत को सभी जानते थे और यह भी पता था कि वह किस तरह खुद को परेशानियों में डाल देता था। इस मामले में उसका नाम खराब था। उसका घर स्कूल से कुछ ही मीटर की दूरी पर था। टीचर अकसर सुजीत के कारनामे बताने के लिए उसके घर ही पहुँच जाया करते। जब हम ग्यारहवीं कक्षा में थे तो एक दिन अचानक वह मोटर साइकिल पर सवार होकर स्कूल आ गया। इसी वजह से उसे सारे जानते थे। बारहवीं के बच्चे भी ऐसा नहीं कर सकते थे, क्योंकि वह लाइसेंस मिलने की उम्र नहीं थी; पर सुजीत को इन बातों से कोई फर्क नहीं पड़ता था। सभी उसे हैरानी से ताकने लगे। तभी उसके पापा मुंडु पहने स्कूल आ धमके। वे हवा में एक हँसिया लहराते हुए चिल्ला रहे थे कि वे सुजीत को मार डालेंगे। सुजीत स्कूल में भागने लगा और उसके पापा पीछा करने लगे। उनसे बचने के लिए सुजीत पेड़ पर चढ़ गया और मोटर साइकिल की चाबी पापा पर नीचे फेंक दी। सारा स्कूल, प्रिंसिपल, बच्चे और टीचर तमाशा देखने बाहर आ गए।

पहले हमने इस बारे में बात की और बहुत हँसे।

"हे भगवान्! मैं भी अफलातून ही था। अगर मेरा बेटा ऐसा करता तो मैं उसी दिन उसकी जान ले लेता। पता नहीं, मैंने क्या सोचकर वह हरकत की थी!"

मैंने कनखियों से देखा कि आरुष अपने में ही मगन अपने फोन पर कोई मैसेज टाइप कर रहा था।

हो सकता है कि यू.के. में उसकी कोई दोस्त हो। अचानक जानने की इच्छा हुई। पर ऐसी बात सामने से कैसे पूछ सकते हैं?

"चलो, आरुष के पास चलें।" मैंने सुजीत से कहा और आरुष की ओर चल दी।

सुजीत मेरे पीछे आने लगा।

"हे ब्रो! क्या हम भी आ जाएँ?" सुजीत ने आरुष के साथ वाली कुरसी खींच ली और जवाब मिलने की प्रतीक्षा के बिना ही बैठ गया।

"ओह, क्यों नहीं! प्लीज, बैठो।" आरुष बोला।

सुजीत ने उसे देखकर पूछा, "क्या यह लहजा असली है?"

"नहीं, मुझे इंडिया के कॉल सेंटर में प्रशिक्षण दिया गया है, ताकि ब्रिटिश कस्टमर्स से बात हो सके।" आरुष के स्वर में गंभीरता की झलक थी।

"ओह, ठीक है।" सुजीत ने कहा।

मैं जोर से हँसने लगी।

"क्या?" सुजीत ने पूछा।

"कुछ नहीं।" फिर मैं आरुष को देखकर मुसकराई और आरुष मुझे देखकर मुसकराया। मुसकराने से उसकी आँखों का रंग बदल जाता है। लगता है कि वे नाच रही हैं।

"सुजीत अपने स्कूल में बहुत लोकप्रिय था।" मैंने आरुष से कहा।

"अच्छा! क्या तुम किसी स्पोर्ट टीम में थे या कुछ और?" आरुष ने पूछा।

"नहीं ब्रो, मैं कुछ नहीं खेलता।"

जब मैं मोटर साइकिल वाली कहानी सुनाने लगी तो सुजीत ने अपना सिर हाथों पर टिका लिया। आरुष बहुत गहराई से गूँजनेवाली हँसी हँसता है—गरमाहट और अपनेपन से भरी हुई। यह पिछली बार की हँसी से अलग है। अब मुझे इसकी वजह पता है। दरअसल, पिछली बार उसकी हँसी में घबराहट शामिल थी; पर यह हँसी असली है।

मुझे उसकी हँसी की आवाज पसंद आने लगी है।

□

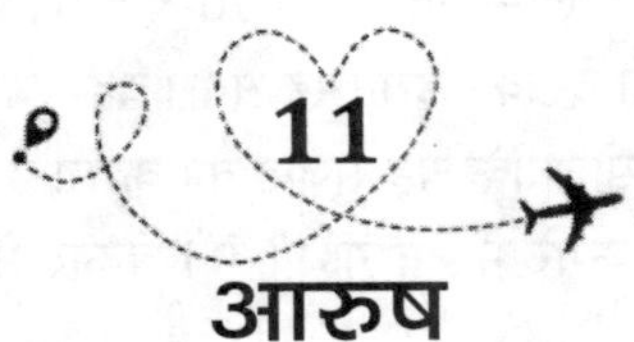

आरुष

रात के खाने के बाद मैं वापस अपने कमरे में गया और अपने परिवार से वीडियो कॉल की। माँ यह सुनकर खुश नहीं थीं कि चंद्रू मामा के लिए जो उपहार भेजे थे, वे बिना सोचे-समझे वायनाड के गरीब बच्चों में बाँट दिए गए।

"देखो माँ, वे बच्चे बहुत प्यारे हैं और वे यह सब पाने के हकदार हैं।" मैंने कहा।

मेरे पापा ने जब यह सुना तो वे खिलखिलाकर हँसने लगे। रिया अपना होमवर्क कर रही थी और वह मुझसे बात नहीं करना चाहती थी। इंटरनेट में खराबी होने से वीडियो कॉल ठीक से नहीं हो पा रही थी। तब मैंने ऑडियो कॉल से बात पूरी की।

फिर मैंने बैग से अपना ट्रैवल लैंप और आर्ट का सामान निकाला और अपनी मेज पर रखने लगा। मैंने अपना फोन ब्लूटूथ से कनेक्ट करते हुए मिनी ट्रैवल स्पीकर से जोड़ा और स्टीव हैकेट्स का 'स्केचिस ऑफ सैटी' चला दिया। मैंने जीलन की कई तसवीरें क्लिक की थीं, जिन्हें स्टडी जर्नल में रखा था। उन पर विचार करके उन्हें असेसमेंट के लिए जमा कराना था। मैंने उसमें कुछ स्केच बनाए और भारतीय गिरगिट के बारे में तथ्य लिखे। मैंने अपने ए 3 जर्नल में जीलन का बड़ा बारीकियों से भरपूर स्केच बनाया, जिसके लिए मुझे थोड़ा समय लगा। किसी अनजान देश में टिड्डों और कई तरह के जंतुओं की आवाजों के साथ अपना मनपसंद संगीत चलाकर आर्ट बनाना मेरे लिए एक सपने के साकार होने जैसा था। जब मैंने अपनी पेंटिंग समाप्त की तो सावधानी से अपने ब्रश धोए और उन्हें सुखाया। मैंने अपना आर्ट का सामान एक तरफ रखा और पेंटिंग को सूखने के लिए रखकर सोचने लगा

कि मैं वायनाड में क्या कर सकता हूँ। अचानक मैंने गलती से एक ट्रैवल साइट खोली, जिसमें एडक्कल गुफाओं की भरपूर जानकारी थी। उनकी तसवीरें देखकर मेरा मन मचल गया।

अचानक किसी के दरवाजा खटखटाने से मेरा ध्यान भंग हुआ।

मैंने घड़ी पर नजर डाली—रात के 11.20 बजे थे। जब मैंने दरवाजा खोला तो सामने खड़े इनसान को देखकर हैरान रह गया। वह पूजा थी।

"ओह, सॉरी। मैंने सोचा कि यह सुजीत का कमरा है।" उसने कहा।

"सॉरी। तुम गलत कमरे में आ गईं।" मैंने बेकार में ही कहा। उसे अच्छी तरह पता था।

वह मुझसे भी पहले सँभल गई। उसके हाथ में टूथब्रश था और बोली, "ठीक है। मुझे थोड़ा टूथपेस्ट चाहिए।"

"फिर तो तुम सही कमरे में आई हो। अंदर आओ।" मैंने कहा।

□

पूजा

ओह, नहीं! मैंने ऐसे कैसे इतनी रात को दरवाजा खटखटाया! मुझे यकीन है कि वह इसे कोई बहाना नहीं समझेगा। मैं नहीं चाहती कि वह मेरे बारे में ज्यादा सोचे। यह सचमुच एक गलती है। लेकिन अगर मैं जल्दबाजी में पीछे हट गई तो यह और भी बुरा होगा, इसलिए मैं अंदर चली गई।

उसका कमरा साफ है, मेरे कमरे के मुकाबले व्यवस्थित है। मैंने अपना सामान नहीं खोला। मेरे कपड़े चारों ओर बिखरे पड़े हैं। इसके मुकाबले उसका सूटकेस खाली होकर एक तरफ पड़ा है। वहाँ किसी भी तरह का सामान बिखरा हुआ नहीं था।

ब्लूटूथ पर मोहक संगीत बज रहा था। यह वाकई मंत्रमुग्ध कर देनेवाला था और मैंने ऐसा मधुर संगीत कभी नहीं सुना। मैं वहाँ खड़े होकर उसे ध्यान से सुनने लगी।

आरुष ने मुझे देखा और मुसकराने लगा। "यह वाकई कुछ अलग है। नहीं? मुझे यह संगीत बहुत अच्छा लगा।"

"यह जादू जैसा है।" मैंने धीरे से कहा और उसे सुनने लगी।

कुछ क्षण के लिए मैंने उसमें डूबते हुए अपनी आँखें लगभग बंद कर लीं। फिर मुझे याद आया कि मैं कहाँ हूँ और मैंने झटपट अपनी आँखें खोलीं। मैंने देखा कि आरुष अटपटे तरीके से मेरी ओर देख रहा था, जैसे वह मेरा चेहरा पढ़ रहा हो। मैं चिहुँकी।

"तुम्हें वाकई यह संगीत बहुत पसंद है? नहीं? यह बार-बार सुनने लायक है। इसलिए यह मुझे भी पसंद है।" आरुष ने कहा और मैंने सिर हिलाया।

"मैं इसे बार-बार सुनने लायक नहीं कहूँगी। लेकिन हाँ, इसमें कुछ है।" मैंने जवाब दिया।

"इसमें भावों को जगानेवाली गहराई, मौलिकता और ऊँचाई तक ले जानेवाला कुछ है, जिसे शब्दों में बयाँ नहीं किया जा सकता। किसी ने कहा है, संगीत भावनाओं की तरह है।" आरुष एक ही साँस में कह गया और अपनी उँगली स्पीकर पर ड्रम की तरह बजाने लगा।

"वाउ! यह वाकई जानदार है। यह सच है।" मैंने जवाब दिया। यह लाजवाब है। मैं उसे समझने लगी थी और आसानी से समझ सकती थी कि वह क्या कहना चाह रहा है।

"यकीनन।" उसने कहा। उसने उँगली से ड्रम बजाना बंद किया और मुसकराकर मेरी ओर देखने लगा।

इस कमरे में कुछ ऐसा है, जो अपनी ओर आकर्षित करता है। मुझे हैरानी थी कि ऐसा कैसे हो सकता है। हम दोनों के कमरे एक जैसे हैं। लेकिन उसने इसे खूबसूरती से एक 'घर' की तरह सजाया है।

उसकी मेज पर एक फोकस लैंप था, जो पूरे कमरे को प्रकाशित कर रहा था।

"मेरे कमरे में ऐसा लैंप नहीं है।" मैंने कहा।

"ओह, यह मेरा ट्रैवल लैंप है, जिसे मैं अपने ट्रैवल स्पीकर के साथ हर जगह लेकर जाता हूँ। मैं पूरी तैयारी के साथ आता हूँ।" वह अपने माथे से बाल हटाता हुआ बोला।

फिर मेरा ध्यान उसकी ड्रॉइंग बुक की ओर गया, जो मेज पर रखी थी। मैं उसमें झाँके बिना न रह सकी। मैं उसकी ड्रॉइंग देखकर हैरान थी। जिस गिरगिट को उसने पहले हाथ में पकड़ा हुआ था, वह उसके आर्ट के रूप में जीवित हो उठा था।

"तुम्हारी ड्रॉइंग वाकई शानदार है!"

"ओह, थैंक्यू।" उसने खुश होकर कहा। उसका चेहरा किसी छोटे बच्चे की तरह उत्साह से भर गया।

"अगर मैं तुम्हारी ड्रॉइंग बुक देखना चाहूँ तो तुम्हें बुरा तो नहीं लगेगा?"

"बिल्कुल नहीं। देखो।" उसने कहा, "इनमें से कुछ तो बस, यूँ ही झटपट बने हुए स्केच हैं।"

उसके स्केच देखकर मैं दंग रह गई। उसके बनाए आर्ट में कई दृश्य यू.के. के थे।

"ओह, माय! इसे देखो!" मैंने जैसे ही पेज पलटा, मैं चिल्ला पड़ी। मैं एक खास तरह के रंगीन टेंट के स्केच को देखकर रुक गई—त्योहार, खुशी और व्यस्तता।

"यह मेरा सबसे पसंदीदा स्थान है, नॉर्विच मार्केट प्लेस। मुझे यहाँ जाकर स्केच बनाना अच्छा लगता है।" उसने कहा।

"यह बहुत खूबसूरत है! यह जगह...मेरा मतलब यह स्केच भी।"

"बिल्कुल। नॉर्विच बहुत शानदार जगह है। मैं जब पहली बार कॉलेज गया तो बहुत मोहित हुआ। यह डर्बी से अलग है, जहाँ मेरा बचपन बीता।"

"तुम नॉर्विच में कहाँ रहते हो? क्या तुम्हारे कॉलेज में हॉस्टल है?" मैंने पूछा।

"नहीं, मैं और मेरे तीन साथी एक कमरा शेयर करते हैं।" उसने कहा।

"क्या वे सब तुम्हारे कॉलेज में हैं?"

"हाँ, लेकिन केवल जेना मेरे कोर्स में है। वह एक चित्रकार है। जोश फोटोग्राफी करता है और टॉम एक्टिंग।"

मैं हैरान थी कि क्या जेना उसकी गर्लफ्रेंड थी? उसके साथ इसका क्या रिश्ता हो सकता है? वह दिखने में कैसी है? मैं जानना चाहती थी, लेकिन फिर मैंने सोचा कि मेरा ऐसा पूछना बचकाना होगा। इसलिए मैंने उसके कॉलेज के बारे में ही बात की।

"तुम कितने सौभाग्यशाली हो कि वहाँ रहते हो! हमारे कॉलेज में तो बस, आर्ट्स, साइंस और कॉमर्स है। और मैं जब आर्ट्स का नाम लेती हूँ तो इंडिया में इसका मतलब है—साहित्य और समाज-शास्त्र। इसका फाइन आर्ट्स से कोई मतलब नहीं।" मैंने बताया।

"तुम जो कुछ पढ़ रही हो, वह तुम्हें पसंद नहीं?"

"मुझे उससे नफरत है!"

"तो तुम वह कोर्स छोड़ क्यों नहीं देतीं? जिसे तुम पसंद नहीं करतीं, उसे क्यों पढ़ रही हो? ये तुम्हारे जीवन के चार साल हैं या भारत में तीन साल?"

"डिग्री के लिए तीन साल। मेरे पास कोई विकल्प नहीं। मेरी माँ ऐसा चाहती हैं। फिर मैं CAT के लिए कोचिंग जॉइन करूँ। भारत में यह एक जरूरी एग्जाम होता है, जिसके बाद आप किसी आई.आई.एम., इंडियन इंस्टीट्यूट ऑफ मैनेजमेंट, जैसे बड़े संस्थान में मैनेजमेंट डिग्री के लिए अप्लाई कर सकते हैं।" मैंने बताया।

मैंने अंदाजा लगाया कि आरुष नहीं जानता था कि भारत में किस तरह आई.आई.एम. को पूजा जाता है। उसे इसकी परवाह भी नहीं थी। जबकि मेरी माँ और भारत में कई लोगों के लिए आई.आई.टी. या आई.आई.एम. का टैग लगना एजुकेशन के होली ग्रेल के बराबर था।

"जिसे तुम पसंद नहीं करतीं, उसे करने से क्या फायदा! सिर्फ अपने माता-पिता के कहने पर? मेरे पापा भी, वे भी नहीं जानते थे कि मैं चित्र क्यों बनाना चाहता हूँ। वे चाहते थे कि मैं वकील बनूँ या कोई इज्जतदार पेशा चुनूँ। लेकिन मुझे पता था कि मैं क्या चाहता हूँ। मैंने अपनी पसंद के आर्ट्स कॉलेज में दाखिला लिया और स्कॉलरशिप ली। मैं काम भी करता हूँ, जिससे कॉलेज का खर्च चलता है।"

मैं देख सकती थी कि उसे कॉलेज की फीस देने में कितना गर्व महसूस हो रहा था।

"भारत में यह बहुत मुश्किल है। यहाँ सिर्फ पिज्जा के आउटलेट या ऐसी किसी जगह पर जॉब मिल सकती है।"

"तो? मैं भी तो ऐसा ही करता हूँ। मैं चैरिटी शॉप में काम करता हूँ।"

"आरुष, तुम समझे नहीं। यह भारत है। तुम नहीं जानते कि यहाँ हजारों लोगों के पास काम नहीं है। अगर मुझे कोई काम मिल जाता है तो ऐसा लगता है, जैसे इसकी जरूरत किसी और को थी, जो वास्तव में इसके लायक है और मेरी माँ भी मुझे काम नहीं करने देंगी। यहाँ ऐसा नहीं होता।" मैंने अपनी बात समाप्त की।

"हम्म! मैं समझ गया कि तुम क्या कहना चाहती हो। मेरा मतलब वह नहीं था।" उसने कहा।

"उसके बाद तुम्हारे लिए एम.बी.ए. डिग्री?" उसने पूछा।

"मेरे पास कोई विकल्प नहीं। अगर मैं आई.आई.एम. में नहीं गई तो मेरी माँ बहुत परेशान होंगी। मेरी बहन ने आई.आई.एम. से अपना एम.बी.ए. किया और कैंपस इंटरव्यू में ही उसे जॉब मिल गई। अब वह किसी विदेशी बैंक में काम कर रही है। उसकी सैलरी भी बहुत ज्यादा है।" मैंने कहा।

आरुष ने सुनते हुए अपना सिर हिलाया।

फिर उसकी आँखों में चमक आई। "हो सकता है, तुम उससे ज्यादा कमाने लगो।" उसने कहा और हँसने लगा।

□

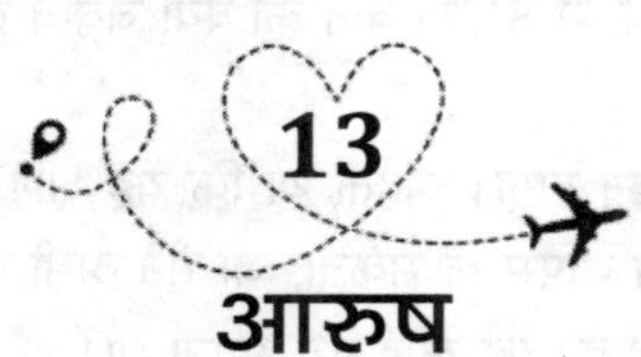

13

आरुष

जब वह हँसती है तो अपना सिर एक तरफ झुका लेती है। लैंप से आती हुई रोशनी उसके चेहरे पर आभा डाल रही थी। वह कितनी जानी-पहचानी लगती है! वे आँखें, वह चिबुक। वह इतनी जानी-पहचानी क्यों थी? फिर मुझे ध्यान आया। मैंने जैसे ही उसके चेहरे की ओर देखा, मेरे अंदर सिहरन-सी होने लगी थी। वह बिल्कुल सेलेना गोमेज जैसी लगती थी, जिसे मैं हाई स्कूल के दो सालों के दौरान बहुत चाहता था। मैं चुपके से हजारों बार उसके 'हार्ट वांट्स व्हाट इट वांट्स' गाने देखता और उसके गानों के बोल तो आज भी गा सकता हूँ। मैंने सोचा था कि मैं अपने जीवन के इस शर्मिंदगी से भरे दौर से बाहर हो चुका हूँ तथा इसे कभी न मानने और कभी चर्चा न करनेवाले दिमागी कोने में रखकर भुला दूँगा; पर अब, अचानक ही यह पता नहीं कैसे सामने आ गया। ईश्वर, मेरी मदद करो। मैं उसे घूरता जा रहा हूँ। मुझे ऐसा नहीं करना चाहिए। मैं हाई स्कूल जैसी इस तरह की हरकतों के लिए बड़ा हो चुका हूँ! फिर भी मेरा दिल उत्तेजनावश धड़क रहा है।

"क्या तुमने कभी सेलेना गोमेज के बारे में सुना है? 'अमेरिका की एक्ट्रेस? विजाइर्स ऑफ वेवर्ली प्लेस? अनदर सिंड्रेला स्टोरी?"

"मुझे सेलेना गोमेज के बारे में पता है। तुम्हें उसके सारे शो के नाम लेने की जरूरत नहीं।" वह हँसी।

"तुम बिल्कुल उसके जैसी लगती हो!" मैंने बेझिझक कहा।

"क्या तुम उसे पसंद करते हो? 1 से 10 के स्केल में तुम उसे कितना पसंद करते हो?" उसने बालों को लहराया और मुसकराते हुए पूछा।

मैं इसका क्या जवाब देता ? 1 से 10 के स्केल में यह एक हजार भी हो सकता था। या फिर एक करोड़ ? दिमाग में कई जवाब आए। लेकिन मैं कुछ भी कैसे बता सकता था; जबकि सच यह था कि मैं हर समय उसके खयालों में डूबा रहता। मैं उसकी तसवीरें देखता और उसकी आवाज सुनता। यह कोई हैरानी की बात नहीं थी। मैं नहीं जानता था कि मैं उसकी बात का क्या जवाब दूँ और वह अभी भी मेरी ओर देख रही है।

मैं दूसरी ओर देखने लगा। चाहता था कि यह क्षण किसी तरह गुजर जाए। काश कि मैं अपना कहा वापस ले सकता, जो मैंने अभी कहा। मैंने महसूस किया कि मेरे गाल लाल हो रहे हैं। यह कोई बुरा सपना था।

मैं झिझका तो वह फिर से हँसने लगी। "मैंने यूँ ही पूछा है ! तुम्हें इसका जवाब देने की जरूरत नहीं।" उसने कहा।

जब वह हँसती है तो मुझे अच्छा लगता है।

"अर्र...मुझे लगता है, कई लड़के उसे पसंद करते हैं। मुझे पता है। यह कोई बड़ी बात नहीं। मैं भी हाई स्कूल में था।" मैंने माना।

लेकिन मुझे लगता था कि वह जानती है कि यह वाकई बड़ी बात थी। मैं इतना घबरा गया कि इसके बारे में और बात नहीं करना चाहता था। फिर मैंने देखा कि मेरा लैपटॉप पलंग पर पड़ा हुआ था। यह सही समय था इस टॉपिक से बाहर आने का।

"हे, क्या तुम्हें पता है, मेरे हाथ एक अनूठी चीज लगी है ?" मैंने उसे बताया।

उसकी आँखें कौतूहल से चमक उठीं।

"सच ? क्या ?"

"देखो ! यहाँ घूमने के लिए कुछ गुफाएँ हैं !" मैंने लैपटॉप की ओर मुड़ते हुए कहा।

वह मेरे बिना कहे मेरे पलंग पर आकर बैठ गई।

मेरे दिल की धड़कनों की आवाज कानों में साफ सुनाई दे रही थी।

धक-धक-धक-धक-धक-धक।

"ओह, क्या यही है ?" उसने पूछा।

"हाँ। तुम जब दरवाजे पर खटखटा रही थीं तो मैं यही देख रहा था। इसका विवरण और तसवीरें शानदार हैं।" मैंने जवाब दिया।

मैंने अपने मन को शांत करना चाहा।

"आओ, बैठो।" वह पलंग पर पसर गई, "दिखाओ मुझे।"

मैं उसके साथ ही बैठ गया। मेरा दिल अब और भी तेजी से धड़क रहा था—किसी एंप्लीफायर के ड्रम बीट्स की तरह।

मैंने लैपटॉप पर वह साइट खोली, जिसे मैं देख रहा था।

"यह क्या है ? सीक्रेट टिप्स ?" पूजा ने पूछा और हम दोनों लैपटॉप में देखने लगे।

एडक्कल गुफाओं के बारे में सीक्रेट टिप्स।

सामान्य (सड़क) मार्ग न पकड़ें। टिकट काउंटर तक घने पेड़ों से होते हुए पैदल जाएँ (जंगल से होते हुए पहाड़ी तक पैदल जाएँ)।

पैदल चलने के लिए सफेद तीर का निशान लगे हुए पेड़ की तलाश करें, जो बाईं ओर चलने का इशारा करता हो।

यहाँ खड़ी चढ़ाई है; लेकिन बहुत अच्छे नजारे दिखाई देते हैं। अच्छे जूते पहनें।

अपने साथ खाना व पानी लेकर चलें।

शांत व हरियाली भरे वातावरण में थोड़ा रुकें और आनंद लें।

चढ़ाई के बाद वह सीक्रेट रास्ता टिकट काउंटर की ओर जाता है। इसी रास्ते से जाने की सलाह दी जाती है।

गुफाएँ 7,000 वर्ष पुरानी हैं और जीर्ण अवस्था में हैं।

हम दोनों ने लिस्ट पढ़ी। सभी महत्त्वपूर्ण विवरणों, तसवीरों व सूचनाओं को पढ़कर मंत्रमुग्ध हो गए। अंत में एक लड़के की तसवीर थी, जिसने उसके बारे में लिखा था।

"अरे, देखो। यह बेवकूफ-सा लगता है।" पूजा बोली।

"अरे नहीं, ऐसा मत कहो। मुझे लगता है, किसी लड़की को तो वह सुंदर लगेगा।" मैंने पूजा से कहा।

"मैं उनमें से नहीं।" उसने कंधे उचकाए।

"फिर सुंदरता के बारे में तुम्हारी राय क्या है ?" मैंने उससे पूछा।

"तुम सुंदर हो।" उसने मेरी आँखों में देखते हुए साफ-साफ कहा। वह मुसकराई। उसने एक क्षण के लिए भी अपनी नजर नहीं हटाई।

मुझे एक बार फिर अपने गालों का रंग बदलता हुआ प्रतीत हुआ, जो धीरे-धीरे मेरे चेहरे पर आ रहा था।

मैं समझ नहीं पा रहा था कि क्या करूँ, इसलिए मैंने कहा, "चलो, देखें कि एडक्कल गुफाओं में और क्या है!"

मैंने कई लिंक्स पर क्लिक किया, लेकिन इंटरनेट बहुत धीमा चल रहा था। और जब मैंने लैपटॉप से ध्यान हटाया तो वह अभी भी मेरी ओर ही देख रही थी। उसकी आँखें शांत और स्वीकृति से भरी थीं, जैसे वह मुझे जानती है और समझती है।

मैं अभी इस लड़की से मिला और अच्छी तरह जानता तक नहीं। लेकिन ऐसा क्यों लगा कि यह मेरी आत्मा के भीतर देख रही है?

□

पूजा

क्या यह एक ऐसा पल है, जो हमारा अपना है? शायद ऐसा ही है। मुझे लगता है कि हमारी आँखों ने वह गुप्त भाषा बोल दी, जो सिर्फ आँखों में होती है। और मुझे लगता है कि वह भी जानता है, क्योंकि वह शरमा रहा था। मैं जितने लड़कों को जानती हूँ, उनमें से कोई नहीं शरमाता। मैं नहीं जानती कि मैं कैसे उसके आकर्षक व्यक्तित्व पर मोहित हो गई। शायद संगीत, उसका कमरा, यह सुखद घनिष्ठता। हो सकता है कि यह उसका स्वभाव हो। मैं नहीं जानती। लेकिन मुझे लगा कि मुझे विषय बदलना चाहिए।

और मुझे ऐसा अभी करना था। मुझे वे क्षण बिताने थे।

"मुझे लगता है कि ये सीक्रेट टिप्स इतने सीक्रेट नहीं, इह।" मैंने कहा।

"येह, हम्म···अर्र···शायद एक साथ गुफाएँ घूम सकते हैं?" उसने उम्मीद भरी निगाहों से पूछा।

मैं इन सबसे बाहर आकर उसे बताना चाहती थी कि वह शरमाना और हिचकिचाना बंद करे। लेकिन उसे यह बताना कि वह आकर्षक है, एक दिन के हिसाब से डरावना था। मुझे अच्छा लगा कि उसने ऐसा कहा, "हम दोनों एक साथ घूम सकते हैं।" सोचने में अच्छा लगता है। ऐसा लगता है, जैसे वह मुझे डेट के लिए कह रहा हो।

"हाँ, यह ठीक रहेगा।" मैंने कहा। एक काल्पनिक संगीत बजने लगा और मैं अपने तर्कशील मन को शांत करने लगी। मैंने मन में खुद को एक टहोका दिया और सीधा होकर बैठ गई।

"मुझे लगता है, हमें पहले थोड़ा काम कर लेना चाहिए, फिर मिसेज ओमणा से एक दिन की छुट्टी की बात करनी चाहिए।" उसने चिबुक पर हाथ मारते हुए कहा।

"हम पहले ही दिन काम छोड़कर मटरगश्ती कर सकते हैं।" मैंने चुटकी ली और वह हँसने लगा।

मैंने टाइम देखने के लिए अपने फोन पर निगाह डाली तो आरुष ने देखा।

"सोने का समय निकल गया?" उसकी आँखों में खुशी थी।

"नहीं! मैं रात को जागनेवाला प्राणी हूँ।"

"किस तरह का? उल्लू?"

"उल्लू बदसूरत होते हैं।" मैंने अपनी नाक सिकोड़ते हुए कहा, "भारत में उल्लुओं को मूर्ख कहा जाता है, लेकिन दूसरे देशों में इसे समझदार माना जाता है।"

"मेरी माँ जब किसी सामान बेचनेवाले से नाराज होती हैं तो उसे 'उल्लू का पट्ठा' कहती हैं।" उसने बताया।

उसके मुख से हिंदी के मुहावरे को सुनते ही मुझे हँसी आ गई।

"तुम कितने ब्रिटिश हो!" मैंने कहा और उसने सिर हिलाया।

"मैम, मैं अपना अपराध कुबूल करता हूँ।"

मैंने थोड़ा साहस करते हुए उससे पूछ ही लिया कि क्या जेना उसकी गर्लफ्रैंड है? लेकिन मैं प्रत्यक्ष रूप से नहीं पूछना चाहती थी, इसलिए थोड़ी चतुराई दिखाई।

"मुझे नॉर्विच में अपने घर और घर के सदस्यों के बारे में बताओ।" मैंने थोड़ी उदासीनता दिखाते हुए पूछा।

उसने आँखों में चमक के साथ अपना फोन खोला और मुझे तसवीरें दिखाने लगा। वह एक-एक के बारे में विस्तार से बताता गया। जब मुझे पता चला कि जोश और जेना का आपस में संबंध है तो मुझे थोड़ी राहत मिली।

"टॉम और तुम्हारे लिए क्या कह सकते हैं?" मैंने पूछा, "क्या तुम दोनों के पास कोई खास है?" फिर मैंने हवा में एक और तुक्का उछाल दिया।

"कुछ महीने पहले टॉम का ब्रेकअप हुआ। वह सिंगल है। और मेरे बारे में—मैं अभी तक सिंगल हूँ।"

"क्या? क्यों?"

"मेरा मतलब, मैं कभी किसी सीरियस रिलेशनशिप में नहीं गया। वे कुछ ही महीने चले और फिर मैं बोर होने लगा।" उसने कंधे उचकाए, "तुम अपने बारे में बताओ?"

"मैं तुम्हारा मतलब समझ गई। रिलेशनशिप में बहुत सारा काम होता है। बारहवीं कक्षा में मेरा एक बॉयफ्रेंड था। फिर हम अलग-अलग कॉलेजों में चले गए; वह पूना शिफ्ट हो गया। हमने दूर रहते हुए भी एक-दूसरे से जुड़े रहने की कोशिश की। लेकिन धीरे-धीरे फोन और मैसेज कम होते गए और वह रिश्ता अपने आप ही समाप्त हो गया।"

वह अब भी अपना फोन स्क्रॉल कर रहा था और बीच-बीच में मेरी ओर देखता। "यह देखो, मेरा इग्वेना।" उसने कहा। उसकी आँखों में चमक थी। मैंने देखा कि वह क्या दिखाना चाह रहा था।

"तो तुम्हारे पास पालतू इग्वेना है! तभी तो तुम छिपकलियों से प्यार करते हो।"

मैंने उसे बताया कि मुझे छिपकलियाँ पसंद नहीं, तो वह हँसने लगा।

"तुम्हें उन्हें जानने की जरूरत है। वे अच्छी होती हैं, बहुत अच्छी।" उसकी आवाज का सुर ही बदल गया।

क्या वह मेरे साथ फ्लर्ट कर रहा है? हो सकता है। मैं नहीं बता सकती कि मुझे उसका साथ कितना अच्छा लग रहा था!

फिर बातचीत का विषय संगीत, टी.वी. शो और फिल्मों पर चला गया। जब टी.वी. शो की बात आई तो हम दोनों की पसंद काफी मिलती-जुलती थी। लेकिन जब किताबों की बात आई तो मुझे शर्म आने लगी। मैं पढ़ाकू नहीं थी, लेकिन वह था।

जब उसने मुझसे मेरी पसंदीदा किताब के बारे में पूछा तो अपनी झेंप मिटाने के लिए मैंने अपने स्कूल की एक किताब का नाम बता दिया, जिसका हिंदी अनुवाद किसी लेखक ने किया था और जिसके बारे में उसे नहीं पता था।

मैंने उससे उसकी पसंदीदा किताबों के बारे में पूछा तो वह उत्साहित होकर बताने लगा। वह बहुत विस्तार से बताता गया कि उसे वे किताबें क्यों पसंद हैं। वह थोड़ा रुका और बोला, "मैं तुम्हें पहले से कहानियाँ नहीं बताना चाहता, चिंता मत करो। मुझे उन लोगों पर गुस्सा आता है, जब वे ऐसा करते हैं।"

"बिल्कुल, मुझे भी।" मैंने कहा।

मैं मन–ही–मन उसकी बताई किताबों के नाम याद कर रही थी, क्योंकि मुझे वे किताबें पढ़नी थीं। उसने जिस अंदाज से उनका नाम लिया, मुझे अच्छा लगा। ऐसी बातों के बाद मैं एक ऐसी लड़की बनना चाहती थी, जो किसी से भी किताबों के बारे में बात कर सकती थी।

जब हमने अपने फोनों की तरफ देखा तो सुबह के 4 बज चुके थे।

"ओरिएंटेशन सुबह 9 बजे है। गुडबाय, सो जाओ।" उसने कहा।

"ठीक है। मुझे लगता है, अब हम दोनों को टूथपेस्ट की जरूरत है।" मैंने कहा तो वह हँसने लगा।

□

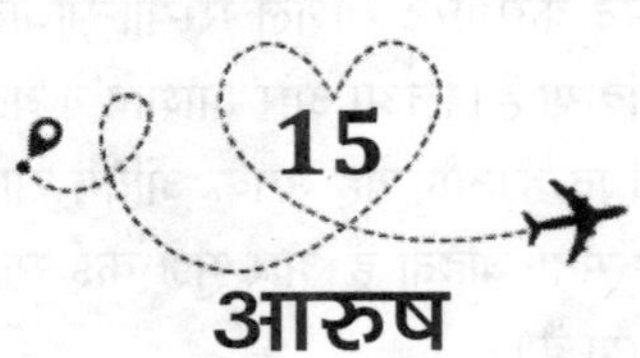

आरुष

क्या हमने पूरी रात बातें कीं? मुझे यकीन नहीं होता। वह दूसरी लड़कियों से अलग है। मुझे उससे पहले मिलना चाहिए था। पता नहीं कि यह बुनियादी रूप से उसके भारतीय होने का गुण है, जो मुझे उसकी ओर आकर्षित कर रहा है। उसमें ऐसा कुछ है, जो मुझे उसकी ओर खींच रहा है। वह मेरे कहे हर शब्द पर ध्यान देती है। वह सवाल पूछती है। मैं जो कुछ भी कहता, उसे ध्यान से सुनती है।

वह वाकई सबसे अलग है।

सुबह मैं डाइनिंग हॉल की तरफ गया, जहाँ ब्रेकफास्ट का इंतजाम था, तो वहाँ भी मुलाकात हुई। वह सुजीत के साथ थी और उसने मुसकराते हुए मुझे अपने पास बुलाने के लिए हाथ हिलाया।

दो महिलाएँ केले के पत्तों पर गरमागरम इडलियाँ और चटनी परोस रही थीं। वही रसोइया भी थीं।

"शुक्रिया, चेची। ये बहुत स्वादिष्ट हैं।" सुजीत बोला।

मैंने भी इडली खाते ही सिर हिलाया। मैंने जैसे ही खाया तो महसूस किया कि पूजा मेरी ओर देख रही थी। मेरे अंदर एक प्रेम भरा अहसास जाग उठा।

"नींद अच्छी आई?" उसने पूछा। उसने मुझसे पूछा और उसकी आँखों में हँसी छलक रही थी।

"बहुत अच्छी।" मैंने अपनी मुसकान रोकते हुए जवाब दिया।

सुजीत हमारे सीक्रेट व शरारतों से बेखबर अपने नाश्ते में व्यस्त था।

पूजा और मैं अपने ही सीक्रेट कोड बना रहे हैं।

एक बड़े छायादार पेड़ के नीचे ओरिएंटेशन का कार्यक्रम हुआ। हम जमीन पर बिछी रंगीन दरियों पर बैठे थे। मुझे खुशी थी कि पूजा मेरे साथ आकर बैठी। साड़ी पहने आशा नाम की चुलबुली, हँसमुख और उत्साही लड़की अपनी पोस्ट डॉक्टरेट रिसर्च कर रही थी। वह यहाँ-वहाँ घूम रही थी। वह एक ऐसी संस्था के लिए काम करती है, जिसने कॉरपोरेट सोशल रिस्पॉन्सिबिलिटी कार्यक्रम के लिए अश्वटी भवन को नियुक्त किया है। लिआ और ओशान ने बताया कि उनका कॉलेज आशा के संस्थान से संबंधित है और यह उनके अंतिम साल का प्रोजेक्ट है। मैंने उसे बताया कि मैं भारत घूमना चाहता हूँ और मुझे कई साक्षात्कारों एवं कार्यों के मूल्यांकनों के बाद चुना गया है।

"ओह, हाँ। उन्होंने मुझे तुम्हारे बारे में बताया, आरुष! मैंने तुम्हारी फाइल देखी है। तुम्हारा काम वाकई कमाल का है।" आशा ने कहा और मैंने उसे 'थैंक्स' कहा।

सुजीत का कहना था कि उसे स्वयंसेवक बनना अच्छा लगता है और वह अपनी छुट्टियाँ इसी तरह के कार्यों में बिताना चाहता है।

जब पूजा की बारी आई तो उसने गहरी साँस लेते हुए कहा, "मैंने अश्वटी भवन नहीं चुना। उसने मुझे चुना। आप कुछ चीजों से बच नहीं सकते।"

सभी हँसने लगे। लेकिन उसकी आवाज में जबरदस्ती स्वीकारनेवाला स्वर था। अब मैं उसके स्वर और भावों को आसानी से समझ सकता था।

आशा ने स्वयंसेवक बनने के लिए हम सभी का धन्यवाद किया और कहा कि हमने ऐसा करके समाज के प्रति बहुत बड़ा योगदान दिया है।

"मैं चाहती हूँ कि यह आपके लिए मजेदार हो। ऐसा तब होगा, जब आप बेहतर-से-बेहतर कार्य करेंगे। आप मुझे बताएँ, आपको क्या पसंद है, ताकि उसके अनुसार आपको कार्य सौंपे जाएँ? किसी प्रकार की चिंता न करें। हम सभी के लिए उनकी पसंद का कार्य चुनेंगे।" उसने मुसकराते हुए कहा।

"चलो, आरुष से शुरू करते हैं। क्या तुम क्लासरूम की दीवारों पर बड़े-बड़े आर्ट बनाना पसंद करोगे?" उसने पूछा।

उसने बताया कि क्लासरूम एक खुला शेड है, जिसे बच्चों के लिए एक खुशनुमा और मजेदार स्थान में बदलना है। मुझे खुशी हुई, जब उसने उसकी रचनात्मकता की सारी जिम्मेदारी मुझे दी।

लिआ व ओशान स्थानीय दलित महिलाओं के संपर्क में रहना चाहते थे, जो साबुन एवं कशीदाकारी-युक्त कुशन कवर जैसी चीजें अपने हाथ से बनाती थीं। मार्केटिंग स्टूडेंट होने के कारण दोनों ब्रांडिंग पर कार्य करना चाहते थे। वे महिलाओं को आर्थिक रूप से संपन्न बनाने के लिए जाग्रत् करना चाहते थे।

सुजीत ऑर्गेनिक खेती करना चाहता था। उसे पेड़-पौधों और प्रकृति से प्रेम था।

पूजा की बारी थी। मुझे उत्सुकता थी कि वह क्या चुनने जा रही है। जब आशा ने उससे पूछा तो उसने केवल कंधे उचकाए।

"मैं किसी भी तरह का काम अच्छी तरह नहीं कर सकती।" उसने कहा। मैं उसके साथ काफी समय बिता चुका था और जान गया था कि परेशान होने पर उसकी आवाज भर्रा जाती है। वह इसे छिपाने की कोशिश करती है। वह इसकी परवाह न करने का नाटक भी करती है; लेकिन जानता हूँ कि कुछ है, जो उसे परेशान कर रहा है।

"ओह, हर कोई किसी-न-किसी काम में अच्छा है। क्या कुछ ऐसा है, जो तुम्हें पसंद नहीं?" आशा ने पूछा।

पूजा ने कंधे उचकाए।

"तो फिर तुम बच्चों के साथ काम कर सकती हो और पढ़ने में उनकी मदद कर सकती हो। हमारे पास एक स्थानीय टीचर है। लेकिन बच्चों की संख्या ज्यादा है, इसलिए हमें अतिरिक्त व्यवस्था करनी होती है।" आशा बोली।

पूजा ने सिर हिलाया। मैं उसके चेहरे के भाव नहीं पढ़ सका।

हो सकता है कि मैं पूजा की तरह एक्सपर्ट नहीं हूँ।

□

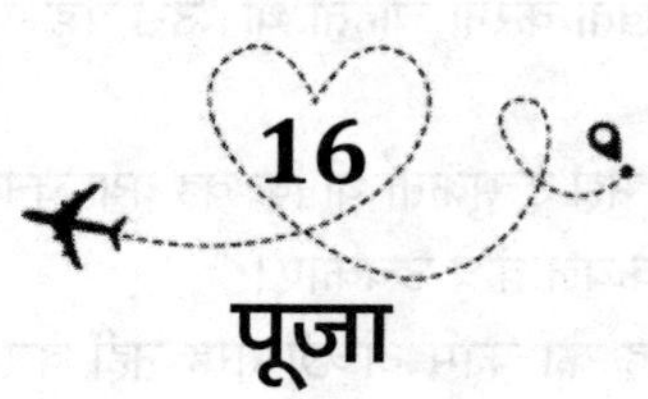

पूजा

ओरिएंटेशन ने तो मेरे पैर ही जमीन से उखाड़ दिए। यहाँ आए सभी लोगों को अपने पर यकीन है और तभी तो वे यह सब कर रहे हैं। वे सभी किसी–न–किसी काम में कुशल हैं। लेकिन मैं? मैं यहाँ इसलिए हूँ, क्योंकि मेरी मॉम चाहती थीं। मैं निराशाजनक रूप से स्वयं को अधूरा महसूस कर रही हूँ। मैं तो बच्चों को भी पढ़ाना नहीं चाहती।

लेकिन आशा ने लिआ व ओशान को पहले से ही स्थानीय महिलाओं और सुजीत को मिसेज ओमणा के साथ खेती के लिए चुन लिया है। मुझे आरुष के साथ अकेला छोड़ दिया। मुझे सोचकर भी अजीब–सा लग रहा है।

आरुष ने चुटकी लेते हुए कहा, "हे, क्या बात है?"

"कुछ नहीं।"

"क्या तुम बच्चों के साथ काम करने के बारे में सोच रही हो? मैं क्लासरूम पेंट करने के लिए उत्साहित हूँ।"

"मुझे टीचिंग का काम दिया गया है। अब करना ही पड़ेगा।" मैंने जवाब दिया।

"कम ऑन! बच्चों को पढ़ाने में बड़ा आनंद आता है। मेरी छह साल की बहन है। वह मुझे बहुत हँसाती है। इन बच्चों की ऊर्जा संक्रामक होती है।" उसने कहा।

"उसका नाम क्या है? वह कैसी दिखती है?"

"रिया! वह चंचल, चौकस और बहुत तेज है। तुम उससे जीत नहीं सकते।" जब वह अपनी बहन के बारे में बात करता है तो खुश लगता है।

"तुम्हारी तरह ?" मैंने पूछा।

"क्या मैं छह साल का चंचल लड़का दिखाई देता हूँ? नहीं! मुझे नहीं लगता।" वह मेरे इस अनपेक्षित वाक्य से अचंभित दिखा।

"तो, तुम मानते हो कि तुम चौकस और तेज हो ?"

"तुमने ऐसा कहा! मैं नहीं मानता।" उसने तुरंत जवाब दिया।

"मुझे लगता है, तुम ऐसे ही हो। तुमने कैसे बिना कुछ सुने मेरे मन की बात जान ली ?"

"हाँ, मैंने जान ली। मैं जानता था कि तुम बेहतर महसूस नहीं कर रहीं।" वह सोचते समय अपना निचला होंठ काटता है।

"तुम्हें कैसे पता ? क्या तुम्हारे पास मेरे दिमाग से जुड़ी कोई हॉटलाइन है ? क्या तुम कोई मनोवैज्ञानिक हो ?" मैंने उसे छेड़ा।

"क्या तुम मुझे बता सकती हो कि क्या बात है, या मैं जानने के लिए अपनी मनोवैज्ञानिक योग्यताओं का प्रयोग करूँ ?" वह मुसकरा रहा था।

मुसकराने के साथ ही उसकी आँखें चमकने लगीं। मुसकान उसकी सारी बेचैनी को पोंछ देती है। वह पूरी तरह से बदल जाता है। एक छोटी सी मुसकान से इतना बड़ा अंतर, कितनी हैरानी की बात है।

इससे पहले कि मैं कोई जवाब दे पाती, आशा आती दिखाई दी।

"क्लासरूम के लिए तैयार हो ? मेरे साथ आओ।" वह बोली।

हम क्लासरूम की ओर चल रहे थे तो आशा ने आरुष को बताया कि शेड के दूसरे कोने की दीवार पर रंगीन व खुशनुमा पेंटिंग बनाई जाएगी, जिससे उस जगह रौनक आ जाए। उसने कहा कि वह दीवार पर पेंट करने के लिए कोई ऐसा विषय चुन सकता है, जो बच्चों के मन में कौतूहल जगा सके। आरुष ने जवाब दिया कि उसे सोचने के लिए समय चाहिए, ताकि वह नए डिजाइनों के बारे में बात कर सके।

"तुम अपने वर्क स्टेशन के लिए कमरे के पीछे रखी टेबल व कुरसी का इस्तेमाल कर सकते हो। जब तुम्हारे डिजाइन तैयार हो जाएँ, उन्हें हमें दिखाओ और हम उन्हें चुन सकते हैं। उसके बाद तुम दीवार पेंट करना शुरू कर देना। ठीक है ?" उसने कहा।

"बिल्कुल ठीक।" आरुष ने सिर हिलाया।

फिर उसने मुझसे कहा, "पूजा, मैं तुम्हें रुक्मिणी से मिला दूँगी। उन्हें सब 'रुक्मिणी मैडम' कहते हैं। तुम उनकी सहायक बन सकती हो। वे तुम्हें

बताएँगी कि उन्हें किस तरह की मदद चाहिए।" उसने कहा और हम उनके पीछे चलने लगे।

"ऐसा लगता है, जैसे हम एक ही कमरे में काम करने वाले हैं।" आरुष ने धीमी आवाज में कहा।

आशा ने सुना तो उसने सिर हिलाया, "हाँ, हमारे पास सिर्फ एक ही क्लासरूम है।"

ऐसा सुनते ही मेरा मूड एकदम बदल गया। ओरिएंटेशन के बाद मेरे चेहरे पर पहली बार मुसकान आई थी।

□

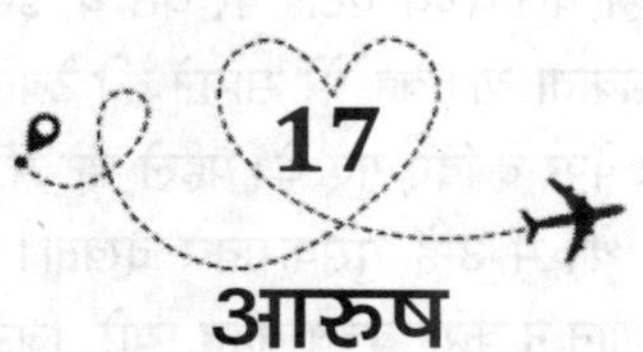

आरुष

क्लास शुरू होने से पहले रुक्मिणी मैडम ने बच्चों से पूजा का और मेरा परिचय कराया। उन्होंने बताया कि पूजा नई टीचर हैं और मैं यू.के. से उनका आर्टिस्ट हूँ। उन्होंने बच्चों से पूछा, "तुम्हें पता है कि यू.के. कहाँ है?"

"हाँ।" दो आवाजें सुनाई दीं।

उन्होंने एक की ओर इशारा करते हुए पूछा कि वह बताए, कहाँ है?

"यह अमेरिका में है।" उसने कहा।

मैंने अपनी हँसी दबाते हुए किसी पर जाहिर नहीं होने दी। रुक्मिणी मैडम ने वर्ल्ड मैप खोला। उन्होंने यू.के. और अमेरिका की ओर इशारा किया तथा बताया कि दोनों देश अलग-अलग महाद्वीपों में बहुत दूरी पर स्थित हैं।

"क्या आप भी यू.के. से हैं?" एक बच्चे ने पूजा से पूछा।

"नहीं, नहीं! मैं केरल से हूँ, तुम्हारी तरह।" उसने मलयालम में कहा।

उनमें आपस में कानाफूसी होने लगी और फिर सभी हँसने लगे। मलयालम में बोली गई एक लाइन ने सभी बच्चों का दिल जीत लिया।

रुक्मिणी मैडम ने उन्हें बताया कि अगर वे अच्छे बनकर दिखाएँगे और अच्छा व्यवहार करेंगे तो आरुष चेट्टा उनके लिए क्लासरूम में एक सुंदर पेंटिंग बनाएँगे।

चेट्टा! मुझे यह अच्छा लगा।

मैंने कभी अपने नाम के साथ प्रत्यय नहीं जोड़ा और यह हैरानी की बात थी। लेकिन अच्छा है, बच्चे मुझे 'आरुष चेट्टा' बुलाएँगे।

बच्चों ने सहमति जताई कि वे अच्छे बनकर दिखाएँगे। मैंने क्लासरूम के दूसरे कोने पर अपना काम करने की जगह बनाई। वहाँ लोहे की टेबल और

प्लास्टिक की एक कुरसी रखी थी। मैंने उसे ध्यान से देखा। वह लगभग 20 फीट लंबी और 10 फीट चौड़ी थी। मुझे आयताकार डिजाइन चाहिए था। मैं वहीं बैठ गया और कुछ रफ डिजाइन तैयार करने लगा, जो मेरे विषय के अनुकूल हो।

रुक्मिणी मैडम एक स्टैंड पर रखे चार्ट की मदद से बच्चों को डाइजेस्टिव सिस्टम के बारे में बता रही थीं। बच्चे चटाई पर बैठे थे, इसलिए मैं उस ओर बैठी पूजा को आराम से देख सकता था। वह मेरे सामने की टेबल पर बैठी थी और उसे जाँचने के लिए कुछ टेस्ट पेपर दे दिए गए थे। पहले घंटे में बच्चे बार-बार उत्सुक होकर मेरी ओर देख रहे थे। मैं उन्हें मुसकराकर देखता। रुक्मिणी मैडम ने उन्हें मना किया कि वे मुझे परेशान न करें। बच्चे बहुत प्यारे, जिज्ञासु और अनेक सवाल करनेवाले थे। उन्हें देखकर मुझे रिया की याद आ रही थी।

पूजा अपने काम में इतनी व्यस्त थी कि उसने एक बार भी सिर उठाकर नहीं देखा। काम में ध्यान लगाते समय वह अपने अँगूठे को बीच में से काटती। मैं उसे कागजों में निशान लगाते हुए देख रहा था। शायद वह स्पेलिंग ठीक कर रही थी। कभी-कभी मुसकराती; लेकिन पूरी तरह नहीं। ऐसा करते समय उसके मुँह के कोने ऊपर की ओर उठ जाते। थोड़ी देर बाद उसने अपने बाल खोल दिए, जो चोटी में बँधे होने से उलझन पैदा कर रहे थे। वे उसके चेहरे पर गिरे जा रहे थे। उसने सारे बाल पकड़े और सिर के ऊपर जूड़ा बना लिया, जिससे वह और भी आकर्षक नजर आ रही थी। फिर वह ध्यानमग्न होकर अपने कागजों में खो गई। मैं मानो उसे समाधिमग्न देखता रहा।

घूरना बंद करो।

लेकिन मैं ऐसा नहीं कर पा रहा था। मुझे स्वयं को जबरन रोकना था। मैं नहीं चाहता था कि वह मुझे ऐसा करते देखे और मुझे चापलूस समझे।

फिर भी, मेरी आँखें अपना काम करने लगीं। मैं बार-बार पलटकर उसे ही देखने लगता था। वह ध्यान और केंद्र का बिंदु बनी हुई थी। अचानक उसने ऊपर देखा और उसी पल हम दोनों की नजरें मिलीं। उसने मुझे देखा और अपनी आँखें सिकोड़ लीं। उसके चेहरे पर एक बड़ी सी मुसकराहट आ गई। सूरज की किरण की तरह चेहरा चमक उठा। उन क्षणों में जैसे हम दोनों के सिवा कुछ बचा ही नहीं था। मैं फिर से मुसकराने लगा।

फिर मैंने महसूस किया कि मेरे गाल लाल हो रहे थे। मैंने अपनी स्केच बुक में ध्यान लगाया और लगातार स्केच बनाने लगा। यह भी नहीं पता कि क्या स्केच हो

रहा है; पर जब काम समाप्त हुआ तो बेशक, वह चेहरा पूजा के चेहरे से मिलता-जुलता था। और मैंने स्केच बनाते हुए उसकी ओर एक बार भी देखा तक नहीं था। मेरे लिए यह सारी प्रक्रिया अवचेतन से ही हो रही थी।

मैंने अपने स्केच को घूरा। अजीब से सदमे में था।

हे भगवान्! मेरी मदद करो। कम-से-कम भारत में तो ऐसा नहीं होना चाहिए था। जी चाहता था कि धरती में चेहरा छिपा लूँ।

मैं शायद इस लड़की पर फिदा हो गया हूँ।

□

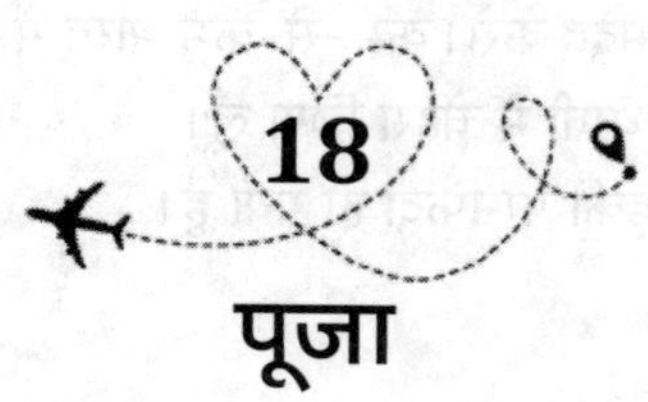

पूजा

वह बुरी तरह से लजा रहा है। मैं इस भाव को पहचानती हूँ। मुझे पता है। मुझे पता है! इसमें कोई भूल हो ही नहीं सकती। अंदर-ही-अंदर दिल में खलबली मची है। वह मुझे चाहता है। मुझे नहीं पता कि क्या करना चाहिए, इसलिए मैं पेपरों की ग्रेडिंग में व्यस्त रही। वे विज्ञान के पेपर थे। रुक्मिणी मैडम ने मुझे पेपर चेक करने के लिए एक गाइड दी थी, जिसमें मार्किंग स्कीम भी थी। मैंने सोचा भी नहीं था कि ऐसा करने में मजा आएगा। कई शब्दों की स्पेलिंग बुरी तरह से गलत थी। कुछ बच्चों ने बहुत मजेदार उत्तर लिखे थे। एक बच्चे ने लिखा—'श्रीराम श्रीराम श्रीराम'—एक सवाल के लिए पचास बार। उसने दूसरे सवालों के भी ऐसे ही उत्तर दिए थे।

मैंने नजर उठाकर देखा और आरुष ने दोबारा मुझे देखा। अगर वह ऐसे ही करता रहा तो मेरे लिए काम करना मुश्किल हो जाएगा। मैंने जबरदस्ती अपने आप को दोबारा ऊपर न देखने के लिए तय किया।

लंच टाइम तक क्लास समाप्त हो चुकी थी। बच्चों और रुक्मिणी मैडम ने मुझे धन्यवाद दिया। मैंने ग्रेडिंग करके सारे पेपर वापस कर दिए। रुक्मिणी मैडम खुश थीं।

"तुमने सारा काम कर लिया? बहुत अच्छा! हम लंच के लिए ब्रेक लेते हैं और दोपहर बाद हम क्राफ्ट, डांस एवं दूसरी गतिविधियों में भाग लेंगे। सुबह का अधिकतर समय पढ़ाई के लिए होता है।" वे मलयालम में बोलीं।

"मुझे भी मजा आया।" मैंने भी उसी भाषा में कहा, "क्या आप हमारे साथ लंच पर आ रही हैं?"

"नहीं। हम आसपास ही रहते हैं। बच्चे भी ऐसे ही करते हैं। वे भी लंच के लिए घर जाते हैं। अधिकतर तो घर के कई काम निपटाकर आते हैं। क्लास दोबारा 3.30 बजे शुरू होगी और एक घंटे की गतिविधि होगी। उसके बाद आज का काम समाप्त।"

"यह एक रेगुलर स्कूल क्यों नहीं है? माफ कीजिए, अगर मैंने कुछ गलत कहा। मुझे नहीं पता कि यहाँ कैसे काम होता है।" मैंने माफी माँगते हुए पूछा।

"नहीं, ठीक है। पूरे जिले में यह सबसे निर्धन इलाका है और यहाँ की जनसंख्या भी कम है। रेगुलर स्कूल के लिए हमारे पास जरूरी साधन उपलब्ध नहीं हैं, न ही टीचर। अगर हम यह प्रोग्राम नहीं चलाएँ तो कोई भी बच्चा शिक्षित नहीं हो सकता। इसलिए सभी स्वयंसेवकों का साथ देने के लिए आभार।" वे बोलीं।

"मैं जो काम कर रही हूँ, वह कितना बड़ा है, मैंने इस ओर कभी सोचा ही नहीं। हम जो यहाँ काम कर रहे हैं, वह किसी के जीवन में बदलाव ला सकता है।"

आरुष के आते ही रुक्मिणी मैडम इंग्लिश में बात करने लगीं।

"आरुष, कोई अच्छा आइडिया आया? क्या मैं देख सकती हूँ?" उसने पूछा।

आरुष ने नीचे देखा। क्या वह शरमा रहा था?

वह लड़का बहुत शरमाता है और जब वह ऐसा करता है तो बहुत प्यारा लगता है।

"अर्र…अभी नहीं। मैं अभी स्केच नहीं दिखा सकता।" वह बोला।

"कोई बात नहीं! मैंने तो ऐसे ही पूछा।" रुक्मिणी मैडम ने कहा, "चलो, 3.30 बजे मिलते हैं।" उसने हाथ हिलाया और कच्ची मिट्टी की सड़क पर नीचे उतरकर चल पड़ी। उस जगह बहुत सारे शॉर्टकट्स हैं, जो मैंने पहले महसूस नहीं किए थे।

आरुष मेरे साथ चलने लगा और मैं उसकी निकटता से सजग थी। मैं उसके पहने हुए कपड़ों की महक में डूब रही थी। मैं उसके शरीर की गरमाहट महसूस कर सकती थी। हम दोनों के बीच आकर्षण की ऊर्जा हमें जोड़ रही थी, हमें कसकर बाँध रही थी। मैं जानती थी कि वह भी इसे महसूस कर रहा है। हम दोनों की खामोशी से ही इसे समझा जा सकता था।

जी चाहा कि उसका हाथ थाम लूँ, पर यह बात दिमाग में आते ही मैं सकुचा गई।

खाने के लिए हम दोनों आमने-सामने बैठे और एक ही समय पर बोले।

"कैसा रहा?" उसने पूछा।

"तुम्हारा?" मैंने पूछा।

हम दोनों चुप हो गए और मुसकराए।

वह मुसकराहट कातिल थी। वह बहुत अच्छा दिखता है। वह आगे से अपने बाल ऊपर की ओर सँवारता है। आज उसने सफेद रंग की शर्ट पहनी है, हरे रंग की पैंट। मेरी निगाहें उसके गले पर पड़ीं और उसकी सफेद शर्ट के ऊपरी बटन पर जाकर रुक गई, जो खुला हुआ था। मेरी नजर उसकी छाती पर पड़ी।

मुझे लगा, जैसे उसे पता चल गया और उसने तुरंत अपना बटन बंद कर लिया। मुझे यह अच्छा लगा। बहुत से लड़के अपनी छाती दिखाना शान समझते हैं। लेकिन आरुष? वह कितना अलग है, कितना शरमीला, कितना शांत, कितना खास, कितना प्यारा!

"पहले तुम।" उसने कहा।

"नहीं, तुम।" मैंने जवाब दिया।

"मैं भूल गया कि मैं तुमसे क्या पूछने वाला था।"

"झूठ!"

"मैं कभी झूठ नहीं बोलता।"

"कभी नहीं? तुम मुझे बता रहे हो कि तुमने कभी झूठ नहीं कहा, मि. आरुष, यू.के. वाले?" मैंने पूछा।

"हमें यू.के. में महारानी द्वारा सच बोलने के लिए शपथ दिलाई जाती है, केवल सच और सच के सिवा कुछ नहीं। अगर हमने ऐसा नहीं किया तो हम हर रॉयल मैजेस्टी की प्रजा नहीं रहेंगे और हमें देश-निकाला दे दिया जाएगा।"

हमने एक सेकंड के लिए एक-दूसरे की ओर देखा और हँसने लगे। मुझे उसके हँसने की आवाज अच्छी लगी।

मेरा फोन बजने लगा। मेरे पापा। वे इस समय क्यों फोन कर रहे हैं?

"एक्सक्यूज मी।" मैंने कहा और कॉल लेने आरुष से दूर चली गई। मेरे पापा ने पूछा कि मैं कैसी हूँ और क्या मुझे यहाँ रहना अच्छा लग रहा है?

"बहुत अच्छा। जब मैं यहाँ पहुँची तो पहले मुझे अच्छा नहीं लगा; लेकिन मैं जो काम कर रही हूँ, वह स्कूल और बच्चों के लिए बहुत उपयोगी है। आप जानते हैं, इनके पास उचित प्रकार के स्कूल की व्यवस्था तक नहीं! हम जो पढ़ा रहे हैं, बस, वे लोग इसी तरह की शिक्षा ले रहे हैं।"

"यह तो बहुत जिम्मेदारी का काम है!" पिता ने कहा।

"जी हाँ।"

"मुझे सुनकर खुशी हुई, पूजा! तुम्हारी माँ भी बहुत खुश होंगी।"

फिर उन्होंने मुझसे पूछा कि क्या मुझे घर से कुछ चाहिए? वे एंथोनी के हाथ बैंक के कुछ फॉर्म भेज रहे थे, जिन्हें मुझे साइन करना था। मेरी दादी अपना रुपया मेरे नाम करना चाहती हैं और वे जल्दी अपने पास बुला रही हैं।

"तुम्हें पता है, अम्मा कैसी हैं? जब उन्हें कोई काम करना होता है तो वे उसे जल्द-से-जल्द पूरा करना चाहती हैं। उनका कहना है कि वे अब ज्यादा दिनों तक जिंदा नहीं रह सकेंगी, जिसे सुनकर मुझे गुस्सा आता है।"

मुझे हँसी आ गई। यह अम्मा के नाटक करने का तरीका है।

"आप फॉर्म भेज दें, मैं साइन कर दूँगी।"

"ठीक। वे तुम्हें वेलकम किट और कार्ड भेजेंगे। तुम्हें इसके बारे में फोन पर बता दिया जाएगा।" पापा ने कहा।

"इसका मतलब मेरे पास अपना कार्ड और पैसे होंगे?" मैंने पूछा।

मेरे पापा हँसे, "हाँ, तुम्हारे ही होंगे। क्या मैं यहाँ से तुम्हारे लिए और कुछ भी भेजूँ?" उन्होंने पूछा।

"जी हाँ।" मैंने कहा। मैंने उन्हें आरुष द्वारा बताई सभी किताबों के नाम बता दिए।

□

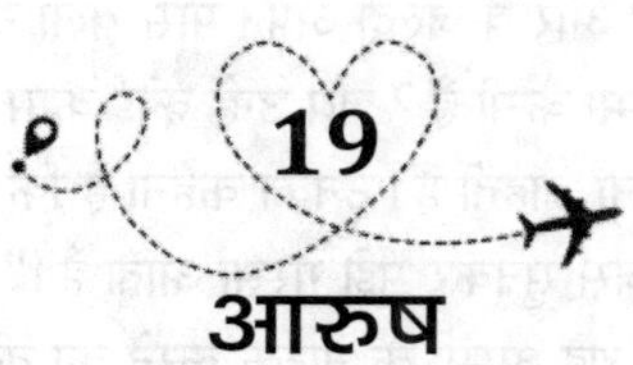

आरुष

हम लोग एक साथ ब्रेकफास्ट कर रहे थे—सुजीत, पूजा और मैं। मेरे लिए खुशी की बात यह थी कि सुजीत हम दोनों में बफर था। एक मन कहता था कि पूजा मेरे साथ ही अकेले रहे। लेकिन इस तरह अकेले साथ होना ही मुझे लजाने के लिए काफी था—यहाँ तक कि सिर्फ ब्रेकफास्ट पर भी। सोचने से ही मेरे पेट में हलचल होने लगती थी। मैं जितना उसके साथ होता हूँ, उतना ही उसे पसंद करता हूँ। उसने आज अपने बाल तक नहीं बाँधे। उसके उलझे हुए बाल फ्री होकर चेहरे के आसपास उड़ते रहते हैं। नीले रंग की ढीली पैंट और सफेद टी-शर्ट के साथ खुले बटनोंवाली बाजुओं तक चेक की कमीज में स्टाइलिश हिप्पी लग रही थी। उसके झुमके—लंबे, गोल और सूरज की कातिलाना रोशनी। और टी-शर्ट पर बना मोटिफ, एक परी चंद्रमा पर बैठी है। कितना असाधारण और सुंदर! ठीक उसकी तरह।

उसने मुझे उसके बारे में सोचते हुए पकड़ लिया।

"हे, खूबसूरत झुमके!" मैंने उसकी तारीफ की और अनाड़ियों की तरह देखने लगा।

"ओह, थैंक्स! मैंने ये अपनी बहन से चुराए हैं।" उसने संतोष से भरी मुसकान के साथ कहा।

"क्या तुम उसके कपड़े भी चुराती हो?" सुजीत ने पूछा, "मेरा भाई मेरी सारी चीजें चुरा लेता है और मुझे पागल बना देता है।"

"हा-हा! मेरी बहन के पास बहुत सारे कपड़े हैं। जब मैं कोई कपड़ा चुराती हूँ तो उसे पता भी नहीं चलता।" पूजा ने कहा।

मिसेज ओमणा हमारी तरफ आईं और उन्होंने बताया कि एंथोनी नाम का व्यक्ति रिसेप्शन पर इंतजार कर रहा है, जो पूजा से मिलने आया है।

पूजा ने जल्दी से नाश्ता निपटाया और माफी माँगकर उठ गई। मैं उसे खुशी-खुशी जाते हुए देखता रहा। वह बहुत अधीरता से चल रही थी, मानो उसे उस जगह पहुँचने की बहुत जल्दी हो।

"यह स्कूल में कैसी थी?" मैंने सुजीत से पूछा।

"तुम इसे पसंद करते हो, है न?" सुजीत ने कहा।

"नहीं, ऐसे ही जानना चाहता था।" मैंने थोड़ा भयभीत होते हुए कहा।

यह तो साफ दिखने लगा? क्या मेरे चेहरे पर लिखा है?

"यह किसी टाइम बम से कम नहीं थी।" सुजीत ने कहा।

"एक्सक्यूज मी!" मैंने जवाब दिया। मैं नहीं जानता कि सुजीत क्या सोच रहा है? क्या वह हॉट है? मेरे अंदर जलन की भावना जाग उठी। इसका कोई कारण नहीं था और उसे पता भी नहीं था। मैं तो केवल उसे थोड़ा ही जानता था। यह वाकई बुरी बात थी। मैंने अपने आप को धिक्कारा और स्वयं को सुजीत का उत्तर सुनने के लिए बेताब पाया।

"उसका गुस्सा बहुत तेज था और हर कोई इसे जानता था। वह एक तरह से बागी थी—क्लास से बंक मारना, टेस्ट में फेल हो जाने से परेशानी में पड़ना आदि। टीचर उसे हमेशा नीचा दिखाया करते। लेकिन अब वह बदल चुकी है।" उसने कहा, "और हाँ, मैं कुछ कहने का हकदार नहीं। स्कूली दिनों में मैं भी ईडियट था। उसने तुम्हें मेरे बारे में बताया ही होगा।"

"हाँ, हमने हाई स्कूल की सभी बातें एक-दूसरे से शेयर की हैं।" मैंने उसे बताया।

तभी पूजा वापस आ गई और पूछने लगी कि हम आपस में क्या बात कर रहे थे?

"आरुष सचमुच जानना चाहता था कि तुम स्कूली दिनों में कैसी थीं?" सुजीत ने उसे बताया।

मैं नहीं जानता था कि क्या करूँ? मैं केवल इतना चाहता था कि यह धरती फटे और मुझे निगल ले।

लेकिन पूजा हँसने लगी, "मैं भी असली आरुष को जानना चाहती हूँ।" उसने कहा।

"इसमें जाननेवाली कोई बात नहीं। मैं एक खुली किताब की तरह हूँ। जो देखोगी, वही पाओगी।" मैंने कहा।

"जो लोग अधिक सीक्रेट रखते हैं, वे ऐसा कहते हैं। ऐसा मेरी अम्मा कहती हैं। मलयालम में एक कहावत है—'मिंडा पूचा कालम ओडिकम'। इसका मतलब है—'शांत बिल्ली ही बरतन तोड़ती है'।" पूजा ने मुझे चिढ़ाया।

सुजीत जोर से हँसने लगा, "सही में यह यहाँ मिंडा पूचा ही है।"

"मैं जानता हूँ कि तुम मलयालम में मेरा मजाक उड़ा रहे हो और उसका मतलब मेरे ऊपर थोप रहे हो। मुझे लगता है कि मुझे स्पेनिश में बात करनी चाहिए, सिवाय इसके कि मुझे स्पेनिश नहीं आती।" मैंने जवाब दिया और दोनों हँसने लगे।

क्लास में एक बार फिर से पूजा और मैं आँखों-आँखों में बात करने लगे। अगर ऐसा ही चलता रहा तो मैं कभी दीवार के लिए डिजाइन तैयार नहीं कर पाऊँगा। इस लड़की के कारण मैं सबकुछ भूलता जा रहा हूँ। मैंने देखा कि अब तक मैंने क्या डिजाइन किया तो उसमें सिर्फ चाँद, तारे और परियाँ थीं। उसके झुमके। क्लास के लिए यह कोई बुरा डिजाइन नहीं था, लेकिन इतना अच्छा भी नहीं था।

मुझे इससे भी बेहतर काम करना होगा। मेरे पास डिजाइन बनाने के लिए पूरा सप्ताह है, लेकिन बहुत व्याकुलता है। मैं हमेशा उसकी तरफ देखता रहता हूँ और वह मेरी तरफ देखती है तथा मुसकराती है। वह जब-जब मुसकराती है, मेरा दिल उछलने लगता है।

प्रत्येक क्षण।

मुझे बच्चों जैसे काम करने बंद करने होंगे; लेकिन दिल जो चाहता है, वही होता है (सेलेना गोमेज, 2014। मैं उसके गीतों के सारे बोल जानता हूँ)। मेरा मन मौका मिलते ही उसकी ओर खिंचता चला जाता है। मैं अपना समय बरबाद कर रहा था, लेकिन फिर भी हर पल का आनंद ले रहा था। ऐसा करना मूर्खता थी, लेकिन इसमें आनंद था।

सुबह का सत्र समाप्त होते ही मैं रुक्मिणी मैडम से मिला।

"अगर आप चाहें तो क्या मैं दोपहर बाद क्लास में किसी तरह की मदद कर सकता हूँ? जब तक मैं दीवार की पेंटिंग नहीं शुरू करता, तब तक मैं ऐसा कर सकता हूँ।" मैंने कहा। (कमरे से बाहर पूजा को घूरना बंद करने के लिए कुछ करना ही होगा।)

"सच ? यह तो वाकई बहुत अच्छा रहेगा! दोपहर के बाद के लिए हमें हमेशा किसी-न-किसी की जरूरत होती है। उस दौरान हम मनोरंजन वाली गतिविधियाँ चाहते हैं।" रुक्मिणी मैडम बोलीं।

"यह आप हम पर छोड़ दें।" मैंने पूजा की तरफ देखते हुए कहा।

पूजा ने सिर हिलाया, "हाँ, आरुष और मैं कुछ नया करके दिखाएँगे।"

बहुत बड़ी गलती। लंच के बाद उसने मुझे बताया कि दोपहर बाद के लिए वह बच्चों को डांस सिखाना चाहती हैं। मुझे डांस नहीं आता।

"बिल्कुल नहीं।" मैंने कहा।

"हाँ।" उसने सिर हिलाते हुए कहा।

"तुम मेरे साथ ऐसा कैसे कर सकती हो ?"

"तुमने ही तो सुझाव दिया था।" उसने कंधे उचकाते हुए कहा।

वह जानती थी कि मैं मना नहीं कर सकता, फिर भी मैंने मना किया। मैंने कभी नहीं सोचा था कि तुम डांस की बात करोगी। दुनिया के सारे काम छोड़कर डांस!

"तुम तो ऐसे बात कर रहे हो, जैसे मैं किसी का मर्डर करने को कह रही हूँ।" वह किसी कीमत पर हार मानना नहीं चाहती थी।

"यह बेकार का काम है! मर्डर करना और भी आसान है।"

"छोड़ो भी, आरुष! बेकार की बातें मत करो। वे बच्चे हैं और हम आसान सा डांस लेंगे। तुम्हें भी मजा आएगा। तुम्हें सिर्फ मेरे पैरों की चाल देखनी होगी।" उसने कहा।

उस समय मैं अपने आप को साठ बच्चों के सामने हाथों की उँगलियाँ जोड़कर, दोनों हाथ सिर पर रखकर गाना गाते हुए देख सकता था, "ओह, मेरे ची-ची।"

यह बकवास गाना था और पूजा बार-बार उसे अपने पीछे दोहराने को कह रही थी। रुक्मिणी मैडम भी वहाँ आ गईं। गाना गाते समय हमें अपने पैर आगे और पीछे हिलाने थे, जिससे हम इधर-उधर लहकते भी थे। सबकुछ बेवकूफाना लग रहा था और हम सब हँस रहे थे।

सिर के ऊपर से हाथ हटाने के बाद हाथों को कंधों पर लाया गया और वही स्टेप दोहराए गए। फिर उन्हें कूल्हों पर, घुटनों पर और आखिर में टखनों पर। हमें हर स्टेप पर कंधे और कूल्हे मटकाते हुए वह गीत गाना था। बच्चों को इसमें बहुत मजा आ रहा था।

मैंने उन्हें इससे पहले इतना खुश कभी नहीं देखा। पूजा को भी इसमें मजा आ रहा था। उसके गाल लाल हो रहे थे और वह खुश लग रही थी।

जब यह बेवकूफाना-सा लगनेवाला काम समाप्त हो गया तो सारे बच्चे चिल्लाए, "येययय!" और ताली बजाने लगे। यह सत्र वाकई सफल रहा।

"देखा, मैंने कहा था न कि तुम्हें मजा आएगा।" उसने कहा। उसकी आँखें विजयी भाव लिये चमक रही थीं।

उसे नहीं पता था कि इस बेवकूफी भरे काम के बजाय मुझे उसकी तरफ देखते हुए उसके साथ कदम रखने में कितना मजा आया! वह जब बच्चों के साथ होती है तो बहुत मगन होती है। मुझे हैरानी थी कि क्या वह इसके बारे में जानती थी?

रात के खाने के बाद मैं अपने पलंग पर जा गिरा और अश्वटी भवन में पहले दिन के काम के बारे में सोचने लगा। मैंने सिर्फ इतना किया कि पूजा की तरफ कनखियों से देखा और बच्चों के साथ डांस किया। अब मुझे कोई नया आइडिया खोजना होगा। मुझे सबकुछ समझा दिया गया था, पर उसके बावजूद मन में कोई विचार नहीं आ रहे थे। अन्वेषण और खोज का विषय है, इसलिए मन में यात्रा पर कुछ कोट्स समझ आ रहे हैं, जिन्हें दुनिया के नक्शे पर दिखा सकते हैं। पर इनसे काम नहीं बनेगा। बच्चों की अंग्रेजी इतनी अच्छी नहीं कि वे उन्हें समझ सकें। कुछ ऐसा काम करना होगा, जो बच्चों को प्रेरित कर सके। यह निजी हो और विषय के अनुसार हो।

मेरे पास आज के काम के रूप में दिखाने के लिए कुछ नहीं था। कॉलेज में स्केच जमा कराने के लिए मैंने जो फोटो खींचे थे, उन्हें फोन पर देखने लगा। मैंने जो फोटो क्लिक किए थे, उनमें से अधिकतर के बैकग्राउंड में पूजा थी। मैंने एक फोटो को जूम किया और उसका चेहरा देखने लगा। हम दोनों में कुछ-न-कुछ तो होने जा रहा है। कुछ ऐसा, जिसे मैं कोई नाम नहीं दे सकता। क्या यह 'प्यार' है? सुनने में अजीब लगता है। तो फिर प्यार क्या है? कुछ ऐसा, जिसे मैं कोई नाम नहीं दे सकता। मैं उसके बारे में जो महसूस करता हूँ, वह कुछ वैसा नहीं, जैसा कि किसी दूसरी लड़की के बारे में महसूस हुआ हो।

मैं उससे लगातार बातें करना चाहता हूँ, उसे और बेहतर तरीके से जानना चाहता हूँ, उसे सुनकर हँसना चाहता हूँ। मैं उसके साथ समय बिताना चाहता हूँ। मैं व्याकुल होकर सोच रहा हूँ कि कोई बहाना बनाकर उसका दरवाजा खटखटाऊँ। मुझे हैरानी थी कि मैं ऐसा कर सकता हूँ। मैं शायद भारत के बारे में कुछ बात कर

सकता हूँ! लेकिन रात के 10 बजे मेरे मन में ऐसा सवाल क्यों आएगा और मैं इसे गूगल क्यों नहीं कर सकता? यह भी हो सकता है कि मैं उसकी कोई चीज उधार माँग लूँ। लेकिन मैं ऐसी किसी चीज के बारे में सोच नहीं सकता।

जब मेरा मन इस बेवकूफी भरी सोच में डूबा हुआ था तो अचानक दरवाजे पर खट-खट की आवाज आई।

और जैसे मेरी इच्छा पूरी हो गई। वहाँ पूजा थी। पोल्का डिजाइन के नाइट सूट में मेरी तरफ देख रही थी।

उसके हाथ में एक किताब थी। "हे, क्या मैं अंदर आ सकती हूँ? तुमसे किताब के बारे में बात करनी है।"

मेरे कहने से पहले ही वह अंदर आ गई।

□

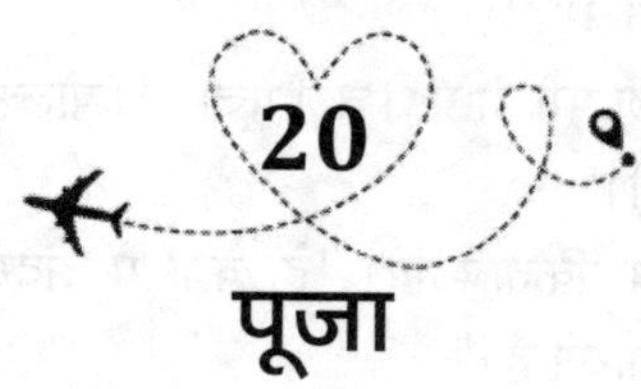

पूजा

आरुष ने लंबी-चौड़ी मुसकान के साथ मेरा अभिवादन किया।

मैं जानती हूँ कि उसे मेरे दरवाजे तक आने में शर्म आएगी, इसलिए मैं वहाँ आ गई। मैंने अभी-अभी उसकी बताई एक किताब 'द टाइम ट्रैवलर्स वाइफ' समाप्त की है। मैं उसके बारे में उससे बात करना चाहती थी। इस किताब की प्रेम भरी कहानी पर बिताए पिछले चार घंटे वाकई रोमांचकारी, दिलचस्प और उत्सुकता भरे थे। इसने मुझे पढ़ने की आदत डाल दी। भला कोई सोच सकता है ऐसा!

मैं बिना उसके कुछ कहे अंदर चली गई।

"वेलकम, मिस मिंडा पूचा।" मेरे अंदर आते ही आरुष ने कहा। उसने जोर देते हुए ब्रिटिश अंदाज में कहा, जिसे मुझे समझने में थोड़ा समय लगा कि उसने क्या कहा। मुझे समझ आया तो मैं हँसने लगी।

"क्या? क्या मैंने सही नहीं कहा? क्या मैंने गलती से तुम्हें कुछ गलत कह दिया?" उसने पूछा।

"हाँ, तुमने अभी मेरी माँ को मलयालम में गाली दी।" मैंने गंभीरता से कहा।

"अरे, छोड़ो! मैं तुम्हारी बातों में नहीं आने वाला। तुम्हारे जाने के बाद मैंने सुजीत से कहा कि मुझे उसका मतलब बताए। मैंने उसका अभ्यास किया।"

"उभरते हुए लड़के को पूरे नंबर। तुमने बहुत सही तरीके से कहा।" मैंने उसके बेड पर बैठते हुए कहा।

हैरानी की बात थी कि मुझे उसके आसपास रहते हुए अच्छा महसूस हो रहा था।

"मुझे यह किताब बहुत अच्छी लगी।" मैंने किताब पकड़े हुए कहा।

"ओह! क्या तुमने इसे समाप्त कर लिया? क्या तुम पूरी शाम इसी को पढ़ रही थीं? मैं भी हैरान था कि तुम कहाँ गायब हो गईं।"

उसने महसूस किया कि मैं गायब हो गई थी। कुछ भी हो, मुझे इससे खुशी मिली।

हमारे बीच लंबी बातचीत चलती रही, जिसमें—सच्चा प्रेम, प्रेम में उम्र का होना, क्या प्रेम लंबे समय तक चलता है जैसे विषय थे।

हैरानी की बात थी कि आरुष के विचार आदर्शवादी नहीं थे। उसका मानना था कि सच्चा प्रेम सिर्फ किताबों और उपन्यासों में ही दिखता है।

"निकोलस स्पार्क्स के 'नोटबुक' की तरह।" उसने कहा।

"मुझे अभी उसे पढ़ना बाकी है; लेकिन वह मेरे पास है और मैं जल्दी ही उसे समाप्त कर लूँगी।"

"क्या? तुम्हारे पास ये सब किताबें कहाँ से आईं? क्या तुम्हारे आसपास कोई लाइब्रेरी है?" वह हैरान हो गया।

"अरे, नहीं! तुमने जो किताबें बताई थीं, वे सब मेरे पापा ने मुझे भेज दीं।"

"तुम्हारी याददाश्त वाकई कमाल है!"

उसके प्रशंसा भरे जवाब से मेरा चेहरा लाल हो गया।

"मेरी माँ खुश हैं कि मैं पढ़ रही हूँ। मेरी पढ़ाई के पीछे मेरी माँ ही हैं। जब मैं उन्हें बताती हूँ कि मैंने कोई फिल्म देखी है, तो वे बहुत गुस्सा हो जाती हैं।" मैंने मुसकराते हुए कहा।

"हा-हा! मेरी मॉम को कोई फर्क नहीं पड़ता कि मैं क्या कर रहा हूँ। लेकिन मेरे माता-पिता नहीं जान सके कि मैंने दूसरे सम्मानित रोजगारों में से आर्ट को ही क्यों चुना!" उसने कहा, "उनका मानना है कि आर्ट से पैसा नहीं कमाया जा सकता।"

"तुम्हारे पास किस तरह के कॅरियर विकल्प थे?" मैंने हैरानी से पूछा।

उसने बताया कि वह किसी विज्ञापन एजेंसी में चित्रकार बन सकता था या फिर पब्लिशिंग में या किसी ग्रीटिंग कार्ड कंपनी में काम कर सकता था। उसके पास कई विकल्प थे। ऐसा लग रहा था, जैसे वह बहुत ध्यान से बता रहा है।

"मैं कोई बैंकर या वकील नहीं बन सकता; लेकिन यह ऐसी कीमत है, जिसे आप अपने सपनों के बदले चुका सकते हैं।" उसने कहा।

"छोड़ो भी। तुम जान नहीं सकते कि अपने सपनों के पीछे दौड़ने से पैसा नहीं कमाया जा सकता।" मैंने कहा। मैंने उसे अपने पापा के बारे में बताया। मैंने उसे

वह पूरी कहानी कह सुनाई, जो मैंने कई बार सुनी थी कि मेरे पापा तेरह साल की उम्र में अपना घर छोड़कर मद्रास चले गए थे (पहले उसका नाम मद्रास था) और किस तरह गैराज में काम किया। उन्हें जैसा काम दिया जाता, वे करते। तेईस साल की उम्र में उन्होंने अपना ऑटोमोबाइल सर्विस सेंटर का काम शुरू किया। मार्केट में यह सबसे अलग तरह का काम था। उन्होंने कई तरह के सामान का मानकीकरण किया और काम में पारदर्शिता रखी। ग्राहकों के इंतजार करने के दौरान ही कारों को ठीक कर दिया जाता। उन्होंने कॉफी, खाने-पीने के सामान के साथ किताबों आदि की व्यवस्था से युक्त एक प्रतीक्षा कक्ष बनवाया। व्यापार बढ़ा। उन्होंने अपना ब्रांड विकसित किया और भविष्य को देखते हुए एक बड़ी ऑटोमोबाइल कंपनी को अपना भाग बेच दिया।

उसके बाद उन्होंने एक अन्य व्यापार शुरू किया—मछुआरों से झींगे खरीदकर एक्सपोर्ट करने का। उन्हें उसमें भी बहुत सफलता मिली। लेकिन उन्होंने उसे भी बेच दिया। मैंने आरुष को बताया कि अब वे छोटे किसानों को ऑर्गेनिक फसल उगाने के लिए प्रोत्साहित करते हैं और एक कंपनी खोल रहे हैं, ताकि किसानों को उनके उत्पादों की अच्छी कीमत मिल सके।

"देखो, अपने सपनों को पूरा करना और पैसा कमाना दो अलग-अलग बातें नहीं। इसमें यह या वह का चुनाव नहीं होता। आप दोनों ही काम कर सकते हैं।"

"वाउ! यह वाकई शानदार बात है। तुम्हारे पापा एक महान् उद्योगपति हैं। तुम्हें तो धनवान् होना चाहिए?" आरुष ने पूछा।

मैं जानती थी कि मेरे नाम एक ट्रस्ट में रुपए जमा हैं, जो मुझे मेरे पच्चीस साल पूरे होने पर मिलेगा। मैंने एक बार पापा को माँ से यह कहते सुना था। लेकिन मैंने आरुष को इसके बारे में नहीं बताया।

"मुझे लगता है, मेरे पापा धनवान् हैं, मैं नहीं।" मैंने कहा, "जबकि मेरे पापा हमेशा कहते हैं कि केवल धन तुम्हें आदर नहीं दिलाता। वे अच्छी शिक्षा पर बल देते हैं। उनके लिए मेरी माँ जैसी उच्च शिक्षा प्राप्त डॉक्टर ने विवाह के लिए सहमति दी। वे मजाक करते हैं कि उनके ससुर उनके व्यापार से इतने प्रभावित थे कि उन्होंने कुछ और देखा तक नहीं। लेकिन उन्हें हमेशा एक बात चुभती है कि वे ज्यादा शिक्षित नहीं। तभी तो वे दोनों बेटियों की शिक्षा पर ज्यादा ध्यान देते हैं। मेरे ऊपर शिक्षा का ज्यादा दबाव है।" मैंने कहा।

ये कुछ ऐसी बातें हैं, जो मैंने कभी अपने दोस्तों को नहीं बताईं। फिर भी, मैं आरुष को सबकुछ बता रही हूँ। उसमें कुछ ऐसा है, जो मैंने पहले किसी में नहीं देखा।

आरुष ने सिर हिलाया।

"मैं समझता हूँ।" उसने कहा।

और मैं जानती थी कि वह समझता है।

जैसा कोई और नहीं समझता।

□

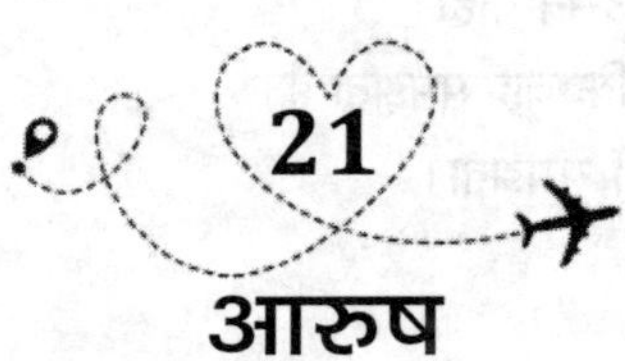

21
आरुष

अब तो यह रोजाना की बात हो गई थी। रोज रात को भोजन के बाद मैं दरवाजे पर पूजा का इंतजार करता। हम देर रात तक बातें करते। हम लगातार नींद को भुला रहे थे। हमारे पास बातें करने के विषयों का अभाव नहीं होता था। हम हफ्तों तक ऐसा करते रहे, फिर भी मन नहीं भरता था।

यह प्रशंसनीय है कि वह मेरी बताई किताबें पढ़ने के लिए उतावली हो रही है। वह क्लास समाप्त होते ही झटपट वहाँ से चली जाती है और रात को खाने पर ही मिलती है। दो घंटों में वह मेरा दरवाजा खटखटाती है। मैं उसके आने से पहले अपनी ड्रॉइंग समाप्त कर लेता हूँ।

मैं उसके आने से पहले मुँह धोकर बालों को ब्रश करता और आफ्टरशेव लगाकर तरोताजा हो जाता।

अगर पूजा को इन सबके बारे में पता भी चला तो वह इस बारे में बात नहीं करेगी। हम चरित्रों के बारे में विस्तार से बातें करते हैं—प्रेम के बारे में, जीवन के बारे में, चरित्रों के सपनों और उनके कामों के बारे में। फिर हमारी बातचीत दिशाहीन होकर हमारे सपनों, इच्छाओं और हमारे जीवन पर चली जाती है।

"मैं देख रहा हूँ कि तुम्हें बच्चों के साथ काम करने में बहुत आनंद आ रहा है। हो सकता है, उन विषयों पर?" मैंने सुझाव दिया।

"यह सिर्फ एक सोच है। लेकिन मेरी डिग्री के साथ? बी.बी.एम.? यह बिल्कुल अलग तरह का विषय है।" उसने चिंता व्यक्त करते हुए कहा।

हमने विवाह के बारे में भी बात की।

"विवाह ही सबकुछ नहीं और बच्चे पैदा करना भी सबकुछ नहीं।" पूजा ऐसा कहते ही आवेश में आ गई। मैं उसके पास जाकर उसे गले लगाना चाहता था।

लेकिन मेरे पास ऐसा करने का साहस नहीं था। मैं नहीं चाहता था कि वह मेरे बारे में कुछ गलत, बुरा या अभद्र सोचे। हालाँकि, मेरा रोम-रोम उसे छूने, पकड़ने और गले लगाने को बेचैन था; पर मैंने ऐसा कुछ नहीं किया।

"तुम्हें पता है, मुझे तुमसे बात करना अच्छा लगता है।" उसने बिस्तर पर बैठकर मेरे तकिए को दीवार के साथ रखते हुए कहा।

"मुझे भी।" मैंने स्वीकार किया।

बात करते समय पूजा की आँखें नाचती थीं। वह अपने हाथ हिलाकर हर बात को तर्क सहित प्रदर्शित करती। जब उसे कुछ पसंद न आता तो वह नाक सिकोड़ लेती।

"मैंने आज तक किसी से ऐसा रिश्ता नहीं बनाया। मेरा मतलब, किसी से भी नहीं। क्या यह अजीब नहीं ?" उसने पूछा।

मैं धीरे-धीरे उसकी सरलता पहचान रहा था और उसकी आँखें किस तरह मेरी आत्मा को भेदती थीं। यह लड़की किसी बात को कहने में नहीं हिचकती।

"बिल्कुल ऐसा ही है।" मैंने कहा।

पिछले कुछ सप्ताह बहुत व्यस्त रहे। पूजा और मैं धीरे-धीरे एक-दूसरे के करीब आते जा रहे थे, जैसे हम जोड़ीदार हों। हमने कभी इस बारे में बात नहीं की। लेकिन मैं जानता था कि जरूर ऐसा कुछ है। वह भी जानती थी कि जरूर ऐसा कुछ है। वह रात को करीब 1 या 2 बजे मेरे कमरे से निकलती। हम सुबह 8 बजे उठते और ब्रेकफास्ट करने भागते। उसके बाद दिन शुरू हो जाता।

एक दिन ब्रेकफास्ट के बाद सुजीत ने ट्रैक का आइडिया दिया।

"कल एक स्थानीय त्योहार की छुट्टी है। मन में आया कि पास में ही एडक्कल की शानदार गुफाएँ हैं। मुझे लगा कि हमें वहाँ जाना चाहिए। तुम सबका क्या विचार है ?"

पूजा और मैंने एक-दूसरे की ओर देखा; लेकिन हम में से किसी ने उसे नहीं बताया कि हम पहले ही इसके बारे में बात कर चुके हैं और वहाँ जाना चाहते हैं।

"मैं जरूर जाना चाहूँगा।" मैंने कहा और पूजा ने भी सहमति में सिर हिलाया।

लिआ और ओशान भी हमारे साथ जाना चाहते थे। मिसेज ओमणा ने कहा कि हम सब मेहनत कर रहे हैं। हमें एक ब्रेक मिल सकता है और उन्होंने एक लोकल ट्रैवल सर्विसवाले के बारे में जानकारी दे दी।

कुछ ही समय में सुजीत ने फाइव सीटर गाड़ी की व्यवस्था कर ली, यात्रा का कार्यक्रम बनाया और बताया कि सुबह 7 बजे निकलना होगा।

उस रात भी पूजा मेरे कमरे में आई और हमने खूब सारी बातें कीं। मैंने उससे कहा, "देखो, हमें जल्दी सोना होगा, क्योंकि सुबह जल्दी उठना है।"

लेकिन पूजा अभी और बातें करना चाहती थी।

"छोड़ो भी, आरुष! तुम्हें बूढ़ों की तरह बातें नहीं करनी चाहिए। मुझे यकीन है, हम जल्दी उठ जाएँगे।"

हम इस तरह एक-दूसरे के साथ बैठे थे कि हमारे कंधे आपस में छू रहे थे। न जाने मुझे क्या हुआ, मैंने उसकी नाक दबाई।

"तुम्हें हमेशा अपनी बात मनवानी आ जाती है!" मैंने कहा।

वह चुप रही, लेकिन सिर्फ एक क्षण के लिए। फिर वह अपने आप में आ गई। और फिर उसने मेरी नाक दबाई!

"हाँ!" उसने मुसकराते हुए कहा, "कोई समस्या?"

"नहीं, बिल्कुल नहीं।" मैंने जवाब दिया और हम दोनों एक-दूसरे को देखकर मुसकराने लगे।

□

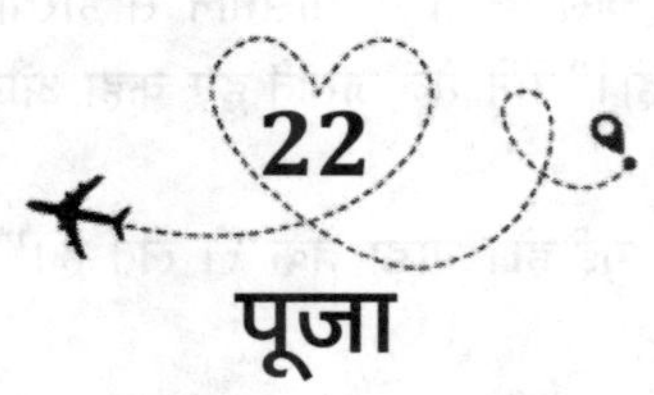

पूजा

ट्रैक वाकई शानदार है! मैंने मन-ही-मन मूर्ख ब्लॉगर का थैंक्स किया, जिसने सीक्रेट टिप्स दिए थे।

"मुझे एक इंडिया ट्रैवल मंच मिला है, जिसमें गुफाओं तक पहुँचने के लिए, टिकट लेने के लिए एक शानदार ट्रैकिंग रूट बताया गया है। कोई चलना चाहेगा?" आरुष ने पूछा। दूसरों को 'अपना' ट्रैकिंग रूट बताने का कितना चालाकी से भरा तरीका है!

ओशान और लिआ ने सीधा रूट पकड़ना ठीक समझा। लेकिन सुजीत को हमारा आइडिया पसंद आया।

हमने ब्लॉगर के बताए रास्ते पर ट्रैक करना शुरू किया। चढ़ाई बहुत मुश्किल थी और मेरे पिट्ठू बैग के कारण चढ़ना आसान नहीं था। आरुष ने उसे लेना चाहा, लेकिन मैंने मना कर दिया। वह पहले से ही पानी की बोतलों से भरा बैग उठाकर चल रहा था।

मेरे पास रोल किया हुआ एक मैट था और बैग में कुछ सैंडविच, जो मिसेज ओमणा ने हमारे लिए पैक किए थे। मैं हाँफ रही थी और बहुत मुश्किल से बात कर पा रही थी।

"ब्रो, ये पहाड़ कुछ अलग तरीके के हैं!" एक समतल जगह पर पहुँचते ही सुजीत ने कहा और वहाँ से हम मीलों दूर तक हरियाली देख सकते थे। नीले रंग का चमकता हुआ आसमान, हरियाली लिये गहरे पहाड़ देखकर मैं विस्मित हो उठी। लेकिन हैरान करनेवाली बात यह थी कि मैंने जब से यहाँ काम शुरू किया, मैं सोशल मीडिया भूल गई थी। मैंने पहली बार ऐसा अनुभव किया कि इससे मुझे

खुशी मिल रही है और मैं कुछ ऐसा कर रही हूँ, जिसे मुझे सोशल मीडिया पर नहीं डालना। यह सब खराब इंटरनेट के कारण ही संभव हो सका। और मैं अपने समय का भरपूर आनंद ले रही हूँ, जिसके लिए मुझे आभासी रूप में दोस्तों के साथ जुड़ने की कोशिश नहीं करनी।

"ऐसा लगता है, जैसे किसी ने आसमान से हरियाली का कारपेट उठाकर पहाड़ों पर डाल दिया हो।" मैंने रोब जमाते हुए कहा और धप्प से जमीन पर बैठ गई।

"पूजा, तुम थक गई हो। थोड़ा ब्रेक ले लेते हैं।" आरुष ने सुझाव दिया, जिससे मुझे आराम मिला।

हमने मैट खोला तथा खीरे व टमाटर के सैंडविच बनाए। हमने संतरे का जूस भी निकाला।

आरुष ने सभी पेपर प्लेटों व जूस की खाली बोतलों को उठाकर खाकी रंग के पेपर बैग में पैक किया। फिर उसने उन्हें पिट्ठू बैग में रखा।

"प्लास्टिक पर प्रतिबंध वाकई खतरनाक है। हम कचरे के लिए थैली भी साथ नहीं रख सकते।" सुजीत ने आरुष को देखते हुए कहा।

"छोड़ो भी, सुजीत! प्लास्टिक पर प्रतिबंध वाकई में अच्छी बात है। भारत जैसे देश में रोजाना लगभग 1.5 लाख मीट्रिक टन कचरा इकट्ठा होता है, जो वास्तव में खतरनाक है। इसका 80 प्रतिशत सिर्फ भूमि के भराव में प्रयोग किया जाता है।" मैंने उसे बताया। मैंने पिछले साल कॉलेज में 'वेस्ट मैनेजमेंट' पर एक प्रोजेक्ट किया था, जिसके नतीजे हैरान करनेवाले थे। अब मुझे अपनी जानकारी दिखाने का समय मिल रहा था। आरुष भी मुझसे प्रभावित लग रहा था।

"वाउ, इतना सारा?" उसने पूछा।

मैंने सिर हिलाया।

"जो भी हो!" सुजीत ने कंधे उचकाए।

"यहाँ जो भी हो जैसी बात नहीं। यह हम जैसे लोगों के कारण है, जिनके पास संसाधन और शिक्षा होते हुए भी अभी तक ऐसी समस्या है।" मैंने जवाब दिया। मैं इस बात को यूँ ही नहीं समाप्त कर देना चाहती थी और सुजीत का रवैया मुझे गुस्सा दिला रहा था।

सुजीत ने देखा कि मुझे गुस्सा आ रहा है तो उसने हार मान ली।

"ठीक है, मैं अपनी बात वापस लेता हूँ। यह वाकई एक महत्त्वपूर्ण विषय है।" उसने कहा, "लाओ, अब बैग मैं उठाता हूँ। तुमने बहुत देर से इसे उठाया हुआ है, अब मेरी बारी है।"

मेरी पीठ मुझे परेशान कर रही थी, जिस पर मैंने भार उठाया हुआ था। जैसे-जैसे चढ़ाई मुश्किल हो रही थी, मुझे पसीना आ रहा था और मैं बुरी तरह हाँफ रही थी। मैंने खुशी-खुशी बैग सुजीत को दे दिया।

हम ऊपर चढ़ते गए। पहाड़ी रास्ते तंग और छोटे होते हैं। लड़के मुझसे बहुत आगे चल रहे थे। मैं लगातार चलने के लिए जोर लगाती रही, लेकिन मुझे खुशी थी कि आरुष बार-बार पीछे मुड़कर मेरा ध्यान रख रहा था। आरुष थोड़े-थोड़े समय बाद रुक भी जाता, ताकि मैं उसके बराबर आ सकूँ; लेकिन सुजीत ने एक बार भी पीछे मुड़कर नहीं देखा। वह लगातार चलता जा रहा था। एक खड़ी चढ़ाई पर आरुष ने मेरा हाथ पकड़ लिया।

"आओ!" उसने कहा।

मैंने उसकी ओर देखा और उसका हाथ पकड़ लिया। उसने मेरा हाथ कसकर पकड़ा तो मेरे अंदर एक उमंग-सी जाग उठी! मैंने अपने अंदर एक कमाल की ऊर्जा महसूस की। हम दोनों के बीच जैसे बिजली की-सी गति से हवा का प्रवाह हुआ। उसके हाथ की पकड़ मजबूत थी; लेकिन सौम्य, बहुत नाजुक।

और मेरे हाथ उसके आफ्टरशेव की सुगंध से महकने लगे। कितनी मधुर! उसने मुझे दीवाना बना दिया। मुझे ऐसा लगा, जैसे मैं दोबारा उसका हाथ पकड़ लूँ। मेरे अंदर उसके लिए गहरी चाह उमड़ रही थी।

सुजीत हमसे दूर चल रहा था और वह हमें दिखाई भी नहीं दे रहा था। हम चुपचाप चल रहे थे।

अगली चढ़ाई पर आरुष ने एक बार फिर मेरा हाथ पकड़कर मुझे ऊपर खींचा। इस बार उसने ऐसा करके छोड़ नहीं दिया। उसने मुझे कोमलता से अपनी ओर खींच लिया। अब मैं उसे देख रही थी। हमें किसी प्रकार के शब्दों की जरूरत नहीं थी। हमारे अंदर की ऊर्जा जाग्रत् हो चुकी थी। मैं जो कुछ महसूस कर रही थी, वह उन क्षणों में जैसे कई गुना हो गया और जीवन संपूर्ण लगने लगा। मेरा दिल जोरों से धड़कने लगा। मैंने अपना चेहरा नीचे किया और उसकी गरदन से सटा दिया। उसने मुझे अपनी बाँहों में जकड़ लिया। उसने मुझे बहुत कोमलता से पकड़ा और हम एक क्षण के लिए ऐसे ही खड़े रहे। क्या यह एक मिनट था? या कुछ सेकंड?

मुझे नहीं पता। मैं सिर्फ इतना जानती हूँ कि मुझे वह संसार की सबसे सुरक्षित जगह लगी। मैं उस आलिंगन को छोड़ना नहीं चाहती थी। उस क्षण मुझे पता चला कि मैं उससे प्रेम करने लगी हूँ। यह मात्र कोई इच्छा नहीं थी।

उसने मुझे अपनी आँखों में देखने के लिए अपनी ओर खींचा। उसकी आँखें जैसे इजाजत माँग रही थीं कि क्या यह सही है या मैं सही हूँ। उसकी आँखें जैसे जल रही थीं।

मैं उसकी ओर झुकी और मेरे होंठ उसके होंठों से स्पर्श करने लगे।

उसके होंठ मेरे होंठों पर थे और उन पलों में इसके सिवा कुछ मायने नहीं रखता था। उसके चूमने में बहुत कोमलता थी। नरम! जैसे कोई तितली मेरे होंठ छू रही हो। उसमें बहुत मिठास थी, बहुत मिठास। वह मुश्किल से मेरे होंठों को चूम रहा था। उसने फिर से मुझे चूमा, बिना मुझे छुए, जैसे मैं कोई चीनी गुड़िया हूँ और वह मुझे परेशान करने से डर रहा हो। मुझे इससे पहले भी चूमा गया था, लेकिन ऐसे नहीं। इतनी अधिक कोमलता!

उसके जवाब में मैंने उसे अपनी ओर खींचा और उसे चूम लिया—मजबूती और तीव्रता से।

वह थोड़ा हैरान हुआ, फिर उसके बाजुओं ने मेरी कमर के आसपास घेरा बना दिया।

हम एक-दूसरे को चूमना रोक नहीं पा रहे थे और अगर नहीं रोकते तो मैं नहीं जानती कि इसका अंत कैसे होता!

मैं उसके लिए तड़प रही हूँ।

इस लड़के ने जैसे मेरी सीमाओं का बाँध ही तोड़ दिया है। यह मुझे जीवंत बना देता है।

हम बहुत देर तक एक-दूसरे को चूमते रहे। अब उसे कोई जल्दी नहीं थी। उसके हाथ मेरी कमर से हटना नहीं चाह रहे थे। उसने मेरी शर्ट के बटन खोलने या अपना हाथ मेरे शरीर के निचले हिस्से में डालने जैसा कोई घटिया काम नहीं किया, जैसा कि आमतौर पर उन सभी (किसी पियक्कड़ के चूमने सहित) तीन लड़कों ने किया, जिन्हें मैंने इससे पहले चूमा था। लेकिन आरुष सबसे अलग था।

हम थोड़ा रुके और एक-दूसरे की ओर देखा।

हमने फिर से एक-दूसरे को चूमा।

पिछले दिनों हुई सभी बातें धरी-की-धरी रह गईं। हमें कुछ कहने की जरूरत नहीं थी।

हमारे हाव-भाव ने सबकुछ बयाँ कर दिया।

मैंने एक गहरी साँस ली।

"हमें···" मैंने उसके होंठ को चूमा।

"बस।" एक बार फिर चूमा।

"करना चाहिए।" मैंने कहा।

"मैं हमेशा के लिए तुम्हें चूमने के लिए यहाँ खड़ा रह सकता हूँ।" उसने धीरे से कहा।

मैंने उसकी आँखों में देखा और उनमें घुलती चली गई। वे सबसे नेक और खूबसूरत आँखें थीं, जो मैंने पहले कभी नहीं देखी थीं।

"हमें चलना चाहिए।" मैंने कहा, जबकि मेरे शरीर का रोम-रोम ऐसा करने के लिए मना कर रहा था। मेरा शरीर, मेरे होंठ, उसे चूमने के लिए मेरी सारी चाह।

उसने मेरा हाथ पकड़ा और कहा, "हाँ, हमें चलना चाहिए। हम और नहीं··· तुम जानती हो···"

उसने ट्रैकिंग के रास्ते पर नजर डाली।

"मैं जानती हूँ। संभवत: हम यहाँ कुछ नहीं कर सकते।" मैंने उससे कहा।

और मैंने उसे शरमाते देखा।

मेरे चेहरे पर एक बड़ी सी मुसकान आ गई और मैं सारे रास्ते मुसकराती रही।

□

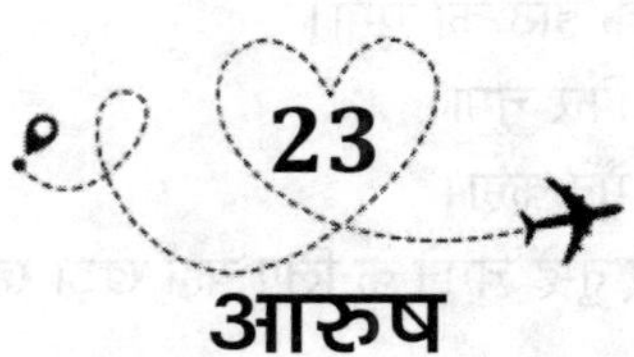

आरुष

मैं सारे रास्ते उसके नजदीक होने के अहसास को महसूस करता रहा। सुजीत हमसे बहुत दूर हो चुका था (उसका शुक्रिया!) और यहाँ सिर्फ हम दोनों थे। हम जब तक टिकट काउंटर तक पहुँचे, हमने एक-दूसरे का हाथ पकड़े रखा। मेरे हाथ में उसका हाथ होना एक गर्मजोशी का अहसास और चमत्कार होने जैसा था। मुझे ऐसा करना बहुत अच्छा लग रहा था। हम जैसे ही टिकट काउंटर पर पहुँचे, सुजीत ने दूर से हाथ हिलाया। यह वह समय था, जब उसने अपना हाथ मुझसे छुड़ा लिया।

"ओह, तुम यहाँ हो! मैं सोच रहा था कि कहीं तुम भटक न जाओ।" सुजीत ने मुसकराते हुए कहा। लिआ और ओशान भी हमारा इंतजार कर रहे थे। "हमने टिकट ले लिये हैं। आओ, चलें।" उसने कहा। सब उसके पीछे चलने लगे।

हमने धीरे-धीरे बहुत सारी सीढ़ियाँ चढ़ीं। कई जगह हमें नीचे भी उतरना होता था। कई उतार-चढ़ावों के बाद हम गुफा में की गई नक्काशियों के पास पहुँच गए। गुफाओं में छह हजार साल पुरानी नक्काशियाँ वाकई हैरान करनेवाली थीं। यह सब किसी सपने जैसा लग रहा था, मानो मैं दो हिस्सों में विभाजित हो गया था। वास्तविक भाग पूजा के आसपास मँडरा रहा था; जबकि दूसरा हिस्सा गुफाओं की नक्काशियों, आसपास के परिवेश और भव्यता में मगन हो चुका था। सारी गुफाएँ देखने में हमें लगभग डेढ़ घंटा लगा।

लिआ और ओशान काफी जोश दिखा रहे थे, जबकि सुजीत को मजा नहीं आया। पूजा और मैं एक-दूसरे के नजदीक रहे—सबकी नजरें बचाकर। जब उसकी आँखें मेरी आँखों से टकरातीं, वह मुसकरा देती और दूसरी ओर देखने लगती। किसी को इसका पता न था।

गुफाओं को देखने के बाद हमें वायनाड हेरिटेज म्यूजियम जाना था, जो कि केरल का सबसे बड़ा और पुरातत्त्व संग्रहालय था। यह एक पारंपरिक-से दिखनेवाले भवन में बनाया गया था। मैंने ऐसा म्यूजियम पहले कभी नहीं देखा था। इसकी वास्तुकला वाकई शानदार थी। इसमें नवपाषाण युग, बारहवीं और सोलहवीं शताब्दी की वस्तुएँ संगृहीत की गई थीं।

मैंने महसूस किया कि पूजा को इन चीजों में ज्यादा दिलचस्पी नहीं हो रही थी। वह मुश्किल से किसी कृति पर नजर डालती। एक चट्टान को तराशकर बनाए गए 'हीरो पत्थर' ने मुझे अनायास ही आकर्षित किया। उसे वीरता दिखानेवाले योद्धाओं के स्मारकों पर खड़ा किया गया था। मैंने उनका गहराई से अध्ययन किया; हालाँकि, मैं उन पर लिखी लिपि को पढ़ नहीं सका। बाकी चीजों में जनजातीय कला, कृषि यंत्र, मिट्टी की मूर्तियाँ एवं पत्थर की कलाकृतियाँ और उनके साथ लिखित जानकारी मुझे बेहद पसंद आई। मैंने स्केच बनाने के लिए उनके कुछ फोटो भी क्लिक किए।

मैं यह सोचे बिना नहीं रह सका कि भारतीय इतिहास कितना संपन्न था और अंग्रेजों ने इसे कितना बदल दिया। अंग्रेजों के नजरिए से सारा अध्ययन करने के बाद आज मैं चीजों को भारतीय दृष्टिकोण से देख रहा था। अंग्रेजों का मानना था कि उन्होंने भारत के लिए बहुत कुछ किया। उन्होंने रेलवे का निर्माण करवाया, भवन बनवाए और एक शासन व्यवस्था लागू की, नहीं तो छोटी-छोटी रियासतों के लोग आपस में ही लड़ते रहते थे। अंग्रेजों के अनुसार, भारत उनका एक 'उपनिवेश' था, लेकिन समस्त संस्कृति को किस प्रकार एक उपनिवेश में बदला जा सकता है?

यदि अंग्रेजों ने भारत पर शासन न किया होता तो शायद पूजा और मैं आपस में बात नहीं कर पाते! क्या फिर भी हमें प्रेम होता? कितनी अजीब बात है कि कोई घटना कई साल पहले हुई हो और उसका असर आज हमारी भेंट को प्रभावित कर रहा हो।

मैं गहराई से उस पल को याद कर रहा था, जब पूजा का हाथ मेरी पीठ पर था। वह कोमलता से मेरी पीठ को सहला रही थी। मैंने पीछे मुड़कर देखा कि हम दोनों कमरे में अकेले थे। मैं उसे चूमने के लिए अपने आप को रोक न सका। उसके होंठों पर एक छोटा सा चुंबन। मैं हैरान था कि मैंने आवेग में आकर ऐसा कर दिया।

उसकी आँखें आश्चर्य से फैल गईं। उसने गहराई से साँस ली और चारों ओर देखा। जब उसने देखा कि कमरे में हम अकेले हैं, बदले में उसने भी मुझे चूमा—एक उन्मत्त चुंबन। फिर उसने मुझे चेताया।

"बस, हमें बस करना होगा। यह पागलपन है। कोई भी अंदर आ सकता है।" वह बुदबुदाई।

मैं हँसा और चेशायर बिल्ली की तरह मुसकराता हुआ उसके पीछे चलने लगा।

जब हम पूरा म्यूजियम घूम लिये तो लिआ, ओशान और सुजीत कहीं दिखाई नहीं दे रहे थे। हम कार में बैठकर उनका इंतजार करने लगे।

"तुम्हें लगता है कि वे कहाँ गायब हो गए होंगे?" पूजा ने पूछा।

मैंने कंधे उचकाए।

ड्राइवर ने हमें बताया कि इस बिल्डिंग के साथ ही एक मल्टीमीडिया थिएटर है, जिसमें पर्यटकों को शो दिखाया जाता है।

"कोई लाइव शो? क्या वहाँ कलाकार हैं?" मैंने पूछा।

वह मेरा सवाल समझ न सका तो पूजा ने उसे मलयालम में ट्रांसलेट करके बताया। फिर मुझे पता चला कि वास्तव में यह कोई लाइव शो नहीं, जैसा कि मैंने सोचा था। म्यूजियम के इतिहास को दरशाने के लिए एक सी.डी. चलाकर दिखाया जानेवाला शो है।

हमारे पास इंतजार करने के अलावा कोई चारा न था।

"यह गलत बात है।" पूजा बोली, "वे इस तरह कहाँ गायब हो सकते हैं!" गुस्सा करते समय उसके होंठों की बनावट बदल जाती है और वे कड़े हो जाते हैं। जब वह मुझे देख लेती कि मैं उसे देख रहा हूँ, वह मुसकराती और उसके चेहरे के भाव तेजी से बदल जाते। पूजा किसी एनिमेशन फिल्म की जीती-जागती मिसाल थी, जिसे देखना अच्छा लगता था।

"ठीक है!" मैंने उससे कहा। मैंने उससे कहा कि अगर उसे भूख लगी है तो क्या आसपास कोई दुकान देखी जाए? लेकिन उसने कहा कि बहुत गरमी है और कार में रुककर इंतजार करना ही बेहतर है।

लिआ, ओशान और सुजीत लगभग चालीस मिनट बाद पहुँचे।

"सॉरी, हम कहीं फँस गए थे।" सुजीत बोला।

लिआ और ओशान बहुत आनंदित व खुश लग रहे थे।

"बॉय, क्या तुम्हें मजा आया?" ओशान ने कहा।

"क्या तुमने मूवी देखी?" पूजा ने पूछा।

"कौन सी मूवी?" सुजीत ने जवाब में प्रश्न किया।

"मल्टीमीडिया शो?"

"हाँ-हाँ, बिल्कुल।" उसने कहा, "बहुत शानदार थी।"

जब हम वापस सेंटर पहुँचे तो मिसेज ओमणा ने वड़ों और कॉफी से हमारा स्वागत किया।

"कैसा रहा?" उन्होंने पूछा।

"बहुत मजेदार। हम म्यूजियम भी गए थे।" लिआ ने उन्हें बताया।

"ओह, वाकई। मुझे लगा, सिर्फ दूसरे देशों से आए लोग ही वहाँ जाते हैं। स्थानीय लोग वहाँ नहीं जाते। मैं तो उसके बारे में भूल ही गई थी।" मिसेज ओमणा बोलीं।

"इसका इतिहास वाकई शानदार है। बहुत तरीके से सबकुछ सहेजकर रखा गया है। यू.के. में इसकी टिकट बहुत ज्यादा होती। यहाँ तो बहुत मामूली रुपए लिये जाते हैं।" मैंने उन्हें बताया।

"इसे और भी सस्ता होना चाहिए था, जिससे आम लोग आसानी से देख सकें।" वे बोलीं।

"कौन नहीं जाना चाहेगा!" सुजीत ने चुटकी ली तो सभी हँसने लगे।

"तुम सब थक गए होगे। जाओ और फ्रेश होकर आराम कर लो। हम लोग रात को खाने पर मिलते हैं। कल काम करना है।" मिसेज ओमणा ने हमें याद दिलाया।

सुजीत कराह उठा। लिआ और ओशान ने सिर हिलाया।

अचानक मेरे दिमाग में कुछ आया। मेरी चेतना में आज दिन भर की घटनाएँ किसी फिल्म के दृश्यों की तरह चल रही थीं। म्यूजियम की सैर से मेरे दिमाग में एक शानदार आइडिया आया। मुझे समझ आ गया कि दीवार पर किस तरह का डिजाइन बनेगा। यह वाकई शानदार रहेगा। अब मुझे अपने कमरे में जाकर स्केच बनाने की जल्दी हो रही थी!

□

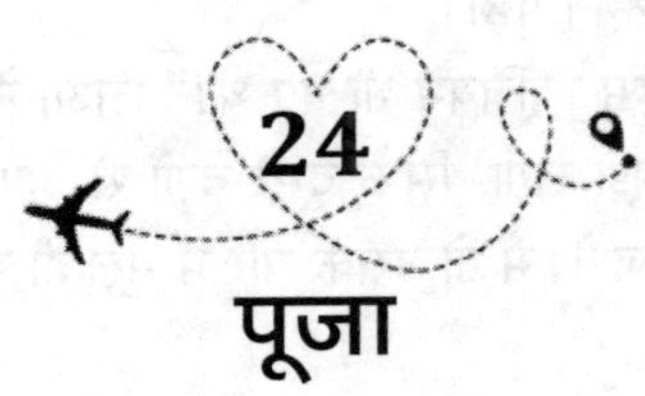

24

पूजा

आरुष···आरुष···आरुष···। मैं सिर्फ उसके बारे में ही सोच रही थी। उसकी मतवाली गहरी आँखें, लंबा कद, अपनी कमर के आसपास उसके हाथ। मैं उसे याद कर पलंग पर लेटी और सपनों के संसार में खो गई। मुझे पहले भी प्यार हुआ था; लेकिन अब मैंने जो महसूस किया, वह पहले की तुलना में अधिक था। मेरा उसकी ओर खिंचाव जैसे हजार तूफानों के वेग जैसा था। मैं उसमें बह चुकी थी।

एक मन कह रहा था कि मैं दौड़कर उसके कमरे में जाऊँ और उसे कसकर अपनी बाँहों में पकड़ लूँ। लेकिन दूसरा मन इस बात से थोड़ा डर रहा था—हमारे बीच यह सब। वैसे भी, ट्रैक से आने के बाद मैं पसीने से तर, गंदी और थक चुकी थी। मुझे नहाना था। मैं काफी देर तक नहाई, बालों को ब्रश किया और फिर सोचा कि क्या पहना जाए। फिर मुझे ध्यान आया कि मेरे पास कुछ अच्छे कपड़े हैं। बजाय जो कुछ हाथ में आए, उसे पहनने के—उनमें से कुछ पहना जाए। मैंने हलका मेकअप किया और खाने पर सबसे मिलने को तैयार थी।

आरुष की पीठ मेरी ओर थी और वह लिआ व ओशान से बातें कर रहा था। मैं वहीं खड़ी होकर उसकी पीठ देखने लगी। वह ब्रिटिश लहजे में म्यूजियम के बारे में अपने विचार उन्हें बता रहा था कि वह वाकई बहुत प्रभावित हुआ। मैं उसे हमेशा के लिए सुन सकती थी। उसके कपड़े भी कुछ अलग तरह के थे। मैंने उसे एक नजर देखा—हाफ बाजू की डेनिम शर्ट, काली पैंट और कैनवास के कैजुअल जूते।

जब वह मुड़ा और उसने मुझे देखा तो उसकी आँखें एकदम चमक उठीं। वह उनसे एक्सक्यूज लेकर मेरी ओर आया। खाने के दौरान हमारी आँखें खाने के

बजाय एक-दूसरे पर टिकी रहीं। सुजीत कहीं दिखाई नहीं दे रहा था। मिसेज ओमणा ने बताया कि उसका खाना कमरे में भिजवा दिया गया है, क्योंकि उसकी तबीयत कुछ ठीक नहीं।

जब लिआ और ओशान खाने में मगन थे तो मैंने महसूस किया कि आरुष और मैं एक-दूसरे के आमने-सामने बैठे थे।

"तो…" आरुष ने मेरी तरफ मुसकराते हुए कहा।

"तो…" मैंने भी उसकी तरफ मुसकराते हुए कहा।

'यह सब कितना स्वप्निल लग रहा था! हमें ऐसे खूबसूरत पल को पूरा करने के लिए एक कैंडल चाहिए, किसी फिल्म के रोमानी दृश्य की तरह।' मैं अपने आप से कह रही थी। मुझे इससे पहले कभी इतना संकोच नहीं हुआ। जिस तरह आरुष मेरी ओर देख रहा था, उससे मैं भीतर-ही-भीतर दहक उठी।

उसका आफ्टरशेव सुबह वाले से अलग था, जिसकी मदहोशी मुझे उसकी ओर खींच रही थी।

"नहीं, हमें कोई कैंडल नहीं चाहिए। यही काफी रोमांटिक है।" वह बोला।

मैं मुश्किल से उससे बात करने के लिए टॉपिक सोच रही थी। मेरा मन खाली हो रहा था। मेरे दिमाग में शब्द समाप्त हो चुके थे।

"तुम्हारी सबसे पसंदीदा रोमांटिक मूवी कौन सी है?" आरुष ने हम दोनों के बीच की खामोशी को तोड़ते हुए पूछा।

"मेरी कोई ऐसी मूवी नहीं। सभी रोमांटिक मूवी बकवास होती हैं।" मैंने कहा।

"तो फिर तुमने कभी सही मूवी देखी ही नहीं।" उसने जवाब दिया।

"तुम्हारी कौन सी है?" मैंने पूछा।

"चुनना मुश्किल है। 'इटर्नल सनशाइन ऑफ द स्पॉटलेस माइंड', 'बिफोर सनसेट' जो कि असल में 'बिफोर सनराइज' का दूसरा भाग है और 'ब्रोकबैक माउंटेन' अभी दिमाग में आई।"

"मैंने इनमें से कोई भी नहीं देखी।" मैंने स्वीकार किया।

"मैंने कहा था कि तुमने सही मूवी देखी ही नहीं।" उसने नकली मुसकान लाते हुए कहा।

मैं मन-ही-मन उन नामों को याद करने लगी।

"उन्हें याद कर रही हो?" उसने अपनी पलकें उठाईं और मुसकराया।

"हाँ, मुझे तुम्हारे साथ जो चलना है।" मैं भी मुसकराई।

वह मुझे बहुत अच्छी तरह से जान गया था। मैं हैरान थी। हमें मिले हुए थोड़े ही दिन हुए हैं, लेकिन ऐसा लगता है, जैसे हम काफी लंबे समय से एक-दूसरे को जानते हैं।

"आज डिनर के बाद मेरे कमरे में आ रही हो?" वह बुदबुदाया।

"मैं हमेशा आती हूँ, नहीं क्या? आज कुछ खास है क्या?" मैंने मासूम बनकर पूछा।

"तुम जानती हो, आज क्या खास है!" उसने धीमी आवाज में कहा और शरमाने लगा।

अगर शरमाने के लिए कोई अवार्ड होता तो यकीनन वह आरुष ही जीतता, लेकिन उस अवार्ड में मासूमियत भी शामिल की जाती।

बाद में, जब मैंने उसका दरवाजा खटखटाया, मैं उत्सुकतावश काँप रही थी। उसने मेरे लिए दरवाजा खोला। मेरे शरीर का रोम-रोम यह सोचकर रोमांचित हो रहा था कि अब क्या होगा? मुझे चक्कर आ रहे थे। मैं बेचैन हो रही थी। मैं अचेत हो रही थी। उसके कमरे में जल रहे लैंप से सारा कमरा प्रकाशमय हो रहा था। आज उसने मोहित करनेवाला संगीत बजा रखा था—कोमल, सुखद, कामोत्तेजक।

"यह कौन सा संगीत है?" मैंने कमरे में दाखिल होते हुए पूछा। उसने दरवाजा बंद कर दिया।

"ओह, यह माइल्स डेविस है। वह कभी-कभी सुंदर जैज बजाता है।" उसने कहा। मैंने सोचा कि वह मुझे अपनी ओर खींचेगा और चूमना शुरू कर देगा। मैं इसके लिए पूरी तरह से तैयार थी; लेकिन आरुष ने ऐसा कुछ भी नहीं किया। बल्कि उसने कहा, "तुम्हें पता है, मैं तुम्हें कुछ दिखाना चाहता हूँ। आज म्यूजियम घूमते समय मुझे दीवार के लिए एक बेहतरीन आइडिया आया। मैंने कुछ स्केच बनाए हैं। मैं चाहता हूँ कि तुम मुझे इनके बारे में बताओ।"

वह अपनी स्केच बुक लाया और अपने बनाए स्केच में से दस पेज मुझे दिखाने लगा। अंतिम वाला पूरा रंगीन था।

"वाउ!" मैंने खुश होते हुए कहा। उसने जो स्केच बनाए थे, वे वाकई देखने योग्य थे। यह वाकई उसके बेहतरीन कामों में से था। अब मैं कम-से-कम उसके आर्ट में एक्सपर्ट हो गई थी, क्योंकि मैंने उसका बहुत सारा काम देख लिया था। वे वाकई लाजवाब थे। उसने नीले रंग की धारियों से कंपार्टमेंट वाली एक लंबी भारतीय रेल बनाई। हर खिड़की से एक बच्चा बाहर झाँक रहा था। उन सबके हाव-भाव

अलग-अलग थे। कोई आश्चर्यचकित, कोई खुश, कोई हैरान, फिर कोई परेशान और संतुष्ट—सबके चेहरे के हाव-भाव बहुत खूबसूरती से उकेरे गए थे।

"क्या इनमें से कोई बच्चे क्लास में से हैं?" मैंने पूछा।

"नहीं।" उसने कहा, "कुछ बच्चे ड्रॉ करना और बाकियों को छोड़ देना उचित नहीं होगा। वे बुरा मान जाएँगे।"

यह कुछ ऐसा था, जो मैंने कभी महसूस नहीं किया था। आरुष बहुत कोमल, दयालु, नाजुक था, यहाँ तक कि ऐसे लोगों के प्रति, जिन्हें वह बहुत कम जानता था। वह ऐसे लोगों में से था, जो बहुत छोटी चीजों के बारे में भी चिंता करते थे। मुझे ऐसा सोचकर उस पर प्यार आ रहा था।

"क्या तुम्हें पसंद आए?" उसने पूछा।

"ये वाकई लाजवाब हैं। बहुत बेहतरीन। जैसा बताया गया था, उसके अनुरूप। इसमें घुमक्कड़ी, खोजबीन और रोमांच है। तुमने बहुत शानदार काम किया है।"

"यह काफी हद तक जीवन की तरह है। है न? हम सब जीवन रूपी ट्रेन के मुसाफिर हैं और कुछ क्षण के लिए एक साथ सफर करते हैं।" उसने कहा।

"हमें इस यात्रा को सार्थक बनाना चाहिए।" मैंने जवाब दिया और उसे अपनी तरफ खींच लिया, जिससे वह मुझे चूम सके। "आओ।" मैंने कहा।

"तुम इंतजार नहीं कर सकतीं?" वह मुसकराया।

फिर वह मुझे चूमने लगा। वही बटरफ्लाई वाले चुंबन, जिसने पहले भी मुझे पागल बना दिया था। मैंने उसे कसकर बाँहों में भर लिया।

अचानक दरवाजे पर किसी के जोरदार खटखटाने की आवाज हुई। हम एक-दूसरे से अलग हो गए।

"क्या बकवास है!" आरुष ने कहा।

दरवाजा खटखटाने की आवाज तेज और कड़ी होती गई, जैसे बाहर खड़ा व्यक्ति दरवाजा तोड़ देगा।

वह दरवाजे की ओर दौड़ा और दरवाजा खोल दिया।

"क्या पूजा यहाँ है?" मिसेज ओमणा ने पूछा। वह बहुत गुस्से में दिखाई दे रही थीं। नाराज, आगबबूला। वह चिल्ला रही थीं। वह किसी कीमत पर आराम से बात करने की स्थिति में नहीं थीं।

मैं जैसे सदमे में आ गई।

"हाँ, क्या बात है?" आरुष ने हैरान व परेशान होते हुए पूछा।

"उससे कहो कि जल्दी से बाहर आए। मैं जानती थी कि वह यहीं होगी।" मिसेज ओमणा चिल्लाईं।

मेरे अंदर डर समा रहा था। उनकी कर्कश आवाज—अधिकारपूर्ण निंदा से भरा स्वर—जैसे जाना-पहचाना था। मैं इस तरह की आवाजों से पहले भी मुसीबतें झेल चुकी थी।

हो सकता है, किसी लड़के के कमरे में आना नियमों के विरुद्ध हो। लेकिन मुझे कुछ नहीं कहा गया। किसी दूसरे के कमरे में होना कोई गलत बात नहीं थी। हम दोनों अपने आप में वयस्क थे। मेरे मन में इस तरह के विचार आ रहे थे।

लेकिन जब मैं दरवाजे की तरफ गई तो कुछ ऐसा देखा, जिसके लिए मैं तैयार नहीं थी—मिसेज ओमणा, उनका क्रोध से भरा चेहरा, दो पुलिसवाले और एक खाकी साड़ी पहने महिला पुलिसकर्मी।

"क्या तुम पूजा हो?" महिला पुलिसकर्मी ने पूछा।

"हाँ।" मैंने जवाब दिया।

"तुम्हें गिरफ्तार किया जाता है। तुम्हें हमारे साथ पुलिस स्टेशन चलना होगा। तुम्हारे ऊपर गाँजा रखने का आरोप है, जो कि इंडियन नारकोटिक्स एक्ट के अंतर्गत भारी अपराध है।" उसने कहा।

"क्या?" आरुष हैरान हुआ और मेरी ओर देखने लगा।

मैं स्वयं भी हैरान थी।

"मैं कभी···मैं ऐसा नहीं··" मैंने कहा।

उसने एक बैग पकड़ा हुआ था।

"क्या यह बैग तुम्हारा है?" उसने पूछा।

यह मेरा पिट्ठू बैग था, जिसे ट्रैक के दौरान सुजीत ने पकड़ा हुआ था।

"हाँ, लेकिन···"

उसने मुझे बात पूरी करने का मौका ही नहीं दिया।

"तुम्हें हमारे साथ आना होगा। तुम्हें अपने बचाव में जो कुछ कहना है, पुलिस स्टेशन चलकर कहना।" वह बोली और मेरा हाथ पकड़कर चल दी।

"मिसेज ओमणा, यह मेरा बैग है; लेकिन मैंने सुजीत को उठाने के लिए दिया था। यह आपको कहाँ से मिला?"

मिसेज ओमणा का चेहरा आग का गोला बना हुआ था। उनकी आँखें गुस्से के मारे लाल हो रही थीं—"पूजा, तुम्हें ऐसा घिनौना काम करना शोभा नहीं देता!

पुलिस हमारे परिसर में छापा डाल रही है। ऐसा इससे पहले कभी नहीं हुआ। सुजीत का कहना है कि उसका इन सबसे कोई लेना-देना नहीं और वह इसके बारे में कुछ नहीं जानता। बैग झाड़ियों में छिपाया गया था। यहाँ कौन झूठ बोल रहा है?" उन्होंने पूछा।

"यह देखना हमारा काम है, मैडम! हमें रास्ता दीजिए।" महिला पुलिसकर्मी मेरा हाथ मजबूती से पकड़ते हुए बोली।

उसके कड़क हाथों ने मेरी बाँह जकड़ ली और मुझे दर्द हुआ। मेरी आँखों से आँसू बहने लगे।

"मैं बेकसूर हूँ…" मैंने विरोध किया। "मैं अपने माँ-पापा को बुलाना चाहती हूँ।"

लेकिन किसी ने मेरी बात नहीं सुनी।

"हमें आपके कमरे की तलाशी भी लेनी है।" एक पुलिसवाले ने आरुष से कहा।

आरुष अंदर आया। वे कमरे में दाखिल हुए, सारे दराज खोले, उसका आर्ट मैटेरियल खराब किया, बिना परवाह किए उसकी स्केच बुक। उन्होंने उसे एक तरफ फेंक दिया। आरुष बिना कुछ कहे एक तरफ खड़ा रहा। मैं सोच सकती थी, जैसे मैं परेशान थी, वैसे वह भी था। मैं चौंक रही थी। महिला पुलिसकर्मी की पकड़ बहुत कड़क थी।

"यहाँ कुछ नहीं। आओ, चलें।" एक पुलिसवाला बोला।

पुलिस की जीप में बैठकर मैंने जो आखिरी चीज देखी, वह था आरुष का पीला चेहरा। उसका चेहरा फक्क पड़ गया था और वे लोग आधी रात को मुझे पुलिस स्टेशन ले जा रहे थे।

□

चैत्रा

जब मैं अस्पताल में किसी कार्डिएक इमरजेंसी के लिए जा रही थी, तभी मेरा फोन बजा। मुझे अज्ञात लैंडलाइन नंबर देखकर गुस्सा आता था और मैं कभी उसका जवाब नहीं देती थी।

"डॉ. चैत्रा कृष्णन, इस समय फोन करने के लिए माफी चाहती हूँ। आपकी बेटी को गिरफ्तार किया गया है। पुलिस उसे विथिरी पुलिस स्टेशन ले गई है। वह एक लड़के के साथ उसके कमरे में थी।" एक महिला बोली।

कुछ पल के लिए मैं कुछ समझ न सकी थी और हैरान थी कि कहीं दूसरी ओर से बात करनेवाली ने शराब तो नहीं पी रखी। इससे पहले इमरजेंसी के डॉक्टर ने किसी मरीज के फेफड़ों की चिकित्सा के बारे में बताया और मुझे नहीं पता कि वह जीवित बचेगा या नहीं। मुझे जल्द-से-जल्द अस्पताल पहुँचना था। एंथोनी कार चला रहा था, क्योंकि वह समझता था, ऐसा पहली बार नहीं हो रहा था। मुझे इमरजेंसी के लिए बुलाया गया था। ऐसे समय में मैं अपने परिवार से बिल्कुल अलग हो जाती हूँ। मैं अपने पति, अपनी बेटियों को भूल जाती हूँ। मेरे दिमाग में मरीज के अलावा कोई दूसरा नहीं होता। इसलिए मेरे लिए समझना मुश्किल था कि दूसरी ओर से क्या कहा जा रहा है।

"कौन बोल रहा है? और दिव्या को गिरफ्तार क्यों किया गया? वह तो अपने काम से मुंबई जा रही थी। क्या कोई मजाक कर रहा है?" मैंने कुछ सेकंड बाद पूछा।

"डॉ. चैत्रा, यह कोई मजाक नहीं। मैं मिसेज ओमणा बोल रही हूँ। आपकी बेटी पूजा पुलिस स्टेशन में है।"

"क्या ? पूजा ? कौन सा लड़का ? पुलिस ने उसे क्यों गिरफ्तार किया ?" मैंने पूछा।

"मैडम, मैंने आपको बताकर अपना फर्ज पूरा किया है। उसका बरताव बहुत बुरा और बरदाश्त के बाहर है। जब मैंने उसके कॉलेज की सिफारिश पर उसे यहाँ बुलाया था तो मैं नहीं जानती थी कि वह इतनी बुरी है। यहाँ मीडिया है और वे बार-बार मुझसे सवाल कर रहे हैं। कल सारे अखबारों में यह खबर छप जाएगी।" मिसेज ओमणा एक ही साँस में कह गईं।

मेरा सिर चकराने लगा। पर मुझे फोकस करना होगा। मरीज को मेरी जरूरत है। मैंने कृष्णन को कॉल किया। उनकी आवाज से लग रहा है कि वे नींद से जागे हैं।

"मिसेज ओमणा की कॉल थी। जाहिर है, पूजा को गिरफ्तार किया गया है। किसी लड़के के साथ कुछ हुआ है। मुझे नहीं पता। पता लगाना होगा। मैं अस्पताल में दाखिल हो रही हूँ।" एंथोनी ने जैसे ही कार इमरजेंसी की तरफ बढ़ाई तो मैंने उसे कुछ निर्देश दिए।

"ओह! क्या ? कैसे ?" कृष्णन ने पूछा।

"मुझे नहीं पता।" मैंने अंदर आते हुए कहा। मुझे अपने मरीज को बचाना था।

पूजा ने इस बार जो भी किया, उसके लिए इंतजार किया जा सकता था।

वह इस कठिन समय के बाद भी जिंदा रह सकती है। मेरा मरीज, जो भी हो, मुझे पहले उसे देखना होगा, अन्यथा वह बच नहीं सकेगा।

□

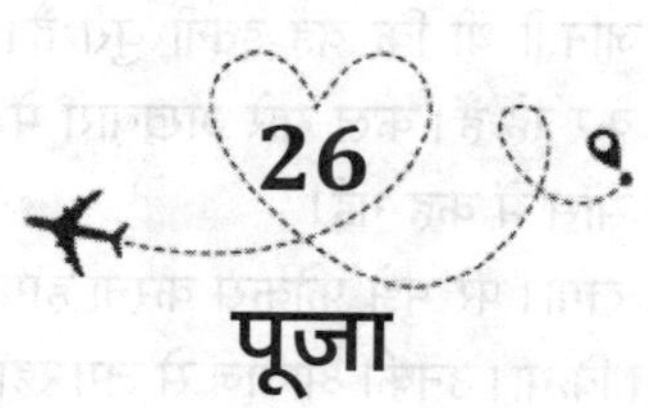

पूजा

रास्ते में मुझे बार-बार उलटियाँ होती रहीं। ट्रैवल सिकनेस, डर, उत्तेजना, शॉक, एक ही समय में सभी ने मेरे ऊपर अटैक कर दिया। महिला पुलिसकर्मी ने पूछा कि मैंने कितनी शराब पी है?

"यह ट्रैवल सिकनेस है।" मैंने कहा। उसने मुझसे झूठ न बोलने को कहा। मेरी टी-शर्ट, शॉर्ट्स और बालों में कहीं-कहीं उलटी लगी हुई थी। महिला पुलिसकर्मी ने मुझे हीनता भरी निगाहों से देखा, जैसे मैं कोई कीड़ा हूँ। मैं स्वयं भी शर्म के मारे व्याकुल हो रही थी।

पुलिस स्टेशन में उन्होंने सहारा देकर मुझे नीचे उतारा और लंबी साँस लेने को कहा। यहाँ तक आना किसी बुरे सपने जैसा था। हालाँकि, रात को गरमी थी, फिर भी मैं काँप रही थी। पुलिस स्टेशन बहुत गंदा, हवा-रहित था। मक्खियाँ भिनभिना रही थीं और कोनों में बहुत सारे कागजों के ढेर रखे हुए थे। मुझे ऐसी जगह पर होने के लिए यकीन नहीं आ रहा था।

"क्या मैं एक फोन कर सकती हूँ?" मैंने पूछा। मैंने ऐसा फिल्मों में देखा था।

"इह! फोन कॉल? यह फोन करना चाहती है।" उस महिला पुलिसकर्मी ने कहा, जो मुझे यहाँ लेकर आई थी। दूसरी सुनकर हँसने लगी।

"तुम्हारे माता-पिता को खबर कर दी गई है।" उसने कहा।

उसने मेरा हाथ नहीं छोड़ा कि मैं कॉल कर सकूँ। मुझे महिला लॉक-अप की ओर ले गई, जहाँ कुछ महिलाएँ दीवार के साथ बैठी हुई थीं। वहाँ मूत्र और निराशा की गंध आ रही थी। वह धातु का बना हुआ लॉक-अप था, जिसमें बाहर लगे बहुत मध्यम बल्ब की थोड़ी ही रोशनी अंदर आ रही थी। उसने मुझे बेदर्दी

से अंदर धकेल दिया। मैं ठोकर खा गई और अँधेरे में दीवार के पास जा अपने आप को सँभाला।

मैं डर से उबरने की कोशिश कर रही थी। तभी मैं एक ऐसी महिला के ऊपर फिसलने लगी, जो जमीन पर अपने हाथ का तकिया बनाकर सो रही थी। उसने गुस्से से गाली बकी।

मेरे हाथ काँप रहे हैं।

मेरा मुँह सूख रहा है।

मेरी साँस अटक रही है।

मैं घबरा रही हूँ। सब तरफ अँधेरा-ही-अँधेरा है।

मैं जैसे ही पुलिस लॉक-अप रूम के ठंडे फर्श पर बैठी, मेरे दाँत किटकिटाने लगे। यकीन नहीं आ रहा, मुझे वेश्याओं के साथ बंद किया गया था। उन्होंने मुझे बुलाया और पूछा कि मुझे किस जुर्म में लाया गया है? उनमें से एक ने मेरा अभिवादन किया और पूछा कि क्या मैं डर रही हूँ? दूसरी ने कहा कि मैं किसी अच्छे परिवार से लगती हूँ और मेरे माता-पिता जल्दी ही वहाँ आ जाएँ तो बेहतर होगा। किसी ने कहा कि मुझे अपनी रक्षा की प्रार्थना करनी चाहिए।

"काश कि इस नरक का तुम पर कोई असर न पड़े!" वह हँसने लगी।

मुझे जीवन में कभी इस तरह का डर नहीं लगा।

मैंने अपने दोनों हाथ जकड़कर मुट्ठियाँ बंद कर लीं और अपनी आँखें भी बंद कर लीं। मैंने आज से पहले कभी प्रार्थना नहीं की, लेकिन आज मैं प्रार्थना कर रही थी। मैं यह भी नहीं जानती थी कि प्रार्थना कैसे की जाती है। 'हे ईश्वर! प्लीज गॉड, प्लीज यूनिवर्स, मुझे यहाँ से बाहर निकालो।' मैं बार-बार यही दोहरा रही थी।

पता नहीं कितने घंटे बीत गए।

कोई बतानेवाला नहीं था।

फिर मुझे एक आवाज सुनाई दी।

एक ऐसी आवाज, जो पिछले कई दिनों से मेरे जीवन का हिस्सा बन चुकी थी और मैं उसे सोते हुए भी पहचान सकती थी। कुछ क्षण के लिए तो मुझे यकीन ही नहीं हुआ कि कहीं मेरा मन कोई मजाक तो नहीं कर रहा।

मैंने सुना। मैं किसी कल्पना में नहीं थी। वह आरुष था।

मैंने उसे पुलिसवाले से बात करते देखा। मैं उसे देख तो नहीं पा रही थी, लेकिन उसकी आवाज मुझ तक पहुँच रही थी।

"मुझे अंग्रेजी नहीं आती।" पुलिसवाले ने मलयालम में कहा।

आरुष ने धीरे से अपनी बात दोहराई, "मेरी दोस्त पूजा अंदर है। मैं उससे मिलना चाहता हूँ।"

"मिलने की इजाजत नहीं है।" उसने कहा।

मैं नहीं चाहती थी कि आरुष मुझे इस अवस्था में देखे। मेरी हालत बहुत बुरी थी। मैं चाहती थी कि वह यहाँ से चला जाए। लेकिन वह नहीं माना। मैंने सुना कि वह पुलिस से बहस कर रहा है, उन्हें बता रहा है कि मैं बेकसूर हूँ। वह जब परेशान होता है तो जोर से बात करता है और पुलिसवाला उसकी कोई भी बात समझ नहीं रहा था। यहाँ तक कि मैं भी समझ नहीं पाई कि वह क्या कह रहा है। उसका बात करने का लहजा बहुत कठोर और मजबूत था। मुझे सिर्फ कुछ शब्द ही सुनाई दिए—छोड़ दो, अन्याय, मासूम।

मैंने जितना सुना, उसकी आवाज में पीड़ा, निराशा और क्रोध था।

फिर मुझे किसी दूसरे व्यक्ति की आवाज सुनाई दी। वह भी एक जानी-पहचानी आवाज थी।

मेरे पापा। मेरे पापा यहाँ आ गए।

बस, फिर मैंने रोना शुरू कर दिया।

□

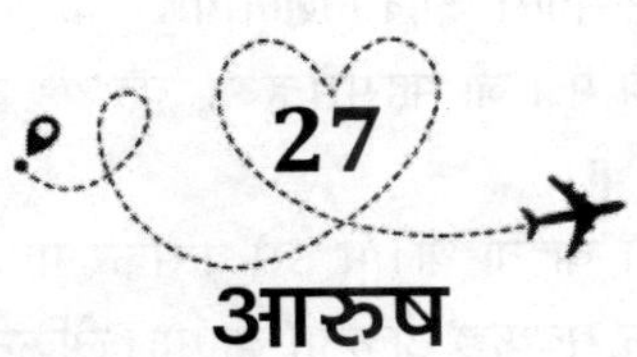

आरुष

मैंने जैसे ही उन्हें देखा, मैं समझ गया कि वे पूजा के पापा हैं। लंबे और आत्मविश्वास से भरे वे ऐसे चलकर आए, जैसे वहाँ के मालिक हों। ऐसा लग रहा था, जैसे वे जानते थे कि अब क्या करना है। उनके साथ अच्छे कपड़े पहने, ग्रे बालोंवाला एक जेंटलमैन दिखाई देनेवाला व्यक्ति भी था। उसकी साफ-सुथरी सफेद कमीज, काली पैंट और पॉलिश किए जूते बता रहे थे कि वह सारा काम सावधानी से करनेवाला है।

"सर! हैलो, मैं आरुष, पूजा का दोस्त। मैं इन लोगों से कह रहा हूँ कि पूजा को बाहर निकालें।" मैंने पूजा के पापा से कहा। उन्होंने मुश्किल से मेरी ओर देखा और सिर हिलाया। वे पुलिसकर्मी की ओर बढ़े और उसे अपना परिचय दिया तो पुलिसवाला खड़ा हो गया और उसका पूरा व्यवहार उनके सम्मान के लिए बदलता दिखाई दिया।

"ओह, सर, मुझे नहीं पता था कि वह आपकी बेटी है। उसने हमें नहीं बताया। मुझे कोई आइडिया नहीं था।"

पूजा के पापा अपने पूरे नियंत्रण में थे। लेकिन मैं जहाँ खड़ा था, मैंने वहाँ से देखा कि उनके हाथ के साइड की नस धड़क रही थी। उन्होंने अपने हाथों को भी कसकर भींच रखा था; लेकिन पुलिसवाला यह सब देख न सका। जो व्यक्ति उनके साथ था, उन्होंने उसका परिचय अपने वकील के रूप में कराया। वकील ने उनसे पूछा कि उनके पास पूजा के खिलाफ क्या सबूत हैं और वह कागजी कारवाई एवं लगाए गए इल्जामों को देखना चाहता है।

पूजा के पापा ने पूछा कि क्या इसके बारे में प्रेस को खबर दी गई?

"जी हाँ। अब तो रोकना मुश्किल होगा। यह एक बहुत बड़ी बात थी।" पुलिसवाले ने माफी माँगनेवाले स्वर में कहा।

दस मिनट से भी कम समय में पूजा जेल से बाहर थी। उसके बाल बुरी तरह उलझ चुके थे। मैं उसकी टी-शर्ट और जूतों पर गिरी उलटी को साफ देख सकता था। उसकी आँखों के आसपास काले निशान पड़ चुके थे। वह काँप रही थी। वह रो भी रही थी। उस समय मुझे जो महसूस हुआ, वह यह था कि वह इस समय भी बहुत खूबसूरत लग रही थी।

मैं उसे गले लगाना चाहता था। मैं उसे कसकर पकड़ लेना चाहता था और उसे बताना चाहता था कि सबकुछ ठीक हो जाएगा। लेकिन पूजा ने मेरी ओर ध्यान नहीं दिया और मुझसे आँखें भी नहीं मिलाईं। उसका सिर नीचे झुका रहा।

हमने कोई गलत काम नहीं किया, मैं चीख-चीखकर कहना चाह रहा था। मैं यहाँ तुम्हारे लिए आया हूँ, मैं उसे बताना चाहता था। लेकिन मैं वहाँ दोनों हाथ लटकाकर गूँगा बना खड़ा रहा।

उसके पापा ने उसे गले से नहीं लगाया।

"कार में बैठो। सेंटर की ओर चलो। मैं इस केस को सुलझाना चाहता हूँ।" उन्होंने कहा।

फिर उन्हें मेरी याद आई। "क्या तुम्हें साथ चलना है? तुम यहाँ कैसे पहुँचे?" उन्होंने पूछा।

"मैं···मैं कैब से आया था।" मैंने उन्हें बताया, "वह वेटिंग पर है।"

"ठीक है।" उन्होंने कहा और वकील के साथ बाहर निकल गए। पूजा किसी नन्हे पिल्ले की तरह उनके पीछे चलने लगी। मेरा दिल उसकी ओर ही था।

मैं वापस अपनी कैब की तरफ दौड़ा। मिसेज ओमणा से ड्राइवर जॉन का नंबर लेकर उसे बुलाना मेरे लिए बहुत मुश्किल रहा। मैंने कम-से-कम उसे बीस बार फोन किया, तब जाकर उसने मेरा फोन उठाया।

मैं जैसे ही कार में बैठा, उसने पूछा, "उसके पापा?"

"हाँ, शुक्र है भगवान् का।"

"अब कहाँ चलना है?" उसने पूछा।

"वापस, अश्वटी भवन।" मैंने कहा।

जॉन पूजा के पापा की कार के पीछे चलने लगा। मैं पूजा को अपने पापा के साथ पिछली सीट पर बैठा देख रहा था। वकील आगे की सीट पर बैठा था। सुबह

हो चुकी थी और जैसे-जैसे हम रफ्तार पकड़ते गए, सुबह का आसमान साफ होता गया। ऐसा बहुत कुछ था, जिसे मैं पूजा को बताना चाहता था; लेकिन ऐसा कोई रास्ता नहीं था, जिससे मैं उसके नजदीक पहुँच सकता, जबकि वह मेरे कितने नजदीक थी!

हम जैसे ही अश्वटी भवन पहुँचे, मिसेज ओमणा ने बाहर आकर हमारा अभिवादन किया।

"हैलो मि. कृष्णन! मुझे खुशी हुई कि आप यहाँ आए।" उन्होंने कहा।

"आपके होते हुए यह सब कैसे हो गया? मेरी बेटी मासूम है।" पूजा के पापा ने कहा। वे कोई बात करने या उनके अभिवादन का जवाब देने के मूड में नहीं थे। उन्होंने अपनी आवाज भी ऊँची नहीं की, लेकिन नियंत्रित तरीके से पूछा और इस तरीके से मिसेज ओमणा से पूछा कि वे इसे आसानी से समाप्त नहीं हो जाने देंगे।

"आइए, कॉफी पीते हैं। हम इसके बारे में बात करते हैं।" मिसेज ओमणा ने कहा, "पूजा, तुम तब तक कपड़े बदलो और फ्रेश हो जाओ।"

फिर उन्होंने मुझे देखा।

"आरुष, क्या तुमने अपनी कॉफी ली?" उन्होंने पूछा।

उस समय मेरे दिमाग में कॉफी ही आखिरी चीज नहीं थी। मैंने देखा कि पूजा उस ओर जा रही थी, जहाँ हम दोनों के कमरे थे।

"नहीं, थैंक्स…" मैं पूजा की तरफ दौड़ा।

"पूजा, रुको…" मैंने उसके नजदीक जाते हुए कहा।

"प्लीज आरुष, मुझे थोड़ा समय दो।" वह जल्दी में थी और कहकर तुरंत अपना दरवाजा बंद कर लिया।

अब मेरे लिए वहाँ रुकना बेकार था, सिवाय उसका इंतजार करने के। मैं भी अपने कमरे में गया और पलंग पर लेट गया। मैं उन बुरे व अजीब घटनाक्रमों के बारे में सोचने लगा, जो हमारे साथ बीते। कुछ मिनटों बाद मैं बाथरूम में गया और अपने दाँत ब्रश किए।

मैं बाहर बरामदे में आकर टहलने लगा, पूजा के इंतजार में। जब पूजा अपने बाथरूम से निकली तो उसके बाल कंघी किए हुए थे और उसका चेहरा भी साफ लग रहा था; लेकिन वह अभी भी पीला था।

मैं उसकी तरफ दौड़ा।

"ओह, पूजा! तुम्हें पता नहीं, मैं तुम्हारी कितनी चिंता कर रहा था!" मैंने कहा।

"मैं भी। सॉरी, मैं उस समय तुमसे बात नहीं कर सकी। मैं...मैं दरअसल अपने को साफ और..."

"नहीं, ठीक है। मैं समझता हूँ। मैं तुम्हें बता नहीं सकता कि मैं कितना मजबूर था।" मैंने जाहिर किया।

"मेरे लिए यही बहुत है कि तुम वहाँ आए।" उसने कोमल स्वर में धीरे से कहा; लेकिन उसकी आवाज में दर्द था।

"मैं कैसे न आता! वे लोग तुम्हें इस तरह कैसे ले जा सकते हैं? लानत है इंडियन सिस्टम पर।" मैंने कहा, "मुझे उन पुलिसवालों पर बहुत गुस्सा आ रहा था, लेकिन मेरे गुस्से से भी किसी तरह की मदद नहीं मिली।"

"मैं जानती हूँ, वे किसी की नहीं सुनते। मुझे लॉक-अप में तुम्हारी आवाजें आ रही थीं...मैं...मैं तुमसे बात भी नहीं कर सकती थी। तुम्हें अंदाजा भी नहीं।" पूजा मुश्किल से बोल पा रही थी। बात करते-करते उसकी आवाज टूट रही थी।

"मुझे डर लग रहा था कि वे लोग तुम्हें नुकसान पहुँचा सकते हैं।" मैंने कहा।

"मैं भी डर गई थी, आरुष...मैं बहुत घबरा गई थी। यह सब बहुत भयानक था, बहुत डरावना..." फिर उसने रोना शुरू कर दिया।

मैं उसे इस तरह रोता हुआ नहीं देख सकता था। मेरे पास कहने को कोई शब्द नहीं थे। मैं उसके नजदीक गया और उसे गले से लगा लिया। मैंने महसूस किया कि उसका शरीर कठोर हो गया था; लेकिन उसने उसे ढीला करने की कोशिश नहीं की। मैंने उसे पकड़े रखा। फिर वह धीरे-धीरे अपने आप में आने लगी।

मैंने उसकी हर साँस महसूस की।

मैंने उसके दिल की धड़कन महसूस की।

मैंने उसका डर महसूस किया।

मैंने उसकी थकान महसूस की।

मैंने उसकी उलझन महसूस की।

मैंने उसका चैन महसूस किया।

इन सबके अलावा, मैंने उसका प्रेम महसूस किया।

उस समय मैं सिर्फ उस लड़की की रक्षा करना चाहता था, हमेशा के लिए। मैं उसे बताना चाहता था कि मैं उसे प्रेम करता हूँ। लेकिन मेरे मन में एक ही बात घूम

रही थी, 'तुम किसी ऐसी लड़की से कैसे प्रेम कर सकते हो, जिसे तुम सिर्फ कुछ ही दिनों से जानते हो?' मैं यह भी नहीं जानता था कि क्या यह समय ऐसा कहने के लिए ठीक है या नहीं?

इसलिए, मैंने सिर्फ उसका माथा चूम लिया और उससे कहा, "सुनो, सब ठीक हो जाएगा। हौसला रखो।"

□

28

पूजा

"थैंक्यू।" मैं बुदबुदाते हुए उससे लिपटी रही। हमारे बीच अभी जैसे कुछ भाप बनकर उड़ गया हो। कुछ ऐसा, जो पहले कभी नहीं हुआ। जैसे हमने कोई रेखा पार की हो, जहाँ से वापस जाना मुश्किल था। मैं अपने प्रति उसके प्रेम को महसूस कर सकती थी। उसे कुछ कहने की जरूरत नहीं थी। हमारे बीच एक नई तरह की आत्मीयता बन चुकी थी। मैं अपनी और उसकी भावनाओं को समझ चुकी थी।

मैं उससे थोड़ा परे हो गई। मैं नहीं चाहती थी कि कोई हमें गले लगाते हुए देखे। जैसा कि मिसेज ओमणा ने सोचा कि उसके कमरे में आना कोई बड़ा अपराध है।

"शश्श्...थैंक्स की जरूरत नहीं।" उसने कोमल भावों से मेरी ओर देखा। मेरी आँखों से आँसुओं की धारा बहने लगी।

मैं फिर से रो रही हूँ, फिर से।

"सब ठीक है, सब समाप्त हो चुका है।" उसने कोमलता से मेरा सिर थपथपाया।

हम रिसेप्शन की ओर बढ़ गए, जहाँ मेरे पापा और हमारे वकील उन्नी अंकल बैठे थे। मैं उन्नी अंकल को बचपन से जानती थी। वह मेरे पापा के सहपाठी और नजदीकी दोस्त थे। वे केरल के जाने-माने वकीलों में से एक थे। उन दोनों के होने और आरुष के साथ से मैं स्वयं को सुरक्षित महसूस कर रही थी। मैंने जब से नहाकर कपड़े बदले, मैं पहले की तरह डर नहीं रही थी। कितनी मजाकिया बात है कि साफ होने और कपड़े बदलने जैसे छोटे से काम से किसी का मनोबल बढ़ जाता है।

"आओ पूजा, हमारे पास बैठो।" मिसेज ओमणा बोलीं, "आरुष, तुम डाइनिंग में जाओ। मुझे मि. कृष्णन से कुछ जरूरी बातें करनी हैं।"

लेकिन आरुष वहाँ से नहीं हिला।

"सर, मुझे आपको कुछ बताना है।"

मैंने आरुष का ऐसा रूप पहले नहीं देखा था। वह बहुत दृढ़ संकल्पवाला लग रहा था। उसके जबड़े कसे हुए थे और मुट्ठियाँ जकड़ी हुई थीं। आरुष की शर्म जैसे कहीं चली गई थी। जो व्यक्ति मेरे पीछे था, वह सबकुछ सुनना चाहता था। वह लड़ने को तैयार था।

मेरे लिए।

मेरा दिल उस पर आ गया।

"देखो आरुष, तुम्हें जो कुछ कहना है, तुम बाद में उन्हें बताना।" मिसेज ओमणा ने उसकी बात खारिज की। लेकिन आरुष पर उसका कोई असर नहीं हुआ।

"नहीं, मैं कहना चाहता हूँ और कहने के बाद ही यहाँ से जाऊँगा।" उसने कहा। उसने मिसेज ओमणा के जवाब का इंतजार भी नहीं किया। "ट्रैक के समय पूरे दिन पूजा मेरे साथ थी। उसने अपना बैग सुजीत को दिया था। उसने वह बैग उठाया था और जाहिर है कि उसी ने उसमें वह संदिग्ध पदार्थ रखा। पूजा ऐसा कर ही नहीं सकती। मैं इस बात का गवाह हूँ और मैं कोर्ट या किसी भी इंडियन लीगल सिस्टम में जाकर गवाही दे सकता हूँ।" आरुष ने ऐलान किया।

कमरे का माहौल शांत हो गया। मिसेज ओमणा ने कुछ कहने के लिए अपना मुँह खोला, लेकिन बिना कुछ कहे बंद कर लिया।

कुछ मिनटों के बाद (वास्तव में कुछ सेकंड के बाद) मेरे पापा ने कहना शुरू किया, "हमें बताने के लिए थैंक्यू। आरुष, पुलिस स्टेशन आने के लिए भी तुम्हारा थैंक्यू।"

आरुष अभी भी जाना नहीं चाहता था। लेकिन मैंने सिर हिलाकर और अपनी आँखों से उसे इशारा किया कि सब ठीक है। मैं भी ठीक हूँ। तभी वह वहाँ से गया।

ऐसा लग रहा था, जैसे वह मुझे अपनी नजरों से ओझल करने से डर रहा था।

मिसेज ओमणा ने मुझे बैठने के लिए कहा। उन्होंने पुलिस द्वारा मुझे वहाँ से ले जाने के लिए माफी माँगी; लेकिन अश्वटी भवन में ड्रग्स जैसी चीज को किसी भी कीमत पर सहन नहीं किया जा सकता। फिर उन्होंने अखबार उठाया, जो अभी-अभी आया था।

"क्या तुम मलयालम पढ़ सकती हो ?" उन्होंने पूछा। मैंने सिर हिलाया।

उन्होंने अखबार मेरी तरफ किया। वह कोई स्थानीय अखबार का संस्करण था, जिसका नाम मैंने पहले कभी नहीं सुना था। उसमें जिले की स्थानीय खबरें थीं।

हेडलाइन पढ़ते ही मेरा दिल बैठ गया—'वायनाड में ड्रग रेड पड़ी'। पूरी कहानी इस प्रकार थी कि 'पुलिस ने गाँजा रैकेट चलानेवाले तीन लोगों को गिरफ्तार किया और लगभग 20 किलो गाँजा जब्त किया। प्राथमिक खोजबीन के अनुसार, विक्रेता इसे शहर के जाने-माने कॉलेज के विद्यार्थियों को नशीले पदार्थ बेचता था, जिनमें अश्वटी भवन के 'स्वयंसेवक' भी शामिल हैं। इससे साफ जाहिर है कि अश्वटी भवन ऐसी गतिविधियों का अड्डा बन चुका है। कहानी में यह भी कहा गया था कि वहाँ कुछ विदेशी विद्यार्थी भी हैं और गिरफ्तार किए गए लोगों में पूजा कृष्णन नाम की लड़की भी शामिल है, जो एर्नाकुलम के एक प्रतिष्ठित व्यापारी एच.के. कृष्णन की बेटी है।' उसमें यह भी कहा गया था कि लड़की की माँ कोच्चि के एक बड़े अस्पताल की सर्जन हैं। उसमें गिरफ्तार किए गए तीन व्यक्तियों की नशीले पदार्थ के साथ फोटो भी छपी थी, जो पुलिस ने जब्त की। शुक्र है कि उसमें मेरी या मेरे माँ-पापा की फोटो नहीं थी।

मैं वह घटिया और संक्षिप्त खबर पढ़कर सन्न रह गई। मैं जानती थी कि वे इसे सनसनीखेज बनाने के लिए इस तरीके से लिखते हैं। फिर भी मैं चौंक गई। साफ दिखाई दे रहा था कि हर किसी के नाम की छवि खराब करने के लिए ऐसा किया गया है।

"मेरी बेटी कभी ऐसा काम नहीं कर सकती। आपने हमसे पूछकर इसकी जाँच क्यों नहीं की ? आपने इसे पुलिस को सौंपने से पहले मुझे क्यों नहीं फोन किया ?" मेरे पापा ने मिसेज ओमणा से पूछा।

"पुलिस कुछ भी सुनने की हालत में नहीं थी। वे यकीन से कह रहे थे कि उनके पास पक्की खबर है कि इस परिसर में ड्रग्स है और अगर मैंने स्वयंसेवकों या स्टाफ को छिपाने की कोशिश की तो यह समझा जाएगा कि मैं भी उनके साथ मिली हुई हूँ। मि. कृष्णन, मेरे पास कोई चारा नहीं था और सच बात तो यह है कि पूजा के आरुष के कमरे में होने से मुझे झटका लगा। मैंने कभी सोचा भी नहीं था कि वह उसके कमरे में हो सकती है। वह लड़का—वह इंडिया का नहीं है। वह जिस देश से आया है, वहाँ ऐसा होता होगा। लेकिन पूजा—वह हमारी संस्कृति जानती है।

क्या नहीं जानती ? इतनी रात को उसके कमरे में जाने का क्या कारण रहा होगा ?" मिसेज ओमणा ने पूछा।

"ऐसा करना किसी को गिरफ्तार करने का कारण नहीं।" मैंने धीरे से कहा।

अब मुझे गुस्सा आ रहा था। आखिर में, गुस्से ने अपना धावा बोल ही दिया। मुझे इन आरोपों पर गुस्सा था, सबकुछ अनुचित होने पर गुस्सा आ रहा था।

मैंने अपने पापा को पुलिस स्टेशन से आने के बाद कार में सारी बात बता दी थी। हालाँकि, वे इस बात से खुश नहीं थे कि मैं आरुष के कमरे में थी। वे क्रोध के मारे लाल हो रहे थे।

"देखो पूजा, यह कोई जुर्म नहीं; लेकिन तुम्हें पता होना चाहिए कि यहाँ किस तरह की बातें कही जा रही हैं।" मिसेज ओमणा ने कहा।

"वह लड़का सुजीत कहाँ है ? प्लीज, उसे बुलाइए। मैं उससे बात करना चाहता हूँ।" मेरे पापा बोले, "पूजा का कहना है कि उसने उसका बैग उठाया था और यकीनन वह संदिग्ध पदार्थ उसके पास से आया है। मैं इस बात की तह तक जाना चाहता हूँ।" मेरे पापा किसी कीमत पर हार माननेवाले नहीं थे।

मिसेज ओमणा ने चपरासी से सुजीत को बुलाने के लिए कहा।

"आप पूजा के किसी के कमरे में होने की बात पर कोई नैतिक परख नहीं कर सकतीं। यह मेरे, मेरी पत्नी और पूजा के बीच की बात है। इससे यह साबित नहीं होता कि इसका चरित्र खराब है, जैसा कि आपने कहा या यह गाँजे की तस्करी में लिप्त है। मुझे आपसे इस प्रकार की उम्मीद नहीं थी। आपने दूसरे लड़के से तुरंत बात क्यों नहीं की ? और मेरी बेटी के बजाय उसे पुलिस स्टेशन क्यों नहीं ले जाया गया ?" मेरे पापा की आँखें लाल हो रही थीं। उनकी आवाज मधुर थी, लेकिन लहजा कठोर था। मैंने अपने पापा का यह रूप पहले कभी नहीं देखा था।

मुझे इस समय अपने पापा पर गर्व हो रहा था। वे मेरा बचाव कर रहे थे, मेरे लिए लड़ रहे थे।

चपरासी थोड़ी देर में वापस आया और बोला, "मैडम, वह जा चुका है।"

"क्या कहा ? वह चला गया ?" मिसेज ओमणा दंग रह गईं।

"चला गया! वह अपने सामान के साथ कमरा खाली करके जा चुका है।" चपरासी ने जवाब दिया।

"तो सब साफ है कि वही गुनहगार है।" मेरे पापा बोले।

"मुझे भी लगता है। मुझे लगता है, मुझसे बहुत बड़ी गलती हुई है। मि. कृष्णन, मुझे माफ कर दीजिए। मैं अपने किए पर शर्मिंदा हूँ। जब पूजा के बैग में से गाँजा निकला तो मुझे लगा कि वह इसमें शामिल है। आजकल हम किसी पर यकीन नहीं कर सकते।" मिसेज ओमणा बड़बड़ाने लगीं।

"अब माफी माँगने से क्या फायदा, मिसेज ओमणा? आपको थोड़ा सोच-समझकर काम लेना चाहिए था। आपको कुछ करने से पहले मामले की गहराई तक जाना चाहिए था। नुकसान तो हो ही चुका है।" मेरे पापा ने कहा, "मैं उम्मीद करता हूँ कि आगे से आप मासूम बच्चों के साथ ऐसा नहीं होने देंगी। मैं अपनी बेटी को आपके प्रोग्राम से हटा रहा हूँ। गुड लक!"

मिसेज ओमणा वहीं खड़ी रहीं। उनका मुँह खुला-का-खुला रह गया। वे नहीं जानती थीं कि अब क्या कहा जाए?

मेरे पापा खड़े हो गए और उन्नी अंकल भी।

मेरे पापा मेरी तरफ मुड़े और बोले, "अपना सामान पैक करो, पूजा! हम यहाँ से जा रहे हैं।"

□

29

आरुष

जब पूजा डाइनिंग एरिया में आई और उसने मुझे बताया कि वह जा रही है, तो मुझे अपनी कॉफी बीच में ही रोकनी पड़ी।

"तुम्हारा मतलब है, हमेशा के लिए?" मैंने पूछा।

"हाँ। मेरे पापा ने अभी मिसेज ओमणा से कहा कि वे मुझे इस प्रोग्राम से बाहर कर रहे हैं। तुम यकीन कर सकते हो कि सुजीत इस जगह से गायब हो गया है? हरामी कहीं का!" पूजा बहुत गुस्से में थी।

सुनते ही मेरा खून उबलने लगा। एक इनसान कितना गिर सकता है!

"कमीना इनसान! वह जो कर सकता था, उसने किया। यह तो साफ है कि गलती उसकी ही है। वह किसी मासूम को कैसे फँसा सकता है?" मैंने पूछा।

पूजा ने अपनी पलकें हिलाईं, मुसकराई और मेरे सामने आकर बैठ गई। एक महिला ने उसे गरम कॉफी दी।

"वह बदमाश! उसे तो बाहर फेंक देना चाहिए।" मैंने कहा।

पूजा ने कंधे हिलाए। "जो होना था, वह हो गया।"

"तुम ऐसे कैसे सब झेल सकती हो, पूजा? तुम इतनी शांत कैसे हो सकती हो?"

"मैं क्या करूँ, आरुष? मेरा नाम, मेरे माता-पिता का नाम सबकुछ एक स्थानीय अखबार में है। बहुत बुरा हुआ। अगर मैं कुछ करना भी चाहूँ तो कुछ नहीं कर सकती। नुकसान तो हो ही गया।" उसने उदास होते हुए कहा।

मैं नहीं जानता था कि वह यह सब कैसे सहन कर रही है? शायद जन्मजात भारतीय होने के कारण। मैंने भारत आकर यह सब देखा है। लोग चीजों को स्वीकार

कर लेते हैं। यहाँ बहुत सारी अराजकता है और फिर भी सब इस अराजकता के बीच, अजीब क्रम है। यह कुछ ऐसा है कि यहाँ हर कोई किसी तरह का सीक्रेट जानता है, जो मैं नहीं जानता और वह उसे शांत रहने की ऊर्जा देता है।

"क्या अखबार में नकारात्मक खबर का आना बुरा हो सकता है?" मैंने पूछा।

"वह एक स्थानीय अखबार है, एक छोटा अखबार। लेकिन फिर भी, उसमें अश्वटी भवन और 'विदेशी विद्यार्थी' का नाम भी आया है।" पूजा बोली।

"क्या वाकई इससे कोई फर्क पड़ता है? कौन है, जो अखबार पढ़ता है? आज का अखबार कल तक समाप्त हो जाता है। मेरे पापा हमेशा यही कहा करते थे।"

"हाँ, वह एक स्थानीय अखबार है, जो हर खबर को सनसनीखेज करके छापता है।"

"क्या हम कुछ कर नहीं सकते? क्या हम उसके खिलाफ केस नहीं कर सकते?" मैंने उससे पूछा।

मैं किसी भी कीमत पर सुजीत को बेदाग नहीं जाने देना चाहता था। मैं पूजा के लिए न्याय चाहता था। मैं उसकी तरह चुप नहीं बैठना चाहता था।

"यह भारत है, आरुष! मुझे नहीं लगता कि यहाँ की न्याय व्यवस्था या पुलिस हमारी मदद करेगी।" पूजा बोली।

वह जानती थी कि यहाँ का सिस्टम कैसे काम करता है। लेकिन वह मेरे गुस्से को शांत नहीं कर सकती थी।

"तुम्हें क्या लगता है कि उसने ऐसा क्यों किया? हो सकता है कि पकड़े जाने के डर से?" मैंने उससे पूछा।

"कौन जानता है! काश कि मैंने अपना बैग उसे नहीं दिया होता!" पूजा ने आह भरी।

"काश कि वह बैग मैंने तुमसे ले लिया होता! मैं इसके लिए खुद को जिम्मेदार महसूस कर रहा हूँ।" मैंने उससे कहा।

"पागल मत बनो।" उसने कहा।

उसने अपना फोन उठाया और समय देखने लगी।

"मुझे जल्दी ही निकलना होगा, आरुष। मुझे अपना फोन नंबर दो।"

मैंने उसका फोन लिया और अपना इंडियन नंबर उसमें फीड कर दिया। मैंने अपना यू.के. का नंबर भी उसके फोन में फीड कर दिया। मैंने अपना इ-मेल भी उसके फोन में सेव कर दिया।

उससे अलग होना बहुत दर्दनाक था, यह सोचते ही मैंने उस दर्द को कम करना चाहा और उसे बताया कि जितना हो सकेगा, हम एक-दूसरे के संपर्क में रहेंगे।

वह खुश होकर मुझे देख रही थी।

"क्या तुमने अपना सोशल मीडिया हैंडल फीड नहीं किया?" उसने चिढ़ाते हुए कहा।

"मैं किसी सोशल मीडिया पर नहीं हूँ।" मैंने जवाब दिया।

"क्या? तुम किसी सोशल मीडिया पर नहीं हो?" पूजा वाकई हैरान थी।

"नहीं, मुझे इसमें कोई तुक दिखाई नहीं देती।" मैंने जवाब दिया।

"नो फेसबुक, इंस्टाग्राम!" पूजा यकीन नहीं कर सकती थी कि उसकी उम्र का कोई व्यक्ति सोशल मीडिया पर नहीं है। मैंने उसके हैरान चेहरे को देखकर एक छोटी सी मुसकान दी।

"इंस्टा पर मेरी आर्ट के लिए मेरा अकाउंट है। लेकिन मैं वहाँ सिर्फ अपनी ड्रॉइंग ही पोस्ट करता हूँ।" मैंने कहा।

"ठीक है, मैं तुम्हें वहाँ शामिल करूँगी।" उसने अपना फोन खोला और मुझसे मेरा इंस्टाग्राम आई.डी. माँगा।

"लेकिन मैं अपने दोस्तों से उस पर बात नहीं करता।" मैंने विरोध करते हुए कहा।

"ठीक है, फिर हम व्हाट्सएप पर मैसेज कर सकते हैं, बूढ़े लोगों की तरह, ठीक?" उसने नकली उतावलापन दिखाते हुए कहा।

"ठीक है, यह मेरे लिए ठीक है।" मैं मुसकराया, "या हम एक-दूसरे को इ-मेल कर सकते हैं, बिल्कुल बूढ़े लोगों जैसे।"

"इ-मेल? सच? मुझे याद भी नहीं कि मैंने आखिरी बार अपना इ-मेल कब इस्तेमाल किया था।" उसने ऐसे कहा, जैसे मैंने उसे हाथ से पत्र लिखने की सलाह दी हो।

"इ-मेल में ऐसा है कि हमें सोचने और चीजों को व्यवस्थित करने का समय मिल जाता है। उसमें कोई जल्दी नहीं होती और दूसरे की बात की जल्दी से प्रतिक्रिया देना भी जरूरी नहीं।" मैंने उससे कहा।

"मुझे चलना चाहिए, आरुष! मेरे पापा और उन्नी अंकल मेरा इंतजार कर रहे हैं।"

वह खड़ी हुई, जाने को बेताब।

मुझे यकीन नहीं हो रहा था कि वह चली जाएगी। मैं उसे किसी कीमत पर जाने नहीं देना चाहता था।

मैं उसे रोजाना देखना चाहता था।

लेकिन मैं उसे किसी भी तरह रोक नहीं सकता था।

"बाय, आरुष!" उसने मेरे गाल को चूमा।

एक छोटा सा चुंबन।

उसके बाद वह चली गई।

मैं उसे देखता रहा। उसकी मंत्रमुग्ध करनेवाली चाल, उसकी मुसकान, उसकी मुखाकृति। मैं नहीं जानता कि मैं ऐसा क्यों महसूस कर रहा हूँ। मैं उससे कुछ सप्ताह पहले ही तो मिला था।

मैं जैसे-जैसे उसे जाते हुए देख रहा था, मेरा दिल अंदर से फटने को तैयार था।

□

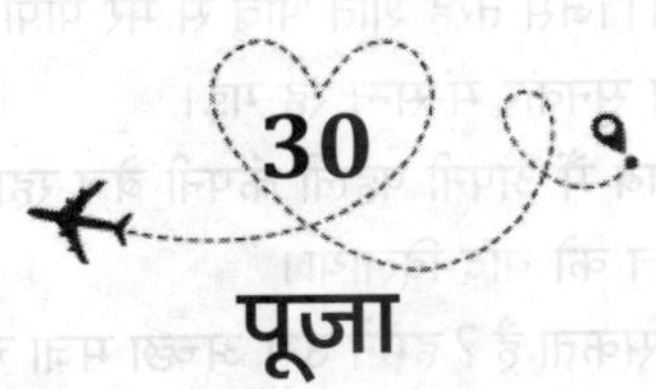

30
पूजा

मैंने डर के साए में यात्रा शुरू की। डर, डर, डर। काश कि टेलीपोर्ट के जरिए एक से दूसरी जगह जाया जा सकता! मैंने ट्रैवल सिकनेस के लिए दवा भी ली। उन्नी अंकल आगे की सीट पर बैठे थे और मैं अपने पापा के साथ पीछे बैठी थी।

मेरे दिमाग में बार-बार विचार घूमते रहे थे। मैं वापस अश्वटी भवन जाना चाहती थी। मैं आरुष के साथ रहना चाहती थी; मैं बच्चों को पढ़ाना चाहती थी। हालाँकि, मुझे यहाँ आना अच्छा नहीं लगा था। लेकिन मैंने समझौता कर लिया। मुझे सचमुच अपने काम में आनंद आने लगा था। लेकिन अब ऐसा लग रहा है कि यकायक सबकुछ समाप्त हो गया और उसमें भी मेरी कोई गलती नहीं। लेकिन अब कोई रास्ता नहीं कि मैं वापस चली जाऊँ। पापा ने मिसेज ओमणा के साथ जिस तरह बात की, उसके बाद मैं उनसे यह नहीं कह सकती कि मैं अब दोबारा इस जगह ठहरना चाहती हूँ।

"पूजा, तुम ठीक तो हो?" उन्नी अंकल ने पीछे मुड़कर पूछा। उनके चेहरे पर चिंता के भाव थे।

"जी हाँ, अंकल। आने के लिए थैंक्यू।" मैंने जवाब दिया।

लेकिन क्या मैं सच में ठीक थी? मुझे अभी तक इसका जवाब नहीं पता था।

"उनकी इतनी मजाल कि यह सब अखबार में छापें। मैं पता लगाकर रहूँगा कि इसके पीछे किसका हाथ है।" मेरे पापा ने कहा। उनका चेहरा कठोर हो गया।

"कृष्णन, सच तो यह है कि मुझे नहीं लगता कि यह कोई बिजनेस के लिए प्रतिशोध या ऐसा कुछ है। ऐसा इसलिए हुआ, क्योंकि यह एक बड़ी खबर थी—पुलिस ने सबको पकड़ लिया—तभी तो स्थानीय अखबार ने इसे जरूरी समझा।

तुम्हें लगता है कि तुम्हारे बिजनेस प्रतिद्वंद्वी ने वह संदिग्ध पदार्थ उस लड़के के हाथ पूजा के बैग में रखने के लिए भेजा होगा, तो जाकर उसे पकड़वा दो।" उन्नी अंकल ने कहा।

मेरे दिमाग में तो यह बात ही नहीं आई कि पापा का कोई बिजनेस प्रतिद्वंद्वी भी ऐसा कर सकता था। जिस तरह शांत भाव से मेरे पापा व उन्नी अंकल इस बारे में बात कर रहे थे, उसे सुनकर मैं सन्न रह गई।

"तुम्हें पता है, जब मैं अपनी पहली कंपनी बेच रहा था तो क्या हुआ था?" मेरे पापा ने उन्नी अंकल को याद दिलाया।

"उसे कौन भूल सकता है? हमने उसे अच्छा मजा चखाया था। हमारी पहली जीत।" उन्नी अंकल ने हँसते हुए कहा।

"क्या हुआ था, अक्का?" मैंने पूछा।

"पूजा, यह एक लंबी कहानी है। कई साल पहले जब मैं अपनी कंपनी और सबकुछ बेचने को तैयार था। लेन-देन की सारी बात लगभग फाइनल हो चुकी थी कि उन्होंने मेरे ऊपर झूठा केस कर दिया। उनका कहना था कि जो कारें हमारे पास सर्विस के लिए आती हैं, हम उनमें मिट्टी का तेल मिला देते हैं। उन्होंने धोखे से हमारे गैराज में मिट्टी के तेल के कई ड्रम रखवा दिए।" मेरे पापा ने बताया।

"फिर क्या हुआ?" मैंने पूछा।

"होना क्या था? हम उनसे लड़े। उन दिनों हमारे पास सी.सी.टी.वी. कैमरे नहीं होते थे। उन्नी की पुलिस में जान-पहचान थी। उन्होंने थोड़ी छानबीन की और जिसने मिट्टी के तेल की साजिश की थी, उसे पकड़कर ले गए। दो दिनों तक हवालात में रहने के बाद वे मुखबिर बन गए और सारा सच बक दिया।" मेरे पापा ने बताया।

यह सुनकर मुझे राहत की साँस आई। मेरे पापा ने पूरी कहानी साफ-सुथरे तरीके से बताई, जिसमें कोई भाव नहीं थे। उन्नी अंकल उसे याद करके हँसने लगे। मैं भी सुनकर भीतर से थरथरा गई। मेरे पापा ने अपने बिजनेस के बारे में मुझसे कभी बात नहीं की और यह पहली बार था, जब मैं उनका यह रूप देख रही थी। वे एक क्रूर बिजनेसमैन थे, ऐसा सोचकर मैं घबरा गई।

"पूजा, बिजनेस में ऐसी कई चीजें होती रहती हैं।" उन्नी अंकल ने कहा, "तुम्हें मरने तक के लिए भी तैयार रहना चाहिए। नहीं तो तुम्हें जिंदा ही निगल लिया जाएगा। जब तुम असली जीवन में कदम रखोगी तो तुम्हें इन चीजों का अंदाजा

होगा।" उन्नी अंकल ने पीछे मुड़कर कहा, जैसे वे मेरा मन पढ़ने की कोशिश कर रहे हों।

मैं जीवन में पहली बार अपने पापा के बिजनेस के बारे में सोच रही थी कि उन्होंने सफल होने के लिए क्या-क्या किया। मुझे जो भी पता चलता गया, अच्छा नहीं लगा। मैं इस तरह के संसार का हिस्सा नहीं बनना चाहती थी।

उन्नी अंकल और मेरे पापा मुझसे बेखबर आपस में बातें करते जा रहे थे।

सारे दिन की थकान के कारण मैंने अपनी पीठ कार की सीट से टिकाई और सो गई।

फोन की गूँज से मेरी नींद खुली। मैं दो घंटे सो चुकी थी। मैसेज देखते ही मेरे चेहरे पर मुसकान आ गई।

"क्या हो रहा है?" आरुष ने पूछा।

"कार में हूँ, अपने पापा और उनके दोस्त की बिजनेस बातें सुन रही हूँ।" मैंने जवाब में टाइप किया।

"मजेदार बातें?"

"मैं बहुत कुछ सीख रही हूँ।" मैंने उसे बताया।

मैंने उससे पूछा कि वह क्या कर रहा है? उसने जवाब दिया कि वह क्लास में है और सारी रात नींद न लेने के कारण आँखें जल रही हैं और मेरे बिना उसे क्लास खाली लग रही है। सभी बच्चे मुझसे पूछ रहे हैं और रुक्मिणी मैडम ने उन्हें बता दिया कि मैं छुट्टी पर गई हूँ।

"हा, हा! वह उन्हें क्या कह रही हैं?" मैंने पूछा।

"अमेरिका! काश कि उन्होंने यू.के. कहा होता।"

"यू.के. क्यों?" मैंने टाइप करके उसमें आँख मारनेवाली इमोजी जोड़ी।

"क्योंकि मैं तुम्हें दिखाना चाहूँगा कि मैं कहाँ रहता हूँ और किस संसार से जुड़ा हूँ। इस तरह के अराजकता वाले संसार में नहीं, जहाँ यह नहीं पता कि सिस्टम कैसे काम करता है!" उसने टाइप किया।

"यू.के. में यह कैसे काम करता है?"

"तुम्हें वहाँ आना चाहिए। मुझसे मिलो, मैं तुम्हें सारे सिस्टम दिखाता हूँ।" उसने टाइप किया और साथ ही आँख मारनेवाला और मुसकरानेवाला इमोजी भी जोड़ा।

ऐसी बातों से मैं आरुष का एक नया रूप देख रही थी।

मैसेज करनेवाला आरुष वास्तविक आरुष से अलग था। मैसेज करनेवाला आरुष सहज, इश्कबाज और तेज था! वह तुरंत जवाब दे रहा था। मैंने कल्पना की कि वह क्लास में पीछे बैठा होगा और तेजी से फोन में टाइप कर रहा होगा।

"क्या क्लासरूम के लिए तुम्हारा डिजाइन मंजूर हो गया?" मैंने पूछा।

"हाँ, सभी ने उसे पसंद किया।" उसने टाइप किया—"अब मुझे उस पर काम करना है।"

"कब से शुरू कर रहे हो?"

"चैट समाप्त करने के तुरंत बाद। मैं पहली ड्रॉइंग बनाने जा रहा हूँ। काश कि तुम भी यहाँ होतीं।" उसने कहा।

"मैं भी यही चाहती थी।" मैंने टाइप किया।

आरुष लगातार मुझे वहाँ के बारे में बताता जा रहा था। इस तरह उस जगह की और भी याद सताने लगी। मैं वहाँ रहकर सबकुछ देखना चाहती थी। आरुष एक बड़े आकार की ड्रॉइंग में शानदार ट्रेन बनाने जा रहा है, जो उसने अपनी स्केच बुक में बनाई थी। मैं उसे प्रत्यक्ष रूप से देखकर प्रसन्न होना चाहती थी और बच्चों, रुक्मिणी मैडम एवं आशा के चेहरे पर प्रसन्नता देखना चाहती थी।

मेरे फोन की घंटी बजी। मेरे बैंक की तरफ से मैसेज था कि मेरा अकाउंट खुल गया है और उसमें वेलकम किट दर्ज की जा चुकी है। वे मुझे अलग से डाक द्वारा पिन नंबर भेजने वाले हैं, ताकि मैं अपना कार्ड एक्टिव कर सकूँ। मैंने उसके बारे में अपने पापा को बताया।

"ओह, ठीक है। यह अच्छा हुआ।" मेरे पापा ने कहा।

फिर मेरी तबीयत खराब होने लगी तो एंथोनी ने कार साइड में रोक ली।

मेरे उलटी करने तक मेरे पापा और उन्नी अंकल इंतजार करते रहे। ओह! यह सफर कब खत्म होगा?

जब हम घर पहुँचे तो मेरी मॉम घर पर नहीं थीं। शांति चेची को देखते ही मैं उनके गले लग गई।

"तुम्हारी यात्रा कैसी रही? क्या हुआ था? क्या तुम्हें कई बार उलटी हुई?" उन्होंने मेरे सिर पर हाथ फेरते हुए पूछा।

मेरी आँखों से आँसू बहने लगे।

"शांति चेची, वे लोग मुझे पुलिस स्टेशन ले गए थे। सबकुछ बहुत बुरा था।" मैंने उन्हें बताया।

"ओह, पूजा!" उन्होंने मेरी पीठ मलते हुए कहा, "चलो, कोई बात नहीं। अब सब ठीक है। देखो, मैंने तुम्हारे लिए आलू बोंडे बनाए हैं।"

मेरी आँखों से आँसू बहते जा रहे थे। मैंने उन्हें साफ किया और सिसकियाँ भरने लगी।

शांति चेची ने मुझे टिश्यू पेपर दिया और कहा, "सब ठीक है। अब इसके बारे में ज्यादा मत सोचो। सब समाप्त हो चुका है। इसे कोई बुरा सपना समझकर भूल जाओ। गरम चॉकलेट? हाँ?"

"हाँ।" मैंने रोते हुए मुसकराकर कहा।

मैं किचन में बने प्लेटफॉर्म पर बैठ गई और शांति चेची किचन के काम में लग गईं।

तभी मेरा फोन बजा।

"मैंने तुम्हें एक मेल भेजा है। शायद तुम्हारा पहला है। चेक करो। मुझे वापस जवाब भेजना।" आरुष ने लिखा।

मैं मुसकराई।

शांति चेची ने सब भाँप लिया। "कौन है? यकीनन कोई लड़का।" उन्होंने कहा। वे मुझे अच्छी तरह जानती थीं।

"हाँ।" मैंने कहा, "मैं वहाँ किसी से मिली हूँ।"

"सच? उसका नाम क्या है?"

"आरुष।" मैंने बताया।

उसका नाम लेने भर से मेरे अंदर एक अजीब सा रोमांच जाग उठा।

"वह क्या करता है? उसके बारे में बताओ।" शांति चेची गरम चॉकलेट को फेंटते हुए बोलीं। उसमें से जबरदस्त खुशबू आ रही थी।

मैंने आरुष के बारे में उन्हें सबकुछ बता दिया। उसका ब्रिटिश स्टाइल और उसकी व्याकुल आँखें। मैंने विस्तार से उन्हें बताया कि मैं पहली बार उसे कैसे मिली, एक गिरगिट के साथ। मैं उसके आर्ट का सम्मान करती हूँ। मैंने उन्हें बताया कि मेरे लिए यह कितनी बड़ी बात थी कि वह मेरे लिए पुलिस स्टेशन आया। आरुष के बारे में बात करना मुझे अच्छा लग रहा था!

"सुनने में तो लगता है, वह बहुत अच्छा और स्मार्ट लड़का है।" शांति चेची ने कहा।

"हाँ, वह ऐसा ही है।" मैंने कहा।

बाद में, मैंने अपना मैक ऑन किया और आलीशान व नरम तकिए का सहारा लेकर पलंग पर बैठ गई। अपने कमरे में वापस आना मुझे अच्छा लग रहा था। पहली बार मैंने जाना कि मेरे पास कितना आलीशान पलंग है ! इसके गद्दों पर बैठना कितना सुखद है और मैं कितनी भाग्यशाली हूँ कि मेरे पास यह सब है। मेरे पापा मेरा कितना ध्यान रखते हैं कि मेरे बारे में सुनते ही तुरंत मुझे वहाँ से निकाल लाए। समुद्र के साथ लगता मेरा प्यारा घर और मेरा ध्यान रखनेवाली शांति चेची। मैं उस लड़की के बारे में सोच रही थी, जिसने पिछली रात जेल में बिताई और काँप उठी।

मैंने अपना अकाउंट लॉग-इन किया और अपना इनबॉक्स खोला। ऊपर लिखा था—'आपका पहला अनऑफिशियल इ-मेल'।

वह ठीक कह रहा था। इनबॉक्स में बाकी के सभी इ-मेल प्रमोशनल या कॉलेज से संबंधित थे। यकीनन, यह किसी दोस्त का भेजा हुआ पहला मेल था।

मैंने मुसकराते हुए उसे पढ़ना शुरू किया।

डियर डियर पूजा,

जबकि मैसेज्स में बहुत मजा आता है, मेल का भी अपना आकर्षण है। मुझे यकीन है कि इसके अंत में तुम्हें इसके फायदे पता चलेंगे। अगर नहीं, तो मुझे अपने पत्र लिखने के कौशल को सुधारना होगा और दोबारा प्रयास करना होगा!

तुम जब यहाँ थीं तो मेरा एक रुटीन बन गया था। मैं जल्दी से अपने स्केच समाप्त करता और तुम्हारा इंतजार करता। जब से तुम मेरे कमरे में नहीं आईं, मुझे लगता है कि अब उस समय में क्या करना होगा, जब हम आपस में खूब गप्पें मारते थे। तुम्हें पत्र लिखने के अलावा इसे इस्तेमाल करने का बेहतर तरीका क्या हो सकता है ?

मेरी ड्राइंग अच्छी है या खराब। मैं उसके फोटो तुम्हें भेज रहा हूँ, ताकि तुम उन पर नजर डाल सको।

मैं हम दोनों के यहाँ साथ गुजारे समय के बारे में सोच रहा हूँ। हम उम्र भर सारे काम अकेले करते हैं। फिर अचानक कुछ ऐसा होता है कि किसी के साथ ऐसा संबंध बन जाता है। जब वे हमसे अलग होते हैं तो लगता है कि हमारा एक हिस्सा ही हमसे अलग हो गया हो।

मैं यह टाइप कर सकता हूँ—'आई मिस यू' और तुम्हारे फोन के मैसेंजर पर कुछ इमोजी भी भेज सकता हूँ।

लेकिन मुझे लगता है कि तुम भी यही चाहोगी कि इस तरह इस बात को विस्तार से लिखना ज्यादा बेहतर होगा।

तुम्हारा क्या खयाल है, मुझे बताना?

मैं इंतजार करूँगा।

आरुष

□

31

आरुष

पूजा के बिना होना ऐसा था, जैसे मेरे बाजू नहीं रहे। पूजा और सुजीत के बिना अकेले खाना भी समस्या लग रही थी। लेकिन मैं गलत था। ओशान और लिआ ने मेरी हालत समझी। उन्होंने मेरा साथ देना चाहा।

"जरूर।" मैंने कहा।

उन्होंने कुरसियाँ खींचीं और मेरे आसपास बैठ गए।

"जो कुछ भी हुआ, बहुत बुरा हुआ।" लिआ बोली।

ओशान ने सिर हिलाया। "तुम्हें पता है, एक स्थानीय अखबार में सबकुछ बताया गया है। आशा ने उसे पढ़कर हमारे लिए ट्रांसलेट किया। उसे पढ़कर लगा कि हम और अश्वटी भवन वाकई बुरे हैं।"

"हाँ, मैंने सुना। लेकिन पूजा के साथ जो कुछ भी हुआ, उसका कोई मुकाबला नहीं।" मैंने सिर हिलाया।

"मुझे बहुत बुरा लग रहा है। इसमें हमारा भी दोष है। मुझे नहीं पता था कि पूजा को पुलिस ले गई थी और उसे पूरी रात वहाँ रहना पड़ा।" ओशान उदास दिखाई दे रहा था।

"इसमें तुम्हारा दोष कैसे है ?" मैंने पूछा।

"हम सुजीत से मिले थे। उसी ने वह नशा हमें बेचा था। लेकिन हमें नहीं पता था कि वह साथ लेकर चल रहा है और इस मामले में पूजा को फँसाया जाएगा।" ओशान ने स्वीकार किया।

"क्या ? तुम्हें पता था कि उसके पास गाँजा है ?" मैं अपने आप को चीखने से न रोक सका।

"उस दिन म्यूजियम में हमने गाँजे का सेवन किया। हमने वह फिल्म शो नहीं देखा। उसने कहा कि उसके पास पहाड़ों से लाया गया बेहतरीन माल है।" ओशान कहते हुए मुझसे आँख नहीं मिला पा रहा था।

वे सबकुछ जानते थे। मैं दंग रह गया।

"जब पुलिस आई तो तुमने कुछ कहा क्यों नहीं? तुम्हें पूजा के लिए उन्हें बताना चाहिए था।" मेरी आवाज में कठोरता आ गई।

"हमें नहीं पता था कि वे उसे पकड़कर ले गए हैं। उन्होंने हमारा दरवाजा खटखटाया और हमारे कमरे की तलाशी ली। उन्होंने हमें कहा कि हम अपने कमरे से बाहर नहीं आ सकते। मुझे लगा कि उन्होंने हमें कुछ देर के लिए कमरे में बंद कर दिया है। मुझे लगता है, वे नहीं चाहते थे कि हम सुजीत को खबर करें। फिर भी, मुझे लगता है कि वे सुजीत के लिए ही आए होंगे। मैं और लिआ डर गए थे।" ओशान ने बताया।

मुझे यह खबर हजम करने में थोड़ा समय लगा।

"हाँ, मुझे लगता है कि तुमने कुछ नहीं किया। लेकिन सबसे हैरानी की बात यह है कि असली गुनहगार सुजीत है, जो निर्दोष होकर घूम रहा है।" मैंने कहा।

"क्या हम कुछ कर सकते हैं? किसी भी तरह से?" ओशान ने पूछा।

"जैसे?"

"मुझे नहीं पता—उसे खोजने के लिए? वह कहाँ रहता है? मैं कुछ सोचता हूँ।" ओशान ने कहा।

लिआ ने अपना फोन निकाल लिया।

"ठहरो, मैं उसे सोशल मीडिया पर देखती हूँ।" लिआ ने कहा और उसे ढूँढ़ने लगी। उसने उसे इंस्टाग्राम पर ढूँढ़ निकाला।

"देखो, वह मिल गया। ऐसा लगता है, जैसे वह त्रिवेंद्रम और कोच्चि आता-जाता रहता है।"

"क्या? दिखाओ मुझे।" ओशान ने कहा।

"हो सकता है कि वह कोच्चि में हो।" ओशान ने कहा।

"हाँ, हो सकता है।" लिआ ने कहा।

हमने उसकी सारी पोस्टें देखीं। सुजीत के अधिकतर फोटो में कोच्चि की लोकेशन दिखाई दे रही थी। एक फोटो में टाइटल था—इससे कोई फर्क नहीं पड़ता कि आपके पास क्या है, आप क्या हो, आप कहाँ हो या आप क्या कर रहे हो,

जिससे आपको खुशी मिले। महत्त्वपूर्ण है कि आप इसके बारे में क्या सोचते हो? वह अपना एक हाथ जींस की जेब में डालकर एक कार के साथ खड़ा था। उसने इस तरह के हैशटैग प्रयोग किए थे—धूम्रपान, भाँग, चरस, वाप्रेसो, वेपकम्युनिटी, भाँग कम्युनिटी, बोंग, गाँजा और इंस्टावीड।

"क्या बकवास है? मैं उसे जेल की सलाखों के पीछे देखना चाहता हूँ।" मैंने गुस्से में दाँत पीसते हुए कहा।

"देखो, अब जब हमने उसे ढूँढ़ निकाला है तो जरूरी नहीं कि वह पुलिस के सामने कबूल कर लेगा और पूजा को बेदाग कर देगा। वह भाग चुका है और उसके इंस्टाग्राम प्रोफाइल को देखकर लगता है कि वह इस तरह का सामान लगातार बेचता आ रहा है।" लिआ ने कहा। उसने मेरे ही मन की बात कही थी।

"वह किसी को भी नुकसान पहुँचा सकता है।" ओशान ने कहा।

मेरे अंदर गुस्से की आग धधक रही थी, जो अचानक ज्वालामुखी बन गई। मैं और शांत नहीं बैठ सकता था।

और यह सच था। मैं उसकी सारी हड्डियाँ तोड़ देना चाहता था। मैं उसके चेहरे पर तब तक घूँसे मारना चाहता था, जब तक उसकी नाक से खून न बहने लगे। मैं क्रिकेट बैट से उसका सिर फोड़ देना चाहता था।

मेरे अंदर गुस्सा उबल रहा था। ऐसी हिंसक चीजें दिमाग में आते ही मेरे दिमाग की नसें फटने लगीं।

"मैं एक कीड़े जैसा महसूस कर रहा हूँ। क्या हम पुलिस स्टेशन जाकर अपना बयान दे दें?" ओशान बोला।

"इससे बात नहीं बनेगी, ओशान! मैं वहीं गया था। मैं उन्हें बार-बार समझा रहा था कि पूजा बेकसूर है। पर उन्होंने मेरी कोई बात नहीं सुनी। इंडिया में बहुत अलग तरीके से काम होता है। मुझे नहीं लगता कि वे लोग तुम्हें समय देंगे और तुम्हारी बात सुनेंगे। और अगर वे ऐसा करते भी हैं तो नुकसान तो हो ही चुका है। खबर छप चुकी है और पूजा भी छोड़कर जा चुकी है।"

लिआ ने माना कि मैंने जो कहा, वह सही है। "ठीक।" वह बोली।

"मुझे माफ कर दो, दोस्त, मुझे बहुत बुरा लग रहा है।" ओशान ने कहा।

"मुझे भी।" मैंने मान लिया।

मैं जब लंच के बाद पेंटिंग पूरी करने वापस क्लास में आया तो पूजा की बहुत याद आ रही थी।

उस दिन शाम को मेरा दिल एक बड़े क्रिसमस पेड़ की तरह जगमगा उठा, जब मैंने देखा कि पूजा ने मेरे इ-मेल का जवाब दिया है।

डियर डियर डियर आरुष,

तुमने सही कहा। यकीनन यह मेरा पहला 'अनऑफिशियल' मेल है, जो मैं लिख रही हूँ।

और हाँ, तुमने मुझे यकीन दिला दिया। मेल में एक गहराई होती है, जो मैसेज में नहीं होती। तुमने बिल्कुल सही लिखा और मैं तुम्हारी मेल का मुकाबला नहीं कर सकती।

लेकिन मैं कोशिश करूँगी।

तुमने इसे बखूबी बयाँ किया—मुझे भी ऐसा ही लगता है।

और अब मुझे नहीं पता कि मुझे क्या कहना है!

सिवाय इसके कि मैं तुम्हें याद करती हूँ, बहुत ज्यादा।

तभी—मैंने तुम्हें जवाब दिया!

मैं जानती हूँ कि यह सुनने में अजीब लगता है, लेकिन यह मेरा पहला मेल है।

क्या हम वीडियो कॉल कर सकते हैं? प्लीज। यह मुझे आसान लगता है!

पूजा

उसके जवाब से मेरे चेहरे पर एक मुसकान आ गई। कितनी ईमानदार और सच्ची!

मैंने जैसे ही उसकी मेल पढ़ी, अपना फोन उठाया और उसे वीडियो कॉल लगाई। उसने फटाफट उसका जवाब दिया। वह अपने बेडरूम में थी और लंबे टॉप के साथ शॉर्ट्र्स में अपने पलंग पर तकिए की टेक लगाकर बैठी हुई थी। उसने कोई मेकअप नहीं किया हुआ था और उसके खुले बाल उसके चेहरे पर बिखर रहे थे, जिससे वह एक नन्ही सी लड़की लग रही थी—मासूम, प्यारी और खूबसूरत।

"हे!" वह कैमरे में देखकर मुसकराई।

"हे, तुम!" मैंने भी मुसकान दी।

फिर हमने कुछ नहीं कहा और एक-दूसरे की ओर देखते रहे।

"कुछ कहो। ऐसे तो नहीं चलेगा। हम कुछ नहीं बोल रहे और सिर्फ एक-दूसरे की तरफ देखे जा रहे हैं।" वह हँसी।

"मैं नहीं जानता कि क्या कहूँ! मैं कहने से ज्यादा बेहतर लिख सकता हूँ।"

"तुम सही हो। तुम अच्छा लिखते हो।" उसने सिर हिलाते हुए कहा।

"थैंक्यू।" मैंने मुसकान देते हुए सिर झुकाया, "क्या मैं तुम्हें आज के स्केच दिखाऊँ?"

"जरूर! दिखाओ। अभी।" उसने कहा।

मुझे राहत मिली कि मुझे कुछ करना है। मेरे लिए उसे वीडियो कॉल करने की बजाय मैसेज करना या मेल भेजना ज्यादा आसान था।

मैंने अपने फोन का कैमरा ऑन किया और उसे अपने रोजाना के स्केच दिखाए। आज मैंने उन महिलाओं के स्केच बनाए, जो हमें खाना परोसा करती हैं। मैंने बारीकी से बरतनों के भी स्केच बनाए थे।

"ऊउउउह, कितने अच्छे!" उसने किलकारी मारते हुए कहा, "बहुत प्यारे! आरुष, तुम कितना अच्छा काम करते हो!"

मुझे उसकी प्रतिक्रिया अच्छी लगी, आनंद से भरी।

"तुम कितनी अच्छी हो!" मैंने उससे कहा, "तुम्हें पता है, मुझे वीडियो कॉल करना पसंद नहीं। मैं सिर्फ अपने परिवार को वीडियो कॉल करता हूँ। लेकिन तुम्हारे साथ बात कुछ अलग है।"

"अच्छा, होना भी चाहिए। बेहतर होगा कि तुम मेरे साथ वीडियो कॉल करना पसंद करने लगो।" उसने धीमी आवाज में मुझसे कहा। मैं हँसने लगा।

पूजा में कुछ ऐसा था, जो मुझे शांत कर देता था।

उसने मुझसे पूछा कि क्या मैं उसका कमरा देखना चाहूँगा? बिल्कुल।

उसका कमरा बहुत शानदार और वैभवपूर्ण था, जैसा कि मैंने हाई एंड लाइफस्टाइल मैगजीनों में देखा है। वह किसी होटल के कमरे जैसा दिख रहा था। पूरे कमरे में कारपेट, कमरे में सारा सामान अच्छे और आलीशान तरीके से सजाया गया था। उस समय तो मेरी आँखों को विश्वास ही नहीं हुआ, जब उसने छत से फर्श तक के एक परदे को हटाया तो सामने विशाल समुद्र दिख रहा था। वह चलती हुई अपनी बालकनी में गई और मुझे एक छोर से दूसरे छोर तक समुद्र का विस्तार दिखाया। रात के अँधेरे में पानी काला दिखाई देता है। पानी पर टिमटिमाते कुछ जहाज हीरों की तरह दिखाई दे रहे थे। चंद्रमा चाँदी की तरह सफेद दिखाई दे रहा था। उस पर पड़ती पानी की लहरें बार-बार ऊपर-नीचे हो रही थीं। समुद्र की मंद आवाज मन को मुग्ध कर रही थी।

"ओह, पूजा! यह वाकई आश्चर्यजनक है। बहुत शानदार!" मैंने कहा।

"तुम इसे दिन में देखो—चकाचौंध करनेवाला नीला। अभी रात के समय तुम ठीक से नहीं देख सकते।" वह बोली।

मैं उसके कमरे में नहीं जा सकता था और न ही समुद्र का रूप देख सकता था। मैंने अपने कमरे की तुलना उसके कमरे से की। नॉर्विच में ईंटों की दीवार से बना मेरा घर। मेरे कमरे के ठीक सामने दूसरे घर की दीवार आ जाती थी। डर्बी में भी मेरे कमरे को मॉम-डैड ने गेस्ट रूम में बदल दिया था और वह भी इस कमरे की भव्यता के आगे कुछ नहीं था।

"तुम्हें पता है कि तुम कितनी भाग्यशाली हो कि तुम्हारे पास यह सब है?" मैंने पूछा।

"देखो, तुम्हारा ऐसा पूछना मजाकिया लगता है। मैंने ऐसा पहले कभी नहीं सोचा। लेकिन अश्वटी भवन और जो कुछ हुआ, उसके बाद मुझे ऐसा ही लगता है। मुझे घर आकर बहुत सुकून मिला।" उसने कहा और वापस अपने कमरे में आ गई और कैमरा अपनी तरफ घुमा लिया। वह नरम गद्दों पर बैठ गई और अपने सिर के पीछे दिख रहे पलंग की टेक पर बड़े-बड़े कुशन लगा लिये। पूजा किसी नन्ही गुड़िया जैसी लग रही थी।

"तुम क्या सोच रहे हो? तुम चुप क्यों हो गए?" पूजा ने पूछा।

"देखो, यही कारण है कि मुझे मेल पसंद हैं। वे तुम्हें समय देते हैं और तुम्हारे ऊपर तुरंत जवाब देने का दबाव नहीं होता। लेकिन तुमने मुझे वीडियो कॉल करने के लिए मजबूर किया। मुझे बहुत शर्म आती है। समझ नहीं आता कि क्या कहूँ, सचमुच। तुमने कहा तो मैंने ऐसा किया। किस बारे में बात करनी है, यह तुम जानो।" मैंने उसे बताया।

पूजा ने अपना सिर तकिए पर टिकाया और हँसने लगी।

जब वह हँसती है तो इस दुनिया में सबकुछ अच्छा होता है।

□

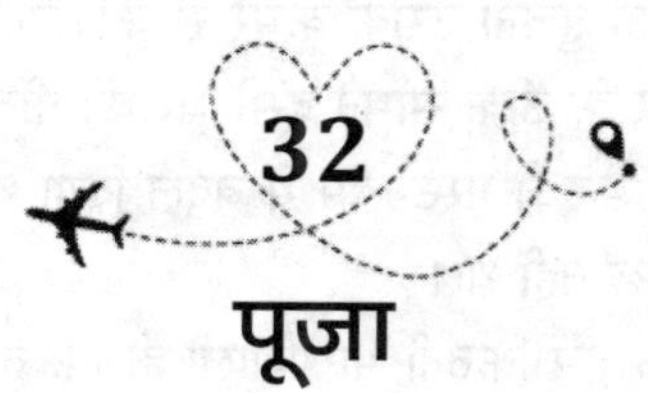

पूजा

अगले दिन जब हम सब लोग एक साथ थे, मुझे थर्ड डिग्री दिया गया। मॉम का ऑफ था और उस दिन को 'जरूरी' घोषित किया गया। परिवार के तीनों सदस्यों द्वारा मेरा कोर्ट मार्शल किया गया, जिससे बचने का कोई चारा नहीं था।

"पूजा, मुझे उम्मीद है कि तुम्हें अंदाजा होगा कि तुमने कितनी बड़ी परेशानी खड़ी की!" माँ ने कप में चाय डालते हुए कहा।

"देखो माँ, इसमें मेरी कोई गलती नहीं। उस बदमाश सुजीत के कारण हुआ। उसी ने मेरे बैग में वह सब रखा।"

"सुजीत? सुजीत नैयर? वह जो तुम्हारा क्लासमेट था?" दिव्या ने खुलासा किया। मुझे अचानक उसका नाम लेने का अफसोस हुआ।

मैंने सिर हिलाया।

"क्यों ऐसे दुष्ट लोगों से मिलती हो? वह स्कूल में भी बदमाशी करता था।" माँ चाय को चम्मच से हिलाते हुए बोलीं।

"माँ, मुझे नहीं पता था कि वह ऐसा कुछ कर सकता है।"

"वह दूसरा लड़का कौन था, जो पुलिस स्टेशन आया था और तुम्हारे पक्ष में बोल रहा था?" माँ ने पूछा।

जाहिर था कि मेरे पापा और माँ के बीच पहले ही बात हो चुकी है।

"आरुष, मेरा दोस्त। वह सबकुछ जानता है।"

"ठीक है। मुझे बताओ कि तुम दोनों के बीच क्या चल रहा है?"

"वह मेरा दोस्त है। इससे ज्यादा कुछ नहीं।" मैं इससे ज्यादा कुछ कहना नहीं चाहती थी।

"किस तरह का दोस्त? बॉयफ्रेंड?" माँ छोड़ने वाली नहीं थीं। उनकी नजर अपने चाय के कप पर थी।

"नहीं, सिर्फ दोस्त।" मैंने कहा।

हम ऐसे सवालों के साथ दिशा भटक रहे थे, पर मॉम चुप होने का नाम नहीं ले रही थीं, "देखो पूजा, अगर वह सिर्फ एक दोस्त है तो जब पुलिस आई तो तुम आधी रात को उसके कमरे में क्यों थीं?"

जिस तरीके से मेरी मॉम बात कर रही थीं, उसे देखकर लग रहा था, जैसे आरुष और मैं कोई बुरा काम कर रहे थे, कुछ असंगत। तीनों मुझे अपराधी की तरह देख रहे थे।

"क्यों? क्या ऐसा करना अपराध है? मैं उसे पसंद करती हूँ। मुझे उसका आर्ट पसंद है और मैंने उसके साथ कुछ समय बिताया, बस।" मैंने यह सब कहा। किंतु परिवार के आगे यह बात करना बिल्कुल अच्छा नहीं लग रहा था।

"वह बड़े अलग लहजे में बोलता है। वह कहाँ से आया है? क्या वह भारत में रहता है?" मेरी मॉम ने पूछा।

"वह यू.के. से आया है।"

"वह क्या करता है? उसका परिवार क्या करता है?"

"मुझे नहीं पता। वह एक आर्ट स्टूडेंट है और मुझे लगता है, वह बहुत शरीफ है। वह सिर्फ मेरे लिए पुलिस स्टेशन आया था। इसका क्या मतलब है?" मैंने आरुष का पक्ष लिया।

दिव्या मुँह दबाकर हँसने लगी। मैं उसे जान से मार देना चाहती थी। मेरी माँ ने अपना सिर हिलाया।

"मुझे नहीं पता, उस लड़के के साथ क्या चल रहा है; लेकिन उसके कमरे में रात बिताना ठीक नहीं था। हमने इसलिए तुम्हें वहाँ नहीं भेजा था।" मेरे पापा बोले।

मैंने कुछ नहीं कहा। मैंने अपनी थाली की तरफ ध्यान दिया।

"देखो पूजा। अपनी कैट (CAT) की प्रवेश परीक्षा पर ध्यान दो। कोचिंग क्लास में मेहनत करो और उसे पास करो। अपने भविष्य की तरफ ध्यान दो। जब तक तुम औपचारिक रूप से अपना प्रोग्राम समाप्त नहीं करतीं, मैं मिसेज ओमणा को तुम्हारे स्वयंसेवक सर्टिफिकेट के लिए नहीं कह सकती। यह बेकार का काम है।" मेरी माँ ने सिर हिलाते हुए कहा।

"मैं भी उस प्रोग्राम को पूरा करना चाहती थी, पर अक्का मुझे वापस ले आए। केवल दो सप्ताह ही बचे थे।"

"ओहो! तो यह गलती हुई?" मेरे पापा ने मुझे स्पष्ट किया।

"नहीं, मेरा ऐसा मतलब नहीं है।" मैंने कहा।

"ठीक है, तो तुम्हारा क्या मतलब है, पूजा? तुम ऐसी लड़की हो, जो सब तरह के लोगों के साथ घुल-मिल जाती हो और लपेटे में आ जाती हो, वह भी खतरनाक तरीके से। सभी चीजों को छोड़कर गाँजा। थू! मुझे तो उसका नाम लेते हुए भी शर्म आती है। तुमने इस परिवार की इज्जत पर धब्बा लगा दिया। मैंने इस मुकाम तक पहुँचने के लिए बहुत मेहनत की है। तुम्हारे पापा ने भी बहुत मेहनत की है। तुम न केवल अपनी पढ़ाई में सुस्त हो, बल्कि मुसीबतें पैदा करती रहती हो। हम तुम्हें माफ कर सकते हैं, पूजा; लेकिन सिर्फ एक बार। लेकिन ग्यारहवीं क्लास के बाद तुम क्या हो गई हो? तुम्हें क्या हुआ है? तुम कभी सीरियस क्यों नहीं होतीं?" मेरी माँ फटकारती जा रही थीं।

मैं सोच नहीं पा रही थी कि क्या यह सब किसी कल्पित मूवी जैसा है! उनका स्वभाव किसी आग उगलते ड्रैगन जैसा हो रहा था।

उनका नफरत भरा रूप। मुझे यह बिल्कुल पसंद नहीं था। उस समय मेरे पास सिर्फ एक ही उपाय था—माफी माँगना।

"देखो मॉम, मेरा यह मतलब नहीं था। मुझे माफ कर दो।" मेरी आवाज में पछतावा था। मुझे पिछले कई वर्षों से अनुभव था कि किस तरह टेंशन को समाप्त किया जा सकता है।

"तुम हमेशा सॉरी कहती हो, लेकिन तुम अपने आप को कभी नहीं बदलतीं। तुम कब बड़ी होगी?" वे हताश होकर बोलीं।

मेरी भूख गायब हो चुकी थी। लेकिन मैंने जबरदस्ती अप्पम का आखिरी कौर निगला। अगर मैं खाना बचा देती तो मॉम नाराज होतीं।

"संयोगवश, मैंने पुलिस में तुम्हारे गिरफ्तार होने का रिकॉर्ड गायब करवा दिया है। कोई एफ.आई.आर. दर्ज नहीं की गई। किसी तरह के लॉक-अप का रिकॉर्ड नहीं। इसके लिए हमें लाखों रुपए खर्च करने पड़े, लेकिन काम हो गया।" मेरे पापा ने बताया।

मेरी माँ ने घृणापूर्वक सिर हिलाया।

मुझे दुःख हो रहा था कि मेरे कारण मेरे माँ-पापा की यह हालत हो रही है। मुझे कैसे पता होता कि मुझे अपने बैग के कारण सावधान रहना है? मैं मन-ही-मन सुजीत को गालियाँ दे रही थी।

दिव्या ने भी मेरा मजाक उड़ाने में कोई कसर नहीं छोड़ी। "लाखों रुपए! हो सकता है कि इसके एम.बी.ए. पूरा करने के बाद इसकी नौकरी से हम वह वसूल कर सकें। अगर यह अपनी कैट (CAT) की परीक्षा पास कर ले।" उसने चुटकी ली।

लेकिन मेरे माँ व पापा हँसे नहीं। वे निराश होकर मेरी ओर देख रहे थे। मैं वहाँ से चली जाना चाहती थी, इसलिए मैंने चुपचाप अपना बाकी का खाना पूरा किया।

जब मैं अपने कमरे में आ गई, मैंने दरवाजा बंद किया और चिटकनी लगा दी। फिर मैंने अपना फोन उठाया और आरुष को वीडियो कॉल लगाई। सिर्फ वही था, जो मुझे समझ सकता था।

□

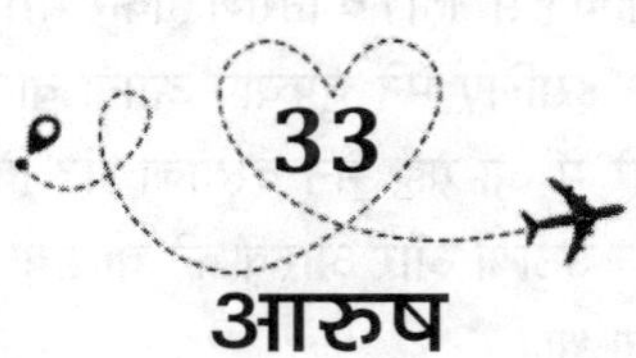

33
आरुष

पूजा ने परेशान होकर अपने परिवार के साथ हुई बातचीत मुझे बताई। उसने बताया कि किस तरह उसके माँ-पापा उसे लेकर परेशान रहते हैं—हमेशा अच्छे ग्रेड के लिए। वे हमेशा दिव्या से मेरी तुलना करते हैं और उसे नीचा दिखाते हैं।

"तुम जानते हो, मुझे यह सब कितना परेशान करता है कि मैं कभी उसके जैसी नहीं बन सकती! मैं वाकई बेवकूफ हूँ।" उसने कहा।

"नहीं पूजा। बहुत से बच्चे ऐसा करते हैं। मेरी क्लास में भी कुछ बच्चे ऐसे हैं, जो ऐसे ही ग्रेड लाते हैं। यू.के. में हमारे साथ स्कूल में काउंसलर होते हैं। आमतौर पर जो बच्चे ऐसा व्यवहार करते हैं, उन्हें काउंसलर के पास भेजा जाता है और समस्या का समाधान किया जाता है। मुझे लगता है कि इंडियन सिस्टम बहुत कठोर है। मैंने देखा है कि यहाँ बच्चों पर जरूरत से ज्यादा पढ़ाई का बोझ है, जो उन्हें परेशान करता रहता है। इस तरह परेशान मत होओ।"

मैंने जो कहा, उसने ध्यान से सुना। मुझे लगता है, अब वह शांत है।

"हम अब कब मिल सकते हैं?" उसने पूछा।

"मैं अभी दो सप्ताह तक हूँ। फिर मुझे कोच्चि के पास एक जगह जाना है।" मैंने उसे बताया।

"सच? कहाँ? तुमने मुझे बताया क्यों नहीं कि तुम अश्वटी भवन के बाद क्या करना चाहते हो?" अब वह बहुत उत्सुक थी।

"मट्टनचेरी। मुझे लगता है, हम दूसरी तरह की बातें करने में इतने व्यस्त थे कि इस बारे में बात ही नहीं कर सके। भारत से जाने से पहले यह मेरे प्रोग्राम का हिस्सा था। मैंने इसके बारे में ज्यादा नहीं सोचा।" मैंने उसे बताया।

लेकिन सच तो यह है कि मैं इसके बारे में सोच रहा था। मैंने तो कोच्चि और मट्टनचेरी की दूरी भी देख ली थी, जहाँ मैं अगले चार सप्ताह तक केरल के ज्यू टाउन के आर्ट स्कूल में म्यूरल पेंटिंग का अध्ययन करूँगा।

"तुम्हें पता है, इसका क्या मतलब है?" उसने पूछा और खुशी के मारे पूरे कमरे में नाचने लगी।

"क्या?" मैंने पूछा।

"इसका मतलब है कि हम रोजाना मिल सकते हैं! हुर्रे!"

"मुझे नहीं लगता कि हम रोज मिल सकेंगे। मुझे ज्यादा समय तक काम करना होगा। और हाँ, क्या तुम्हारा कॉलेज अभी नहीं खुल रहा?" मैंने उससे पूछा।

"हाँ, खुल रहा है। लेकिन मैं कुछ और करना चाहती हूँ। तुम्हें पता है, हमारे घर के पास से मट्टनचेरी तक फेरी चलती है। ओह, कितना अच्छा है, आरुष! मैं तुमसे मिलने को बेताब हूँ! तुम्हें सबकुछ दिखाना चाहती हूँ।"

"मैं भी।" मैंने जवाब दिया।

अगले दो सप्ताह यूँ ही बीत गए। दीवार पर ट्रेन की पेंटिंग का बहुत सारा काम था। वह बहुत बारीकी का काम था। सही रंगों का चयन करना था। थोड़ी सी असमानता पेंटिंग को खराब कर सकती थी। लगातार ऊपर देखते रहने से मेरी गरदन में अकड़न-सी आ गई। मुझे समानता निर्धारित करने के लिए बार-बार क्लास के आगे जाकर फोटो क्लिक करने होते थे। बच्चे भी तारीफ करते। मैं माइकल एंजेलो की पेंटिंग 'सिस्टाइन चैपल' के बारे में सोचकर हैरान होता। अगर उनके पास भी साठ बच्चों का दल होता तो क्या वे उन तारीफों और बातों के बीच वैसा काम कर पाते? लेकिन अच्छी बात तो यह थी कि मैं दीवार की पेंटिंग पूरा करने में मगन था और मुझे काम करने में आनंद आ रहा था और इस दौरान पूजा को भी मिस कर रहा था। मैं सबकुछ भूल चुका था, लेकिन पेंटिंग नहीं। उसे धीरे-धीरे पूरी होते देख मुझे अच्छा लग रहा था। मैं जब भी काम करता, समय का पता ही नहीं चलता—और कई बार तो मैं खाना तक भूल जाता, क्योंकि मैं काम के प्रवाह में होता था।

मैं जब भी ब्रेक लेता, पूजा को काम के बारे में बताता। मुझे उसकी प्रतिक्रिया पसंद आती। वह जबरदस्ती वीडियो कॉल करती। हम लगातार एक-दूसरे को वीडियो कॉल और इ-मेल के बारे में चिढ़ाते रहते। मुझे दो बार उसके इ-मेल के जवाब मिले। वह मेरी बताई हर किताब पढ़ती और हम उसके बारे में विस्तार से बात करते।

और मेरी पेंटिंग पूरी हो गई, जिसे मेरे हिसाब से पूरा होने में एक दिन ज्यादा लगा। मैंने उसकी कई तसवीरें क्लिक कीं। मेरे प्रोफेसर मेरे काम से बहुत खुश थे। उन्होंने कॉलेज में होनेवाली आगामी प्रदर्शनी के लिए मुझे इसके हाई रेजॉल्यूशन फोटो मेल करने को कहा। जेना को एक प्रोफेसर से इसके बारे में पता चला। मुझे न सिर्फ प्रोफेसरों, बल्कि जेना से भी प्रशंसा सुनकर अच्छा लगा। उसने फोन करके मुझे बधाई दी।

"विंसेंट कैसा है?" मैंने पूछा।

जवाब में उसने मुझे विंसेंट के पाँच फोटो भेजे, जिनमें वह खुश और संतुष्ट लग रहा था।

"क्या तुम जानते हो? वह तुम्हें भूल चुका है। अब वह हमारा है। तुम भारत में कोई दूसरा गोद ले सकते हो।" उसने कहा।

मैं मुसकराया। "मेरे पास यहाँ जीलन है, लेकिन उसे ढूँढ़ नहीं सकता।" मैंने जवाब दिया।

मिसेज ओमणा, आशा, रुक्मिणी मैडम और बच्चे—सभी मेरे काम को लेकर उत्साहित हैं। दुःख भरी बात यह है कि मुझे यहाँ से जाना होगा। लिआ और ओशान भी जा रहे हैं और हमने एक-दूसरे के मेल आई.डी. ले लिये हैं।

हमारे विदाई समारोह के लिए उन्होंने एक डांस शो का आयोजन किया है, जिसमें बच्चे बॉलीवुड के गानों पर डांस करेंगे। यह वाकई शानदार होगा!

"पूजा को यहाँ होना चाहिए था।" मैंने ओशान से कहा।

"हाँ। जो भी हुआ, ठीक नहीं हुआ।" उसने कहा।

मैंने सबकुछ पूजा को बताया और उसे बहुत सारे फोटो व वीडियो क्लिप भेजे।

"देखकर अच्छा लगा।" उसने कहा। उसकी मुसकान फीकी थी। लेकिन अगले ही पल वह मुसकरा दी। "तो तुम कल आ गए हो। अरब सागर की रानी कोच्चि में तुम्हारा स्वागत है।" उसने कहा।

हम दोनों फोन पर एक-दूसरे की आँखों में देखकर मुसकराए।

□

दिल

"तुम जहाँ भी जाओ, पूरे दिल से जाओ।"

—**कन्फ्यूशियस**

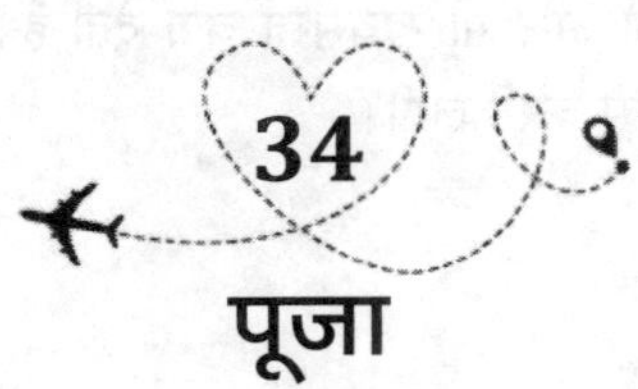

पूजा

बहुत जल्द आरुष मेरे पास होगा, ऐसा सोचकर मैं बेचैन, उत्साहित और अधीर हो उठी। मेरे माँ-पापा और दिव्या पास के शहर में अपने किसी दोस्त के बेटे की शादी में जा रहे हैं। मैंने अपनी माँ को बता दिया था कि मुझे कैट (CAT) की परीक्षा के लिए एक्स्ट्रा कोचिंग में जाना होगा, इसलिए मैं नहीं गई। मेरी माँ को खुशी थी कि मैं पढ़ाई पर ध्यान दे रही हूँ।

जब उनकी कार नजरों से ओझल हो गई, मैं किचन में गई।

"क्या तुम सोच सकती हो, यह सिर्फ फेरी की सवारी है? वह सिर्फ एक फेरी की सवारी जितना दूर है।" मैंने शांति चेची को उत्साहित होकर किचन में अपनी पसंदीदा जगह बैठते हुए कहा।

"क्या तुम उससे मिलने जा रही हो? तुम्हारे कॉलेज और कोचिंग का क्या होगा? तुम अपने माँ-पापा को क्या बोलोगी?" शांति चेची ने अनार काटते हुए पूछा।

"प्लीज, शांति चेची! तुम्हें मेरी मदद करनी होगी। प्लीज, उन्हें कह देना कि मेरी एक्स्ट्रा क्लास है।" मैंने कहा और बेडरूम की तरफ चल पड़ी। वह ताजे अनार का जूस लेकर मेरे पीछे आईं।

"यह पियो, तुम्हारे लिए अच्छा है। फिर देखते हैं।" वे बोलीं।

मुझे अनार का जूस पसंद नहीं था और शांति चेची यह बात अच्छी तरह जानती थीं। लेकिन मेरी माँ ने इसके स्वास्थ्य-लाभों का वर्णन करते हुए मेरे लिए बनाने का आदेश दे रखा था। मैं उसे एक बार में गटक गई।

"खुश?" मैंने पूछा।

"ओह! मुझे विश्वास नहीं हो रहा। तुम उस लड़के को बहुत चाहती हो।" उन्होंने कहा।

"हाँ, बिल्कुल।" मैंने कहा।

काफी समय बाद मैं बहुत खुश थी।

प्रेम इस संसार को और भी खूबसूरत बना देता है। मैं अपने कमरे में गई, म्यूजिक लगाया और डांस करने लगी।

□

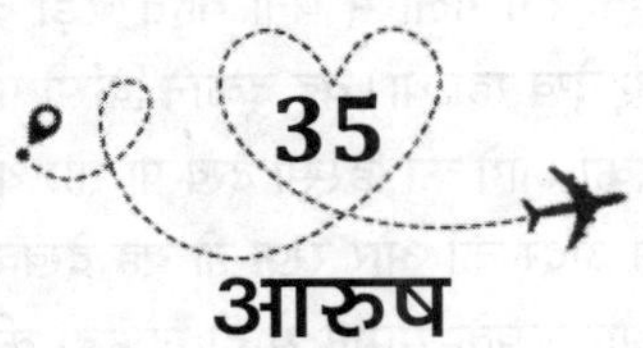

आरुष

कोच्चि हरे-भरे ग्रामीण इलाके वायनाड से बिल्कुल अलग है। मैंने खिड़की से बाहर झाँककर चमचमाती दुकानों पर नजर डाली तो कपड़ों के स्टोर देखकर हैरान था कि यहाँ सभी अंतरराष्ट्रीय ब्रांड उपलब्ध थे। कोच्चि आपाधापी वाला व्यस्त शहर है।

जब कैब ड्राइवर ने मुझे ज्यू टाउन के डच पैलेस के पास बोट जेटी के सामने उतारा तो मैं हैरान था कि यह बाकी कोच्चि से कितना अलग है। पत्थर से बनी पुराने जमाने की सड़कें, जहाँ कोई वाहन नहीं चलता। हिब्रू में थोड़े से साइनबोर्ड—ऐसा लग रहा था, जैसे मैं इजराइल की किसी छोटी गली में आ गया हूँ। बोट जेटी की तरफ जानेवाला रास्ता व्यापारियों से भरा था, जो हाथ से बने उत्पाद बेच रहे थे। कुछ विदेशी पर्यटक उन चीजों में दिलचस्पी ले रहे थे, जबकि विक्रेताओं को उनमें कोई दिलचस्पी नहीं थी और वे अखबार पढ़ने या आपस में बातें करने में व्यस्त थे। घने पेड़ों से भरा वह रास्ता वाकई शानदार था और मैंने वहाँ बहुत सारे फोटो क्लिक किए। मैं जानता था कि आज मेरी स्केच बुक बहुत खुश होने वाली है।

मेन रोड पर दोनों तरफ दुकानें हैं। उन दुकानों में कलात्मक सामान, जूट बैग, पटसन से बनी चीजें, सुंदर लैंप, ज्वैलरी, नारियल फाइबर मैट, चाँदी की वस्तुएँ, यहूदियों की परंपरागत वस्तुएँ, दीप-स्तंभ, शब्बात कैंडल स्टैंड और बहुत कुछ बिक रहा था। बस, उनकी कीमतें बहुत डरावनी थीं। मैंने एक ही स्थान पर इतनी खूबसूरती कभी नहीं देखी। यू.के. में पर्यटकों को बेची जानेवाली चीजें बहुत खूबसूरत थीं। उनका कोई मुकाबला नहीं था। पर यह सबकुछ खास ही था।

मुझे खुशी थी कि मैं एक ऐसी जगह रहने जा रहा हूँ, जो ऐतिहासिक रूप से समृद्ध और सांस्कृतिक रूप से अद्वितीय है। कोचीन के यहूदी भारत में सबसे पुराने यहूदी माने जाते हैं; लेकिन अधिकतर यहाँ से इजराइल जा चुके हैं।

मेरे फोन के मैप ने मुझे एक यहूदी उपासनागृह के सामने आर्ट स्कूल की तरफ इशारा किया। मैं एक तंग गली में बनी बहुत बड़ी आर्ट व कलाकृतियों की दुकान को टकटकी लगाए देख रहा था। वह दुकान किसी गलियारे की तरह थी और इस तरफ से मैं सिर्फ उसका आगे का हिस्सा देख पा रहा था। आर्ट स्कूल कहाँ है ?

मैंने अपना सूटकेस अंदर की ओर रखा तो यह देखकर हैरानी हुई कि दुकान के अंदर एक कैफे था और उसके सामने से ही लकड़ी की सीढ़ियों से ऊपर जाने का रास्ता दिखाई दे रहा था। कैफे के कैश काउंटर पर एक युवती बैठी थी। मैंने उसके पास जाकर आर्ट स्कूल के बारे में पूछा।

"क्या तुम यू.के. से हो ? आरुष ?" उसने पूछा।

"हाँ, मैं ही हूँ।" मैं मुसकरा दिया। लेकिन बदले में वह नहीं मुसकराई।

"ठहरो।" उसने कहा और फोन करने लगी।

"कुछ ही मिनटों में एक क्लीनशेव्ड, लंबे बालों का जूड़ा बनाए, हट्टा-कट्टा आदमी लकड़ी की सीढ़ियों से नीचे उतरा। उन सीढ़ियों पर चलने से धप्प-धप्प की आवाज आ रही थी, क्योंकि वह एक बार में दो सीढ़ियों से उतर रहा था। उसने भूरे रंग की लिनन की ढीली पैंट और सफेद कुरता पहना था, जिस पर सारी जगह 'ओम्' का निशान बना हुआ था।

"आरुष ? मैं शशि, शशि कोनिंग। वेलकम।" उसने कहा। वह शानदार अंग्रेजी बोलता था, बिना किसी रुकावट के।

"हाय, शशि।"

"आओ, मैं तुम्हें तुम्हारा कमरा दिखाता हूँ।" उसने कहा। वह मेरा सूटकेस उठाना चाहता था, लेकिन मैंने उसे मना कर दिया। भारतीय लोग क्यों दूसरों का सामान उठाना चाहते हैं ?

"तुम हमारे मेहमान हो और हम नहीं चाहते कि तुम सामान उठाओ। अगर तुम स्वयं इसे उठाते हो तो ऐसा लगता है कि तुम हमारी मेहमाननवाजी का अनादर कर रहे हो।" उसने कहा और मेरा सूटकेस पकड़ लिया।

"ओह ! माफ कीजिए, मेरा यह मतलब नहीं था।" मैंने माफी माँगी तो शशि हँसने लगा।

"मैं तो सिर्फ मजाक कर रहा था। मैं भी यहाँ का रहनेवाला नहीं हूँ।" उसने चुटकी ली। शशि मेरा सूटकेस सीढ़ियाँ चढ़ाकर साथ ले गया तो मुझे राहत की साँस आई।

"तुम कहाँ से हो?" मैंने ऊपर पहुँचकर पूछा।

"नीदरलैंड्स। मेरे माता-पिता ने मुझे केरल से गोद लिया था और अपनी जड़ों के बीच रहना मेरे लिए एक तीर्थ के समान है।"

"ओह, अच्छा है। क्या तुमने अपने माता-पिता को ढूँढ़ने की कोशिश की?"

"हाँ, लेकिन वे दोनों अब इस दुनिया में नहीं हैं। और मैं, अभी तक यहाँ हूँ। कितना मजबूत रिश्ता है!" उसने कहा।

मैं समझ सकता था कि शशि ने क्या कहा। मैं अपने जीवन में कभी भारत नहीं आया। ऐसा पहली बार है कि मैं यहाँ हूँ। लेकिन यहाँ एक अजीब-सा खिंचाव महसूस कर रहा हूँ। ऐसा लगता है, मैं यहीं से संबंध रखता हूँ। क्या अपनी जड़ों से जुड़ना इसी को कहते हैं? मुझे हैरानी होती है।

सीढ़ियाँ एक लंबे हॉल में जाकर समाप्त हुईं। पूरी दीवार पर दूर तक केसरिया और पीले रंग से केरल स्टाइल की एक शानदार आर्ट बनी हुई थी, जो मैंने पहले कभी नहीं देखी। यह किसी देवी का चित्र था, जिसके साथ दानव, हाथी, एक मगरमच्छ, पेड़ और बहुत सारी चीजें दिखाई गई थीं। मैं टकटकी लगाकर उसे देखने के लिए रुक गया।

"लाजवाब?" शशि ने पूछा और मैंने सिर हिलाया।

लाल ऑक्साइड फर्श और नीची छत होने से वह स्थान बहुत शांत लग रहा था। वहाँ कोई खिड़की नहीं थी, फिर भी पूरी तरह हवादार था। गली की तरफ लगी लकड़ी पर तराशे गए कठघरों से भरपूर प्राकृतिक रोशनी आ रही थी।

"यह हमारा क्लासरूम है। यह वह स्थान है, जहाँ हमें पेंट करना है।" शशि ने कमरे के कोने में एक बहुत छोटी मेज की ओर इशारा करते हुए बताया। कुरसियों की जगह फर्श पर कुशन लगाए गए थे।

"वाउ! यह जगह कितनी शांत है!"

"यकीनन। यहाँ की ऊर्जा बहुत अच्छी और शांत है। मुकुंदन एक अच्छे शिक्षक भी हैं। आप उनसे बहुत कुछ सीखेंगे।" शशि बोला।

"क्या उनके पास बहुत सारे बच्चे हैं?"

"बहुत सारे कॉलेज होते हुए भी वे कुछ ही फाइन आर्ट्स कॉलेजों में पढ़ाते हैं। वह बहुत व्यस्त रहते हैं, स्थानीय राजनीति में भी उठते-बैठते हैं। यहाँ सिर्फ आप और मैं हैं। वे सिर्फ मूल बातें बताते हैं, उसके बाद सबकुछ हमारे ऊपर है। सबकुछ हम पर निर्भर करता है कि हम कितना सीखना चाहते हैं। वे पूरे दिन में बहुत थोड़े समय के लिए यहाँ होते हैं। लेकिन जब वे वापस आएँ, आप उनसे किसी भी समय बात कर सकते हैं। वह हमेशा यहाँ उपस्थित रहते हैं। वह उनका कमरा है।" शशि ने दीवार के अंत में एक दरवाजे की ओर इशारा करते हुए बताया।

"और यह तुम्हारा कमरा है। अगला कमरा मेरा है।" उसने कहा, "नीचे की दुकानें और कैफे मुकुंदन के ही हैं। आप वहाँ जाकर खाना खा सकते हैं। और अगर आपका मन कुछ और खाने को करे तो ज्यू टाउन में बहुत सारे कैफे हैं।"

"थैंक्यू।" मैंने जवाब में कहा। मैं उत्सुक था कि शशि यहाँ कैसे रह रहा था।

"तो तुम यहाँ कब से हो?" मैंने पूछा और उसने कमरे की चाबी मेरे हाथ पर रख दी।

"करीब तीन महीने हो गए हैं। मुझे मेरे वहाँ के आर्ट स्कूल ने यहाँ नियुक्त किया था। मैं एक साल तक इस स्कूल में रहना चाहता हूँ।" उसने बताया।

इससे मुझे ध्यान आया कि मेरे पास पूजा के साथ सिर्फ चार सप्ताह हैं। मैं अपने कमरे में दाखिल हुआ तो मन में अहसास बना हुआ था कि समय तेजी से बीत रहा है।

मेरा कमरा साधारण ही था। कम ऊँचाई के पलंग पर एक मोटा सा गद्दा। हॉल की तरह इसका फर्श भी लाल ऑक्साइड का था। एक बड़ी सी खिड़की थी। कमरे के एक कोने में लकड़ी की एक पुरानी मेज रखी थी और उसके साथ कलात्मक अलमारी। कमरे में अटैच्ड बाथरूम था, जो मेरे वायनाड के कमरे से बहुत अलग था।

मैंने अपना सूटकेस ध्यान से खोला और मेज की दराज में सारा सामान रखा। फिर मैंने फोन उठाया और पूजा को कॉल लगाई।

□

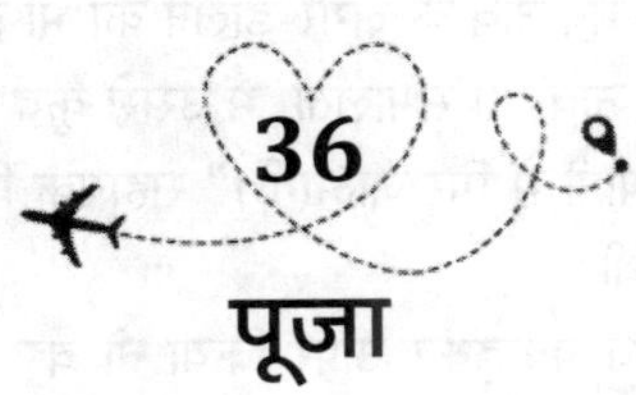

पूजा

हालाँकि, मैं उसके फोन का इंतजार कर रही थी, उसकी आवाज सुनते ही मेरा दिल खुशी के मारे उछलने लगा। मैं उससे मिलने के लिए ज्यादा इंतजार नहीं कर सकती थी। मैंने जींस और टी-शर्ट पहनी। क्या यही प्यार है? अगर ऐसा है तो यह कितना मीठा है!

मैंने हलके रंग का आई लाइनर एवं लिपस्टिक लगाई और चलने को तैयार हो गई। शांति चेची मुझे बहुत ध्यान से देख रही थीं और छेड़ रही थीं।

"ऊह, कोई अपने लवर (प्रेमी) से मिलने को तैयार हो रहा है!" उन्होंने कहा।

"ईक्स!" मैंने कहा, "ऐसे मत कहो।"

"ओ.के., जाओ। मैं दो लोगों के बीच में आनेवाली कौन होती हूँ, जो एक-दूसरे को 'लव' करते हैं!" शांति चेची लगातार मुझे छेड़ती जा रही थीं।

"थैंक्यू!" मैंने निकलते समय कहा। मैं खुश थी कि एर्नाकुलम जेटी मेरे घर के इतने पास थी कि मैं पैदल जा सकती थी।

मैं इतनी जल्दी में थी कि चलने की बजाय दौड़ रही थी। जेटी पहुँचकर मैंने मट्टनचेरी जाने का टिकट लिया। नाव पर चढ़ने के बाद मैं चाहती थी कि वह जल्द-से-जल्द चल पड़े। मैंने आरुष को मैसेज किया कि वह मट्टनचेरी बोट जेटी पर मुझे मिले।

नाव में ऑफिस आने-जानेवाले लोग, मछली बेचनेवाले और कई तरह के लोग थे, जो रोजाना एर्नाकुलम आते-जाते रहते थे। समुद्री चिड़िया मछली पकड़ने के लिए मेरे ऊपर उड़ रही थी। मैं अपनी गरदन सीधी मट्टनचेरी बोट जेटी की

ओर करके आगे की तरफ खड़ी थी। लेकिन पानी की लहरें बार-बार मुझे परेशान कर रही थीं। समुद्र में कई मील चलने के बाद जब किनारा दिखाई देने लगा तो मैं उत्तेजित हो गई, जैसे किसी नाविक को कई महीनों बाद जमीन दिखाई दी हो।

मैंने दूर से ही आरुष को देख लिया और मेरा दिल जोर-जोर से धड़कने लगा। हम जैसे ही पास पहुँचे, मैंने नाव के लंगर डालने का भी इंतजार नहीं किया। इससे पहले कि कोई सहायक नाव को सँभालता, मैं उससे कूद गई।

"अययय, तुम पानी में गिर जाओगी।" सहायक चिल्लाया। लेकिन मैं हँस पड़ी। मुझे परवाह नहीं थी।

आरुष ने मुझे हाथ पकड़कर ऊपर किया तो वह भी हँसने लगा और मेरे आसपास चक्कर काटने लगा।

"क्या मैं तुम्हें यहाँ चूम सकता हूँ?" उसने पूछा।

"मैं भी ऐसा ही चाहती हूँ। मुझे लगता है, हमने पहले ही सबके सामने अपने आप को खास बना लिया है।" मैंने नाव की तरफ इशारा करते हुए कहा। लोग टकटकी लगाकर हमें घूर रहे थे, जैसे वहाँ से बोझ कम हो गया हो।

"ठीक है, चलो, मैं तुम्हें ज्यू टाउन दिखाता हूँ।" आरुष बोला और उसने मेरा हाथ पकड़ लिया।

"हे! यह मेरा शहर है और मैं तुम्हें घुमाऊँगी। तुम कब से लोकल गाइड बन गए?" मैंने कहा।

"ज्यू टाउन मेरा है। तुम कोच्चि, एर्नाकुलम या वेलिंगटन आइलैंड ले सकती हो।" आरुष गर्व से बोला। मैं हैरान थी कि वह ऐसे बात कर रहा था, जैसे यहीं का निवासी हो।

"मैं देख सकती हूँ कि किसी ने अपना होमवर्क करके रखा है।"

"मैं भी ताजा-ताजा ज्ञान पाने के बाद दिखावा कर रहा हूँ।" आरुष ने ज्यू टाउन की तरफ चलते हुए कहा, "क्या तुम पहले कभी यहाँ आई हो?"

"ओह, कई बार। जब कभी कोई रिश्तेदार हमारे घर आता है, यही एक जगह है, जहाँ हम उसे जरूर लाते हैं। यहाँ रहनेवाले अधिकतर लोग ऐसा ही करते हैं।" मैंने बताया, "यहाँ एक छोटा सा म्यूजियम भी है, जिसके बारे में बहुत कम लोग जानते हैं। तुम देखना चाहोगे?"

मैं जानती थी कि आरुष को म्यूजियम देखना पसंद है।

"क्यों नहीं! तुम्हें पता है कि मैं देखूँगा।" उसने सीना तानकर कहा।

"इस तरफ।" मैंने कहा और उसे म्यूजियम की तरफ ले गई। म्यूजियम का प्रवेश किसी दुकान से था।

"यह बहुत छोटा और अजीब सा म्यूजियम है, जो मैंने पहले कभी नहीं देखा।" आरुष बोला, "दुनिया में लोग कैसे इसका पता लगाते होंगे?"

"उन्हें नहीं पता चलता, जब तक उनके साथ पूजा न हो।" मैंने जवाब दिया और आरुष हँसने लगा।

हे भगवान्! मैं इस लड़के से कितना प्रेम करती हूँ! मुझे उसका चेहरा पकड़कर चूम लेने के लिए अपने आप को बहुत रोकना पड़ा।

म्यूजियम में बहुत शानदार ऐतिहासिक चीजें रखी गई थीं। हम रुके और टीपू सुल्तान द्वारा इस्तेमाल किए गए तोप के गोले देखने लगे, जो उसने अठारहवीं शताब्दी में केरल हमले के दौरान प्रयोग किए थे।

"सोचो, जब यह किसी पर प्रहार करता होगा।" आरुष ने कहा। उसका ध्यान बुशमैन पत्थरों की तरफ गया।

"ये 8,000 साल पुराने हैं! तुम्हें पता है!" वह हैरान हुआ। वह कैंडी स्टोर में खड़े किसी बच्चे की तरह लग रहा था।

हालाँकि, मैं कुछ समय पहले ही इस म्यूजियम में आई थी, मैं सिर्फ चलते हुए ही कलाकृतियों को देख रही थी। अधिकतर पर तो मैंने सिर्फ नजर डाली और आगे चल दी। आरुष वाकई उन्हें प्रेम से देख रहा था। उसने पूछा कि क्या यहाँ फोटोग्राफी कर सकते हैं तो उसने कुछ क्लिक लिये।

3,000 साल पुराने अस्थि-कलश। उनमें मृतक के अवशेष और उसका प्रिय सामान रखा जाता था (उनका मानना था कि मृत्यु के बाद भी जीवन होता है)। आरुष ने उन्हें बहुत ध्यान से देखा। फिर वह 200 साल पुराने वर्जिन मैरी के सिर के सामने जाकर रुका। उसे बिजली के बजाय मिट्टी के तेल से चलनेवाला पंखा भी पसंद आया। एक बोर्ड पर हाथ से लिखा हुआ था कि 'यह प्रदर्शनी 110 साल पुरानी है'। फिर उसने 450 साल पुराने पवित्र यहूदी ग्रंथ 'टोरा स्क्रॉल' देखे।

वह म्यूजियम मुश्किल से 600 वर्ग फीट में था। अंदर आते ही एक यू-टर्न और इससे पहले कि आप इसे जान सकें, आप वापसी कर लेते हैं। फिर भी, आरुष ने लगभग एक घंटा अंदर गुजारा। हल्ला मचाते विद्यार्थियों का एक समूह अंदर गया और दो मिनट से भी कम समय में बाहर चला गया।

"क्या उन्हें अंदर की चीजों में दिलचस्पी नहीं?" उसने पूछा।

"हाँ, यह ठेठ इंडियन कॉलेज की भीड़ है।"

"फिर वे म्यूजियम आए ही क्यों?" उसने पूछा।

"यह उनके 'स्टडी टूर' का हिस्सा हो सकता है, जो सभी कॉलेज कराते हैं।" मैंने उसे बताया। मैंने उसे बताया कि केरल के ग्रामीण इलाकों में इन 'स्टडी टूर्स' के नाम पर ही अभिभावक पैसा देने को हामी भरते हैं। अगर कॉलेज या स्कूल इसे 'सैर' का नाम दे तो अधिकतर अभिभावक अपने बच्चों को नहीं भेजते।" मैंने उसे बताया।

"कैसी शिक्षा-केंद्रित संस्कृति है!" आरुष ने अपना सिर हिलाते हुए कहा।

"इसके लिए मेरी किस्मत का शुक्रिया, नहीं तो मैं तुमसे न मिल पाती।" मैंने जवाब दिया। मैंने उसे बताया कि मैं कैट (CAT) की परीक्षा से बचना चाह रही हूँ और किस तरह शांति चेची ने आज मेरी मदद की।

"ओह, पूजा! तुम्हें ऐसा नहीं करना चाहिए था। अगर तुम पकड़ी जाओ तो?" उसने पूछा।

"तो भी यह मेरे लिए फायदेमंद होगा।" मैंने धीमे से कहा।

उसने मेरा माथा चूम लिया। फिर उसने एकदम मुझे पीछे खींचा।

"सॉरी, मैं अपने को रोक न सका।" उसने कहा।

दुकान में खड़ी लड़कियाँ हमें देखकर मुसकरा रही थीं। मुझे और आरुष को शर्म आ गई।

"सर, क्या आप कुछ खरीदना चाहते हैं? ये यहाँ की महिलाओं द्वारा बनाए गए साबुन हैं। 100 प्रतिशत शुद्ध नारियल तेल से बने। बहुत अच्छे साबुन हैं।" एक ने साबुन उसकी ओर बढ़ाते हुए कहा। इसका आवरण भी ताड़ के तने से बनाया गया था। इसे सीप के खोल की तरह छोटे से साटिन के रिबन में पैक किया गया। बहुत शानदार चीज।

"100 प्रतिशत ऑर्गेनिक। एक बार इसका प्रयोग करेंगे तो दोबारा किसी दूसरे साबुन का प्रयोग नहीं करेंगे। यह बहुत सारी सुगंधों में उपलब्ध है—जैस्मिन, लैवेंडर, गुलाब, नींबू···" लड़की बताए जा रही थी।

आरुष ने साबुन देखा। "इसे ध्यान से देखो! मैंने ऐसी चीज पहले कभी नहीं देखी। यह सब बायो-डीग्रेडेबल है। इसकी पैकिंग देखिए, ताड़ के तने से बनी।" उसने कहा।

"मैंने भी यह पहले कभी नहीं देखा, जबकि मैं यहाँ कितनी बार आ चुकी हूँ!" मैंने उससे कहा।

"यह अभी आया है। इससे दो सौ से भी अधिक महिलाओं को रोजगार मिलता है, जो इसे हाथ से बनाती हैं।" लड़की ने कहा।

"फिर तो मैं सारे लूँगा, सभी सुगंधों का एक-एक साबुन।" आरुष ने जवाब दिया।

लड़की खुश हो गई। उसने उन्हें एक भूरे रंग के हैंडमेड बैग में पैक किया और पैसे लेने के बाद आरुष को दे दिया।

"तुम इतने सारे साबुनों का क्या करोगे?" मैंने स्टोर से बाहर निकलते हुए पूछा।

"ये तुम्हारे लिए हैं। मेरी तरफ से तुम्हारे लिए उपहार।" उसने कहा और मेरा हाथ चूम लिया।

मैं बहुत हैरान थी और समझ नहीं आ रहा था कि क्या कहूँ। अधिकतर लड़के लड़कियों के लिए फूल, ज्वैलरी जैसे उपहार खरीदते हैं। उपहार में साबुन देनेवाला आरुष ही पहला लड़का होगा! वे भी उसने इसलिए खरीदे कि इससे स्थानीय महिलाओं को रोजगार मिलता है। मेरे मन में उसके प्रति प्रेम और भी बढ़ गया। मुझे समझ नहीं आ रहा था कि क्या करूँ। मैंने उसका हाथ कसकर पकड़ लिया और हमने मुसकराते हुए एक-दूसरे की आँखों में देखा।

मैं हमेशा ऐसे ही रहना चाहती थी। मैं नहीं जानती थी कि प्रेम जैसी चीज में क्या होता है; लेकिन यह पूरी तरह से जादू था। मैं जब भी उसके साथ होती, बहुत खुश रहती। मैं इसे कभी समाप्त नहीं होने देना चाहती।

मैं जानती हूँ कि इस समय जब मैं उसके प्रेम में हूँ, उसके लिए कुछ भी कर सकती हूँ।

कुछ भी।

□

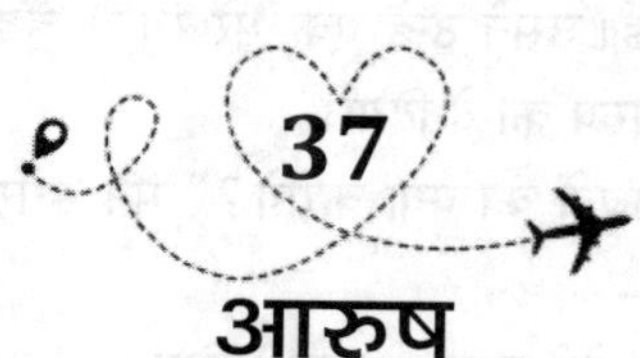

आरुष

पूजा का हाथ मेरे हाथ में था—छोटा और मुलायम, जो मुझे उसकी ओर से सुरक्षा का आभास दे रहा था। हम चुपचाप वापस आर्ट स्कूल की तरफ चल पड़े। उसने अपना सिर मेरे कंधे पर रखा हुआ था।

"भारत में हाथ पकड़कर चलना ठीक रहता है ?" मैंने उससे पूछा।

"मुझे परवाह नहीं। लोगों को देखने दो।" उसने कहा और मेरे और भी करीब आ गई।

"अंदर आओ! अंदर आओ। देखने का कोई दाम नहीं।" आर्ट स्कूल की तरफ चलते हुए एक विक्रेता बोला। वह अपनी दुकान के तंग प्रवेश पर खड़ा था। साइड की खिड़की में कानों के झुमके, कम दामोंवाले पत्थर और सिल्वर की चीजें थीं।

"तुम बिल्कुल विदेशी लगते हो, तभी तो वे सब तुम्हें बुला रहे हैं।" पूजा बोली।

"नहीं, मैं 100 प्रतिशत भारतीय हूँ। मैं भारतीय दिखाई देता हूँ।" मैंने कहा।

"तुम्हारे बाल काले और आँखें गहरी हैं, लेकिन तुम ब्रिटिश हो। मुझे अपना पासपोर्ट दिखाओ। हाथ ऊपर।" उसने अपने हाथ की उँगलियों से बंदूक बनाकर मेरी ओर तानकर कहा। मैंने अपने हाथ ऊपर खड़े कर लिये और उसके आगे सरेंडर कर दिया। हम बच्चों की तरह खिलखिलाने लगे।

"तुम्हें पता है, इस आर्ट स्कूल का कोई साइनबोर्ड तक नहीं। यह किसी कैफे के ऊपर बना है। इसमें एक लाइब्रेरी भी है। वह बहुत सुंदर है।" मैंने उसे बताया। मैंने उसे शशि के बारे में भी बताया। उसने कहा कि वह मेरा नया घर देखने को उत्सुक है।

"कुछ सप्ताह के लिए, बस।" मैंने कहा।

"अब इसके बारे में बात मत करो। अभी हम एक-दूसरे के साथ हैं, और कुछ नहीं।" पूजा ने जवाब दिया।

हम जैसे ही स्कूल के पास पहुँचे, एक व्यक्ति ने हमें नमस्कार किया, जिसके गहरे काले बाल थे और बड़ी-बड़ी मूँछें थीं। उसने सफेद रंग की कमीज पहनी हुई थी और देखने में भी डरावना लग रहा था। पूजा ने मेरा हाथ पकड़ लिया।

"आरुष?" वह बोला।

"हाँ।" मैंने जवाब दिया। उस व्यक्ति को देखकर अच्छे भाव नहीं आए।

उसके चेहरे पर एक बड़ी मुसकान उभर आई और वह मित्रवत् होते हुए बोला, "मैं मुकुंदन हूँ।"

"ओह, हैलो मि. मुकुंदन। यह पूजा है, मेरी दोस्त।"

"क्या तुम भी यू.के. से हो?" उसने पूजा से पूछा।

"ओह, नहीं। मैं यहीं से हूँ।" पूजा ने जवाब दिया।

"ओह, अच्छा, तो तुमने पहले से ही लोकल दोस्त बना लिये।" मुकुंदन हँसा। "क्या तुम आराम से आ गए हो? क्या शशि ने तुम्हें सबकुछ बता दिया? मैं तुमसे पहले नहीं मिल सका, क्योंकि कुछ कॉलेजों में मेरी क्लास थी।"

"जी हाँ, उसने बताया। मैं किसी भी समय काम शुरू कर सकता हूँ। मुझे यह स्थान बहुत पसंद आया।"

"ठीक है, ये क्या करेंगी? क्या ये भी तुम्हारे साथ काम करेंगी?" मुकुंदन ने पूजा की तरफ इशारा करते हुए पूछा।

"नहीं, मेरा इनके साथ काम करने का कोई इरादा नहीं। मैं सिर्फ इनसे मिलने आई थी।" पूजा ने तुरंत सफाई दी।

"ठीक है।" मुकुंदन ने कहा, "क्लासरूम चौबीसों घंटे खुला है। तुम अपने हिसाब से समय तय कर लो और काम करो। मैं सुबह 9 बजे तक तुम्हारे साथ हूँ, उसके बाद मेरी क्लास होती है। इसलिए तुम जितनी जल्दी उठो, उतना बेहतर होगा। मैं सुबह 6.30 बजे से मेन हॉल में होता हूँ।"

"मैं भी 6.30 बजे क्लास शुरू कर लूँगा।" मैंने जवाब दिया और निश्चय किया कि मुकुंदन के साथ होने का भरपूर लाभ उठा सकूँ। "मैं पूजा को आर्ट स्कूल और अपना कमरा दिखाना चाहता हूँ। ठीक है न?"

मैं नहीं चाहता था कि पूजा को किसी 'लड़के के कमरे में' होने से किसी परेशानी से गुजरना पड़े, जैसा कि अश्वटी भवन में हुआ। भारत में पहले से अनुमति

लेना और नियमों को समझना ठीक रहता है। जितना मैंने देखा, इसे यहाँ हलके में नहीं लिया जाता।

"हाँ, तुमसे मिलने लोग आ सकते हैं; लेकिन शाला का आदर करें। यह यहाँ ज्यादा देर तक नहीं रुक सकतीं। किसी तरह की हैंकी-पैंकी भी नहीं। और हाँ, यहाँ धूम्रपान, शराब और ड्रग्स के सेवन पर मनाही है। यह एक पावन कला है। जब तक आप इसका आदर नहीं करते, आप कुछ नहीं सीख सकते।" मुकुंदन ने कहा।

"बिल्कुल।" मैंने उससे कहा और उसके 'हैंकी-पैंकी' शब्द सुनकर हैरान था। मैं जानता था, उसका इशारा किस ओर था।

पूजा और मैं जब सीढ़ियाँ चढ़कर मेरे कमरे की ओर जा रहे थे तो मैंने उससे कहा, "तुमने सुना, उसने क्या कहा? हम 'हैंकी-पैंकी' नहीं कर सकते।"

"मैं तो ऐसा कुछ नहीं करने वाली थी, तुम्हारा पता नहीं।" पूजा ने कहा और हम दोनों मुसकराने लगे।

मैं अपने कमरे में पूजा को चूमना चाहता था, लेकिन मुकुंदन ने 'हैंकी-पैंकी' में स्पष्ट नहीं किया कि उसमें चूमा जा सकता है या नहीं। मैं किसी नियम को तोड़कर पूजा (या अपने को) को किसी खतरे में नहीं डालना चाहता था।

हॉल में जाते ही पूजा की नजर दीवार आर्ट पर गई। वह भी उतनी ही हैरान हुई, जितना कि मैं हुआ था। लेकिन वह मुझसे ज्यादा उसकी गहराई में डूब रही थी। "ओह माय! इसे देखो!" उसने कहा, "मुझे यकीन नहीं होता कि तुम इसे बनाना सीखने जा रहे हो!"

"मैं भी।" मैंने जवाब दिया।

हमारी आवाज सुनकर शशि भी वहाँ आ गया और मैंने पूजा से उसका परिचय करवाया।

"आपसे मिलकर खुशी हुई।" उसने कहा।

"मुझे भी खुशी हुई।" पूजा ने जवाब दिया।

शशि ने पूछा कि क्या यह भी क्लास में आएँगी, तो पूजा हँसने लगी और उसे बताया कि वह सिर्फ एक दोस्त है और मिलने आई है।

"क्या आप मुकुंदन से मिले?" शशि ने पूछा।

"हाँ, अभी मिले। ऐसा लगता है, जैसे वह यहाँ के इंचार्ज हैं।" मैंने कहा।

"वह एक स्वतंत्र प्रत्याशी के रूप में चुनाव में खड़े हुए थे और थोड़े ही अंतर से हार गए। वह इस इलाके में अच्छी पहचान रखते हैं।" शशि ने बताया।

"ओह, अच्छा! मुझे याद है, जब वह चुनाव के लिए अभियान चला रहे थे, वह हमारे कॉलेज आए थे और भाषण दिया था। मेरे कॉलेज से कई लोगों ने उन्हें वोट दिया था।" पूजा ने बताया।

"ठीक है, अब आप लोग बातें कीजिए। मुझे कुछ काम है।" कहकर शशि चला गया। जाहिर है कि वह कबाब में हड्डी नहीं बनना चाहता था।

जब हम कमरे में दाखिल हुए, पूजा ने मुझे अपनी तरफ खींचा और चूम लिया मेरे होंठों को।

मेरा पूरा शरीर उसका जवाब देने के लिए अधीर हुआ जा रहा था। मैं सीधे तौर पर कुछ नहीं सोच सकता था। पूजा किसी अमृत के समान थी, जो मुझे पागल कर रहा था। उसके होंठ बहुत कोमल थे, बहुत आकर्षक। मैं भी उसे चूमने के लिए छटपटा रहा था; लेकिन मैंने स्थिति को समझते हुए अपनी सारी संकल्प-शक्ति से उसे पीछे हटाया।

"नहीं, पूजा! रुको।" मैंने उसे हटाते हुए कहा।

"नहीं, पूजा! रुको।" उसने मेरी नकल करते हुए कहा।

"तुम, इस तरह···" मैंने उसे उँगली दिखाकर मना किया तो वह हँसने लगी।

वह मेरी मेज की तरफ गई और मुझसे पूछे बिना दराज को खोलने लगी। जब उसने मुझे छोड़ा तो मुझे सुकून मिला। अगर वह लगातार इसी तरह मुझे चूमती रहती तो मैं जानता था कि यह गलत हो सकता था।

अचानक उसका फोन बज उठा।

उसने देखा और परेशान हो गई। "ओह, लानत है। मेरा दोस्त नमन है। उसने मुझे यहाँ देख लिया और अब वह मेरे साथ कॉफी पीना चाहता है। मुझे याद नहीं रहा कि यहाँ उसके पापा का मकान है।"

"ओह, मैं समझा। क्या तुम उससे मिलना नहीं चाहतीं?"

"मैं तुम्हारे साथ समय बिताना चाहती हूँ, आरुष!" पूजा बोली और फोन पर टाइप करने लगी।

"तुमने उसे क्या कहा?" मैंने पूछा।

"यही कि मैं एक दोस्त के साथ हूँ और हम फिर कभी मिलेंगे।" पूजा ने कहा।

उसका फोन दोबारा बजा।

उसने पढ़ा और कहा, "ईडियट!" उसने मुझे दिखाया।

'बॉयफ्रेंड?' नमन ने लिखा।

"तुम उसे क्या जवाब दोगी?" मैंने मुसकराते हुए पूछा।

"यस।" पूजा बोली। उसने टाइप किया और मुझे दिखाया। मैं हँसने लगा।

'इससे तुम्हारा कोई लेना-देना नहीं।' उसने टाइप किया था।

"क्या यह असभ्यता नहीं?"

"नहीं, हम बचपन से ही एक-दूसरे को जानते हैं। हम दोनों एक साथ बड़े हुए। हमारे माता-पिता में भी अच्छे संबंध हैं। यहाँ तक कि हम बचपन में एक साथ पढ़े और एक ही स्कूल में गए।"

"क्या नमन सुजीत को जानता है?" मैंने उससे पूछा।

नमन का नाम आते ही मुझे सुजीत के कारनामे याद आ गए, जिससे मेरा गुस्सा और भी भड़क उठा। मैं जानता था कि मुझे नमन पर गुस्सा दिखाने का कोई कारण नहीं, क्योंकि उसने कुछ नहीं किया।

"हाँ, हम सब साथ ही थे।" उसने सँभलकर कहा।

"तुम्हें लगता है कि वह सुजीत से मिलता रहता है?" मैंने पूछा।

"क्यों, आरुष? मैं सबकुछ भूल चुकी हूँ। सुजीत को भूल जाओ।"

"मैं नहीं भूल सकता कि उसने तुम्हारे साथ क्या किया, पूजा! बदमाश कहीं का! भगोड़ा चूहा! मैं उसे दबोचना चाहता हूँ। मैं उसे घूँसे मारना चाहता हूँ।"

"छोड़ो भी। दफा करो।" उसने दबी आवाज में कहा। उसका पहलेवाला मूड जा चुका था। काश कि मैंने सुजीत का नाम नहीं लिया होता!

उसने टाइम देखा और कहा कि उसे जाना होगा। अगर वह देर तक घर से बाहर रही तो उसके माँ-पापा शक करेंगे।

"शांति चेची ज्यादा देर तक मेरा साथ नहीं दे पाएँगी।" उसने बताया।

मैं उसके साथ जेटी तक गया, चुपचाप। हमारे बीच एक सन्नाटा-सा छा गया था। मैं उसे बाँहों में भर लेना चाहता था, लेकिन रुक गया।

"काश कि तुम रुक सकतीं, पूजा!" मैंने उससे कहा।

"मैं तुमसे कल मिलती हूँ।" उसने कहा और मैंने सिर हिलाया।

"अब जाओ।" मैंने उससे कहा और उसे नाव में जाते देखता रहा।

मैं जैसे ही आर्ट स्कूल जाने के लिए वापस मुड़ा, मेरे दिमाग में एक योजना आई। मैं इसके बारे में जितना ज्यादा सोचूँगा, उतना अधिक इस पर काम कर सकूँगा।

मैंने सुजीत को ढूँढ़ने का रास्ता निकाल लिया और मैं उस पर काम करने जा रहा था।

□

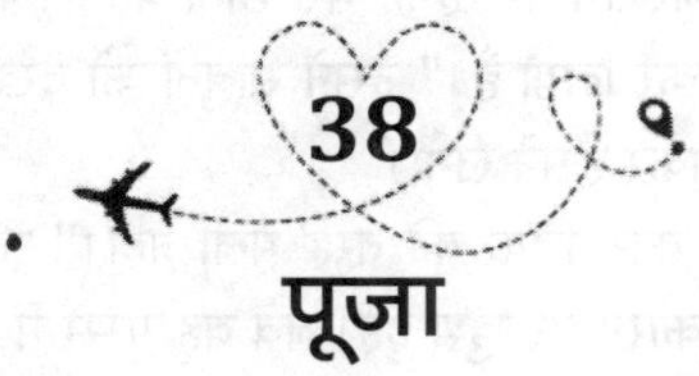

पूजा

जब मैं घर पहुँची तो मेरे माँ-पापा और दिव्या पहले से ही घर पर थे। वे सब एक साथ लिविंग रूम में बैठे डिस्कवरी चैनल देख रहे थे। यही एक ऐसा चैनल था, जिसे तीनों एक साथ बैठकर देखते थे। नहीं, नहीं, नहीं। मुझे जल्दी ही कुछ कहना होगा। जल्दी।

"फंक्शन कैसा था? आपको मजा आया?" मैंने पूछा।

"फंक्शन अच्छा था, लेकिन वहाँ तक पहुँचना आफत थी और कल फिर इमरजेंसी ड्यूटी।" माँ ने जम्हाई लेते हुए कहा, "तुम्हारी कोचिंग कैसी चल रही है?"

"मौखिक कौशल बेहतर है। मैं इसमें सबसे ऊपर हूँ। लेकिन मुझे न्यूमेरिकल डाटा पर काम करना है।" मैंने आराम से झूठ बोला। मैं जानती थी कि मेरी माँ क्या सुनना चाहती हैं।

कमरे में पहुँचते ही मैंने अपना बैग पलंग पर फेंका और आज के दिन के बारे में सोचने लगी। मैंने उस साबुन को याद किया, जो कि आरुष ने मुझे दिया था। यह अपने आप में एक अद्‌भुत उपहार था। मैंने जैसे ही बैग खोला, उनकी सुगंध से सारा कमरा ऐसे महक उठा, जैसे किसी बगीचे में फूल महक रहे हों। मैंने चेहरे पर मुसकान लाते हुए उनकी सुगंध महसूस की।

नीचे से दिव्या की आवाज आई, "ये साबुन कैसे? तुम्हें ये कहाँ से मिले?"

मुझे सुनकर झटका लगा।

"इससे तुम्हारा कोई लेना-देना नहीं।" मैंने कहा।

"क्या तुम्हारे कोचिंग सेंटरवाले साबुन बेचते हैं?" दिव्या बेवकूफ नहीं थी। वह जानती थी कि मैं कुछ छिपा रही हूँ। इससे पहले कि मैं छह साबुनों के बारे में कोई और स्पष्टीकरण दे पाती, मैंने उसका सवाल काटा।

"जाओ, दिव्या! क्या तुम्हारे पास कोई और काम नहीं करने को?"

"ठीक है, मेरी नजर तुम पर रहेगी, मेरी छोटी बहना! मैं देख रही हूँ कि तुमने साफ रहने का निश्चय कर लिया है।" उसने साबुनों को देखते हुए ताना मारा और अपनी बात पर मुँह दबाकर हँसने लगी।

"मैं तुम्हारी और कार-डिक की तरह मैली नहीं।" मैंने करारा जवाब दिया और उसे इस नाम से पुकारने पर खुश हुई। जब वह गुस्से में बड़बड़ाती हुई वहाँ से निकली तो मैंने सारे साबुन मेज पर सजा दिए।

फिर मैंने आरुष को मैसेज किया।

□

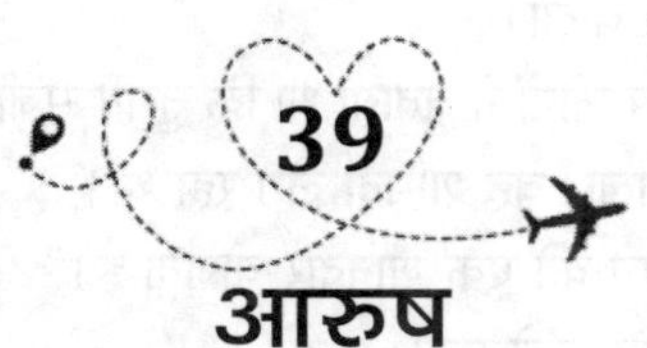

39

आरुष

अपने कमरे में जाते ही मैंने ओशान और लिआ को मेल भेजी। उन्हें बताया कि मैंने सुजीत को नीचा दिखाने की योजना बना ली है। मैंने उन्हें फोन करने को कहा। इस बीच मैं अपनी मेज पर आकर क्लिक की गई सभी कलाकृतियों के स्केच बनाने लगा। कुछ ही घंटों में मेरा काम हो गया। मैंने टेबल लैंप को स्केच बुक के ऊपर किया, ताकि सारे रंग उभरकर दिख सकें। अपने काम से खुश होते हुए मैंने उनके कुछ फोटो क्लिक किए और जेना को भेज दिए।

बहुत जल्द जेना का जवाब आ गया, जिसमें उसने कहा कि वे वाकई लाजवाब हैं। उसने संतुष्ट विंसेंट के कुछ फोटो मुझे भेजे और उसके स्केच भी भेजे, जो उसने बनाए थे।

मैंने मेल देखी तो ओशान का जवाब आया था। वह और लिआ कुछ घंटे पहले ही वापस आए थे। उसने वीडियो कॉल करने के लिए पूछा।

मैंने उन्हें कॉल लगाई।

"हे, कैसा चल रहा है?" वे दोनों कैमरे में देखकर मुसकराए।

"अच्छा, अच्छा। यह जगह वाकई बहुत सुंदर है!" मैंने उन्हें बताया।

"तुम्हारा ट्रिप कैसा रहा?" मैंने पूछा।

उन्होंने बताया कि एक भारतीय परिवार बहुत सारे स्नैक्स अपने साथ लेकर यात्रा कर रहा था और वे बार-बार उन दोनों को भी खाने का आग्रह करते रहे। इस तरह उन्होंने यात्रा का भरपूर आनंद लिया।

"यही भारतीय लोगों का आतिथ्य-सत्कार है।" मैं हँसा।

"हाँ, वे चाहते थे कि हमें हवाई जहाज में भी भारत की कमी महसूस न हो। हैरानी की बात है कि हम घर वापस भी आ गए। हमें भारत को और देखने की ललक है!" लिआ बोली।

"मैं जानता हूँ कि भारत ने तुम पर कितना अधिक प्रभाव डाला है।" ओशान उससे सहमत होता हुआ बोला।

"अच्छा, सुनो, तुम लोगों ने बताया था कि तुमने सुजीत से गाँजा खरीदा था।"

"हाँ।" ओशान बोला। वह शर्मिंदा लग रहा था।

"मेरे पास उसे घेरने की एक शानदार योजना है।"

"वह क्या है?" लिआ ने पूछा।

"क्या वह जानता है कि तुम भारत से जा चुके हो?" मैंने पूछा।

"नहीं, हमने कभी अपने प्रोग्राम के बारे में उससे बात नहीं की। उसे सिर्फ इतना ही पता है कि हम केरल में ही हो सकते हैं।" ओशान बोला।

"तो उससे कहो कि तुम मिलना चाहते हो।" मैंने कहा।

मैंने जो कुछ सोचा था, उसे उन दोनों को बताया।

"क्या?" उन दोनों ने एक साथ पूछा।

"उसे बताओ कि तुम अच्छी किस्म का गाँजा खरीदना चाहते हो और वह तुम्हें कोच्चि में किसी स्थान पर आकर मिले, ज्यू टाउन में किसी जगह पर।" मैंने कहा।

उन्हें मेरी योजना समझ आ चुकी थी।

"तुम ऐसा क्यों करना चाहते हो?" ओशान ने पूछा।

"ब्रो, मुझे लगता है कि मेरा उससे कुछ हिसाब बाकी है। मैं उससे यूँ ही पीछा नहीं छुड़ा सकता। मैं उसे ऐसे ही नहीं जाने दूँगा। मुझे उससे बात करनी है, एक बार। अगर मैंने उसे मैसेज किया तो उसे शक हो जाएगा। लेकिन तुम्हारे कहने पर ऐसा कुछ नहीं होगा।" मैंने समझाया।

"उसने जो किया, वह गलत था। काश कि हम भारत में तुम्हारे साथ होते! हम यहाँ से जाने से पहले कुछ सोच पाते!" लिआ बोली।

"ठीक है, मैं उसे मैसेज कर दूँगा और तुम्हें बताता रहूँगा।" ओशान ने चेहरे पर दृढ़ता के भाव लाते हुए कहा।

"थैंक्स, ब्रो। मैं तुम्हारा आभारी रहूँगा।"

"तुम्हें आभारी होने की जरूरत नहीं। हम कम-से-कम पूजा के लिए इतना तो कर ही सकते हैं, जो बिना किसी कारण गिरफ्तार हो गई थी।"

मैं नहीं जानता था कि सुजीत से मिलने पर मैं उससे क्या कहूँगा; लेकिन मैं उससे कबूल करवाना चाहता हूँ। मैं तब तक चैन से नहीं बैठ सकता।

मैंने जैसे ही फोन रखा, पूजा का फोन आ गया, "मैंने तुम्हें मैसेज किया था और तुमने उसका जवाब नहीं दिया! इसीलिए तुम्हें फोन किया। मैं अपने टैरेस से कूदकर सारा समुद्र पार करके तुम्हारे पास आना चाहती हूँ।"

मैं हँसा—"नहीं, तुम्हें सर्दी लग जाएगी।"

"या डूबने की भी संभावना है और मुझे तैरना भी नहीं आता।"

"रात को नाव भी नहीं चलती!"

"मैं किसी व्यक्ति को पार ले जाने के लिए रिश्वत दे सकती हूँ।" उसने कहा। पूजा इतनी उतावली थी कि वह ऐसा कर भी सकती थी।

"नहीं, पूजा! हम पहले ही मुसीबत में पड़ चुके हैं। प्लीज, कोई और ऐसा काम मत करना।"

"मैं तुम्हें बहुत-बहुत-बहुत सारा देखना चाहती हूँ, आरुष! तुम्हें पता है, मैं कल आ रही हूँ।"

"तुम्हारे कॉलेज का क्या होगा? तुम वाकई ऐसा करने जा रही हो?"

"यह मुझ पर छोड़ दो। मुझे जीवन में कभी अपने काम पर जरूरत से ज्यादा यकीन नहीं होता। कल मिलते हैं। मैं तुम्हें कल 10 बजे मिलूँगी। तब तक के लिए मेरे सपने देखो।" उसने फोन रखते हुए कहा।

मैं मुसकरा रहा था कि वह जो चाहती है, उसके लिए कितनी दृढ़ है। मैंने ज्यादा देर तक बैठकर काम करने का निश्चय किया, ताकि उसके साथ समय बिता सकूँ। अब, जबकि मेरे भारत से जाने में थोड़ा ही समय बचा है, मेरी उसके साथ हर मिनट बिताने की इच्छा तीव्र होती जा रही है।

मैंने अगले दिन सुबह 5.30 बजे का अलार्म लगाया था और बजते ही मैं फौरन पलंग से उठ गया। मैंने ब्रश किया और नहाया। एक घंटे से भी कम समय में जब मुकुंदन वहाँ आया तो मैं क्लास में था। शशि पहले से वहाँ था और काम कर रहा था।

मुकुंदन ने मुझे कैनवास और रंग दिए तथा काम शुरू करने से पहले केरल की म्यूरल पेंटिंग के बारे में जानकारी दी। उन्होंने बताया कि केरल की यह कला भित्ति चित्र है, जो पारंपरिक रूप से मंदिरों की दीवारों पर बनाई जाती है।

"इन कलाओं को बनानेवाले कलाकार केरल के विभिन्न शासकों के संरक्षण में रहते थे। उससे पहले इसे ललित कला माना जाता था। इसमें कई चरण होते थे।

पहले इसे दीवार पर बनाया जाता था, फिर इस पर नीबू और रेत का मिश्रण लगाया जाता था। उसके बाद दीवार को सफेद जगमगाता हुआ बनाने के लिए कॉटन लगाया जाता था। उसके बाद 25-30 बार नरम नारियल व नीबू से निर्मित घोल से साफ किया जाता था। फिर उस पर पेंटिंग शुरू की जाती थी।" मुकुंदन ने बताया।

मैं उनके द्वारा दिए जा रहे आर्ट के परिचय को सुनने में पूरी तरह तल्लीन था।

"इस तरह जब दीवार को तैयार कर लिया जाता तो आउटलाइन बनाई जाती थी। चेहरे बनाते समय समरूपता बहुत जरूरी होती थी। इसी तरह अनुपात। हर आकृति व रंग के पीछे कोई अर्थ होता था। बनाई गई आकृति में उसकी विशेषता के कारण रंग भरा जाता। ऐसा नहीं होता था कि हमें जो रंग अच्छा लगे, उसमें वही भर दें।" मुकुंदन बताते गए। उन्होंने रंगों के बनाने के बारे में जानकारी दी कि किस प्रकार पारंपरिक तरीके से केवल सब्जियों और खनिज के पिगमेंट से बने रंगों का प्रयोग किया जाता था।

उन्होंने बताया कि हम पारंपरिक तरीके से शुरुआत करेंगे। मुझे सिर्फ पाँच रंगों का प्रयोग करने की अनुमति दी गई—लाल, पीला, हरा, काला व सफेद। वह पुराने तरीके को फिर से जीवित करना चाहते थे। उन्होंने सब्जियों द्वारा प्राकृतिक तरीके से बनाए रंग मुझे दिए।

उन्होंने मुझे पेंटिंग में कुछ पारंपरिक पैटर्न बनाकर शुरू करने को कहा।

"एक बार मुझे मूल भावों का पता चल जाए, फिर हम किसी बड़े प्रोजेक्ट पर काम कर सकते हैं।" उन्होंने कहा।

मैंने काम शुरू किया और मुझे विषय भी अच्छे लगे। मैं पेंटिंग बनाने में इतना मशगूल हो गया कि समय का पता ही नहीं चला। ऐसा तब हुआ, जब मुकुंदन ने कहा कि वह जा रहे हैं और मैंने बहुत शानदार काम किया है तथा फिर मैंने अपने काम पर नजर डाली। लंबे समय तक फर्श पर बैठकर काम करने से मेरी टाँगें बुरी तरह जकड़ गईं और गरदन भी दुख रही थी। लेकिन यह अलग तरह का दर्द था। मैं जब कुछ नया सीखता हूँ तो मुझे किसी दर्द का अहसास नहीं होता।

□

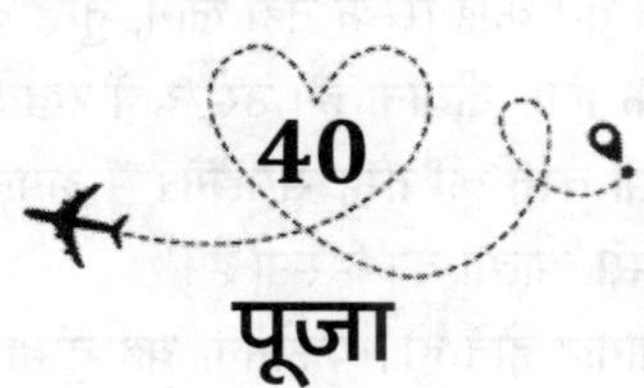

पूजा

दो महीने पहले अगर किसी ने मुझसे कहा होता कि मैं किसी के प्रेम में इतनी पागल हो जाऊँगी कि मैं उसके बिना जीने की कल्पना भी नहीं कर सकती, तो शायद मैं उस पर हँसती। लेकिन अब? आरुष एक ऐसी दवा है, जिसके बिना मैं रह नहीं सकती। अगर हम में से कोई एक ऐसा सोचता तो यह तड़प इतनी अधिक न होती। मुझे यकीन है, आरुष को भी ऐसा ही लगता होगा। हम एक-दूसरे को ऊर्जा देते हैं।

दो सप्ताह समाप्त होने को थे और हम लोग पूरा दिन एक साथ बिताते, जो कि अभी भी कम लगता था। हमारी रोज की दिनचर्या निर्धारित थी। मैं अपने घर से ठीक समय पर कॉलेज के लिए निकलती, बोट पकड़ती और सीधा मट्टनचेरी पहुँच जाती।

आरुष दोपहर तक काम करता। मुझे कभी उसका इंतजार करना बुरा नहीं लगा। मुझे उसे काम करता देख अच्छा लगता था। उसके बाद अपना पूरा दिन बिताने के बाद मैं आखिरी बोट से वापस चली जाती। घर में किसी को शक नहीं होता। सिर्फ शांति चेची सच्चाई जानती थीं।

"पूजा, अगर कभी तुम पकड़ी जाओ तो तुम्हें पता है न कि तुम्हारी माँ कितनी नाराज होंगी!" शांति चेची ने चेतावनी दी।

"चिंता मत करो, मैं नहीं पकड़ी जाऊँगी। मैं ध्यान रखूँगी।" मैंने उन्हें यकीन दिलाया।

अगली सुबह आरुष ने मुझे बताया कि मुकुंदन ने उसे सलाह दी है कि वह अपनी कलाकृति नीचे दुकान में बेच सकता है। वह कुछ कमीशन लेगा और आरुष इस तरह बेचने का काम कर सकता है।

"वाउ! क्या तुम अपनी कोई पेंटिंग यहाँ रखने वाले हो?" मैंने पूछा।

"नहीं, बिल्कुल नहीं, पूजा। मैं ऐसा नहीं करूँगा।"

"क्यों नहीं?"

"मेरी कलाकृति कौन खरीदना चाहेगा!"

"आरुष, जब तक तुम कोई रिस्क नहीं लोगे, तुम्हें कैसे पता चलेगा?"

"मैं अपने आर्ट के लिए दीवाना हूँ। उसे यहाँ रखकर मुझे बुरा लगेगा और आनेवाले लोग उसे किसी वस्तु की तरह समझेंगे। मैं अपनी रचना की कोई कीमत नहीं लगा सकता। यह मेरी आत्मा का हिस्सा है।"

"तुम कलाकार पागल होते हो। यकीनन, यह तुम्हारी आत्मा का हिस्सा है। लेकिन क्या तुम इसकी नकल नहीं बना सकते? असली को अपने पास रखो। इससे तुम कुछ पैसे भी कमा सकते हो।" मैंने उसे एक बेहतर उपाय बताया।

"तुम वाकई किसी व्यापारी की बेटी की तरह बात कर रही हो। तुम्हें पता है न कि मैंने इस बारे में सोचा तक नहीं।" आरुष ने कहा।

"तुम्हें सोचना चाहिए, आरुष! जरा सोचो, तुम बहुत अच्छे हो। मैं तुम्हें बताऊँ, बेचने का काम तुम मुझ पर छोड़ दो।"

"ठीक है, मैडम!" आरुष हँसा।

हम अपनी पसंदीदा जगह—लकड़ियों की बेंच से सजाए गए शानदार कैफे गए। यह एक लंबे गलियारे की तरह था, जिसका दूसरा सिरा अंगूर की बेलों के बाग में खुलता था। इस कैफे में कलाकृतियाँ भी बिकती थीं। गलियारे के दोनों तरफ पेंटिंग्स लगाई गई थीं।

आरुष की कला को बेचने का निश्चय कर आज मैं कैफे के मालिक की ओर बढ़ गई और उससे परिचय कराते हुए कहा कि यह आरुष है, यू.के. का कलाकार। मैंने गर्व से उसके काम की तसवीरें उसे दिखाईं, खासतौर पर उस लंबी ट्रेन की, जो उसने अश्वटी भवन में बनाई थी। आरुष ऐसे लग रहा था, जैसे वह अदृश्य हो जाना चाहता हो।

कैफे के मालिक ने उसके काम की बहुत तारीफ की और उन्होंने कहा कि वे उसे हाई रेजॉल्यूशन की फोटो भेजें। मेरा दिल मारे खुशी के उछलने लगा, जैसे कि वे पेंटिंग्स मैंने बनाई हों।

"तुमने यह क्यों किया?" आरुष ने कैफे मालिक के जाते ही कहा।

"उह! क्योंकि मैं तुम्हारी पेंटिंग बेचना चाहती हूँ।"

तभी आरुष का फोन बज उठा।

"ओह, जेना।" आरुष ने कहा। मैं जानती थी कि वह सिर्फ आरुष की दोस्त और जोश की गर्लफ्रेंड है। फिर भी, मुझे जलन हुई। मुझे आरुष का उसके घर रहना पसंद नहीं था।

क्या बकवास है! वह तुमसे पहले से आरुष को जानती है। मेरे दिल से गाली निकली। लेकिन दिल का कोई तर्क नहीं होता। आरुष ने उसकी कॉल का जवाब दिया तो मैंने जलन को निकाल फेंका और जेना को 'हैलो' कहा। हम वीडियो कॉल पर थे। जेना बहुत सुंदर थी!

"हिया!" जेना बोली और उसने मुझे देखा, "ओह, मुझे नहीं पता था कि तुम्हारे साथ कोई है!"

"मेरी दोस्त, पूजा। पूजा, यह जेना है।" आरुष बोला।

आरुष ने मेरे लिए 'गर्लफ्रेंड' शब्द का प्रयोग नहीं किया।

मैंने बहुत बारीकी से महसूस किया। काश, उसने ऐसा कहा होता! क्या हम ऐसे नहीं हैं? या अभी बहुत जल्दी है? मुझे नहीं पता, पर यह किसी पुराने दरवाजे की तरह मेरे अंदर सड़ने लगा।

"मुझे तुम्हें कुछ कहना है। लेकिन चिंता मत करो, यहाँ सब ठीक है।" जेना ने कहा।

"क्या हुआ?" आरुष ने पूछा।

"हमारे साथ···अर्र···एक छोटा सा एक्सीडेंट। टॉम टैंक का ढक्कन बंद करना भूल गया और विंसेंट बाहर आ गया। वह पीछे आँगन में घूमना चाहता था और एक पेड़ पर चढ़ गया।" जेना बोली।

"ओह, नहीं!" आरुष हैरान था, "वह ठीक तो है?"

"जोश ने उसे पकड़ लिया और देखो, वह अब ठीक है।" जेना ने फोन का कैमरा टैंक की तरफ घुमाया। वह वहाँ किसी विचित्र जीव की तरह बैठा हुआ था। मैं उसे देख नहीं सकती थी। वह बहुत गंदा दिखाई दे रहा था।

लेकिन आरुष और जेना ने उसे लाड़ दिखाया। मैंने अपना चेहरा सामान्य रखा हुआ था।

"क्या तुम लैंप को ऑन व ऑफ कर रही हो?" आरुष ने पूछा।

"हाँ, बिल्कुल। अगर तुम बताकर न जाते तो भी हम सब सँभाल सकते थे। सब ठीक है।" जेना ने कहा।

वह मेरी तरफ मुड़ी और बोली, “तुम बहुत सुंदर हो, पूजा। तुम्हारा इंस्टाग्राम हैंडल क्या है ?”

अब मुझे अपनी जलन मूर्खता लगने लगी। जेना वाकई एक अच्छी लड़की है।

कुछ ही सेकंड में हम इंस्टाग्राम दोस्त बन गए।

□

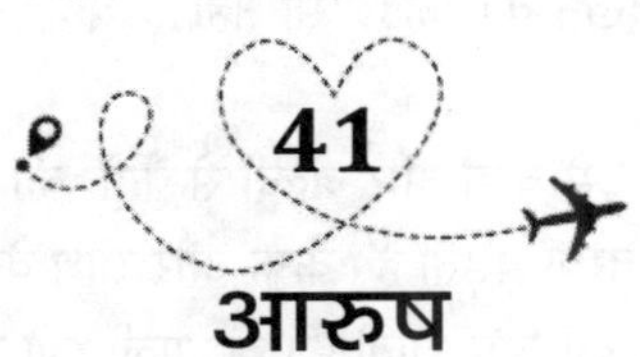

आरुष

जैसे-जैसे मेरे जाने का दिन पास आता जा रहा था, मैं अपना ज्यादा-से-ज्यादा समय पूजा के साथ बिताना चाहता था।

"तुम्हारे जाने के बाद हम क्या करेंगे?" पूजा ने पूछा। उसके कंधे मेरी ओर झुक गए। उसके बालों से वनीला व संतरे की सुगंध आ रही थी और मेरा मन उसके बालों में उँगलियाँ फेरने को कर रहा था। मैं उसका चेहरा अपने हाथों में लेकर उसे चूमना चाहता था; लेकिन मैंने अपने आप को रोक लिया। मेरे मन में यह भी आया कि क्यों न किसी होटल में एक कमरा लिया जाए। लेकिन मैं नहीं चाहता था कि पूजा मुझे नीच समझे। फिर, मैं पुलिस की रेड से भी डरता था। मैंने किसी इंडिया ट्रैवल मंच में इसके बारे में पढ़ा था। मैं किसी भी कीमत पर पूजा को खतरे में नहीं डाल सकता था, जबकि मैं उसे बुरी तरह चाहता था। इस लड़की ने मुझे दीवाना बना दिया है। लेकिन मैं उसे बहुत प्यार करता हूँ, इसलिए मैंने ऐसा कुछ करने का इरादा छोड़ दिया।

पूजा को जेटी पर छोड़ने के बाद मैं जब अपने कमरे में आया तो देखा कि ओशान की मेल आई थी।

'वह मारा! हमने एक-दूसरे को मैसेज भेजे। वह सिर्फ इस शर्त पर मुझसे मिलने को राजी हो गया है, क्योंकि मैंने उसे कहा कि मैं बहुत बड़ी मात्रा में गाँजा खरीदना चाहता हूँ। कल सुबह 9.30 बजे ज्यू टाउन में, निर्वाण कैफे के पीछे पतली गली में। मेरे संपर्क में रहो।' ओशान ने लिखा था।

'थैंक्यू! जरूर।' मैंने जवाब दिया।

अगली सुबह मुकुंदन के जाते ही मैं भी निकल पड़ा। जब मैंने शशि को बताया कि मुझे किसी से मिलना है तो वह मुझे छेड़ने लगा।

"ओह, नई गर्लफ्रेंड ? तुम पूजा को धोखा दे रहे हो ?"

"हा–हा, बहुत अच्छे!" मैंने जवाब दिया।

निर्वाण कैफे जाते समय जिस सामान बेचनेवाले ने मुझे उस दिन आवाज लगाई थी, जब मैं पूजा के साथ था, आज फिर उसने मुझे आवाज लगाई।

"आओ, आओ! देखने का कोई पैसा नहीं।" वह रटी–रटाई भाषा बोल रहा था।

"फिर कभी।" मैंने उसे कहा और जल्दी से कैफे की तरफ बढ़ गया। निर्वाण कैफे सड़क से अंदर की तरफ पड़ता है। कैफे और साथ के भवन से होती हुई एक पतली गली कैफे के पीछे की ओर जाती है। वह गली, जो वास्तव में हमारा मिलने का स्थान था, गली नहीं, बल्कि बंद एक रास्ता था, जहाँ आसपास के भवनों की दीवारें थीं। उस वीरान जगह पर चारों ओर मलबा बिखरा हुआ था। मुझे वह जगह अच्छी नहीं लगी। लेकिन मैंने अंदाजा लगाया कि सुजीत ने सही जगह चुनी है। वह सामान बेचते समय लोगों को अच्छी तरह भाँप लेता होगा।

पहले गली में से कोई आता दिखाई दिया, जिसके पास एक बैग था। उसने टी–शर्ट की टोपी से अपना सिर ढका हुआ था। सुजीत। उसे देखते ही मेरा चेहरा गुस्से से लाल हो गया।

वह अकेला नहीं था। उसके पीछे दो लोग और भी थे। मैं उन्हें देख नहीं पा रहा था। वे उसके पीछे रुक गए, ताकि कोई वहाँ आ न सके। उन काली आकृतियों को देखकर मेरी नसों में तेजी आ गई।

उससे यहाँ मिलने का आइडिया शायद ठीक नहीं था।

"सुजीत!" मैंने आवाज दी।

उसकी आँखें हैरानी से खुली–की–खुली रह गईं।

"ओशान कहाँ है ?" उसने पूछा। वह सँभलते हुए बोला। वह चौकस होकर आसपास देखने लगा।

"सॉरी, तुमसे मिलने के लिए मैंने यह चाल चली।" मैंने कहा।

"क्या बकवास है! तुम्हारी यह मजाल!" उसने कहा।

"तुम क्या चाहते हो ?" मैंने पीछेवाले व्यक्तियों पर नजर रखते हुए पूछा।

सुजीत अब उत्तेजित होने लगा।

"तुम खरीदना चाहते हो या नहीं ? देखो, मैंने उसको पैसे देने हैं। उसके पास दूसरा आदमी है। वे बहुत बुरे हैं। मुझे यह माल बेचना है, ब्रो। इसीलिए वे यहाँ हैं,

ताकि वे माल बिकता हुआ देख सकें और पैसे ले सकें। मेरे साथ कोई गड़बड़ मत करना, प्लीज।" सुजीत ने चेतावनी और नरमीवाले अंदाज में कहा।

उसकी बात सुनते ही मेरे अंदर का गुस्सा फूटने लगा। बदला लेने के लिए मैं किसी ज्वालामुखी की तरह फूटने को तैयार था। मैं खून का घूँट पीकर रह गया। मैं उसे बरबाद करना चाह रहा था।

"तुम्हें पता है, तुम्हारे कारण पूजा को पूरी रात लॉक-अप में बितानी पड़ी! अब तुम्हें उसकी कीमत चुकानी होगी। जेल जाने को तैयार हो जाओ। मैंने पुलिस को खबर कर दी है!" मैं चिल्लाया। मैं अपने ऊपर काबू नहीं रख पा रहा था कि मैं क्या बोल रहा हूँ। मैं बदला लेने के लिए उतावला हो रहा था।

पुलिस का नाम सुनते ही सुजीत का चेहरा पीला पड़ गया। वह एक क्षण के लिए हिचकिचाया, फिर एकदम चिल्लाया, "हमें फँसाने के लिए जाल बिछाया गया है। भागो!" उसने फुरती दिखाते हुए पतली गली के छोर की तरफ दौड़ लगाई।

यह सब मात्र एक सेकंड में हुआ। इससे पहले कि मैं भी कुछ समझ सकता, एक व्यक्ति ने मुझ पर हमला कर दिया।

"कमीने! तेरी हिम्मत कैसे हुई यह सब करने की?" वह चिल्लाया।

और दूसरे ही पल मेरी दाईं आँख पर एक घूँसा आ पड़ा। मुझे दिन में तारे दिखाई देने लगे और मेरी पीड़ा दुगुनी हो गई। खून बहता हुआ मेरे मुँह में आने लगा। मैंने सीधा खड़े होने की कोशिश की; लेकिन खून के कारण मुझे कुछ दिखाई नहीं दे रहा था। इससे पहले कि मैं सँभल पाता, दूसरा घूँसा। एक आदमी के हाथ में टूटी हुई बीयर की बोतल थी। मैंने अपने बचाव के लिए अपने हाथ से अपना चेहरा ढक लिया। एक जोरदार प्रहार हुआ। मेरा गुस्सा फूटने लगा। फिर एक और प्रहार। इस बार मेरे सिर पर था और मुझे कुछ दिखाई नहीं दिया। यह बरदाश्त के बाहर था। खून निकलते ही मैं लड़खड़ाता हुआ पीछे भागा। मैं जमीन पर जा गिरा, हिलने में असमर्थ। मैं एक गेंद की तरह सिकुड़ गया, अपने हाथों से चेहरे को ढक लिया और एक आँख से देखने लगा।

"साले, कमीने! अब तुम्हें मजा आएगा!" एक आदमी बोला और दूसरा भाग गया। बोतल पकड़े हुए आदमी ने उसका पीछा किया। सुजीत कहीं दिखाई नहीं दे रहा था। मैं अपनी आँखें नहीं खोल पा रहा था।

मेरे कानों में दूर से एक तेज चीख आती हुई सुनाई दी। फिर मुझे कुछ लोगों के कदमों की आवाजें सुनाई दीं। शोर-शराबा। थोड़ी दूर पर एंबुलेंस थी। हलचल।

मैं चीजों की कल्पना कर पा रहा था। मेरा दिमाग मंद होता जा रहा था। क्या मैं मौत की ओर जा रहा था?

सब तरफ अँधेरा-ही-अँधेरा।

जब मुझे होश आया, मैंने अपनी आँखें खोलने की कोशिश की। लेकिन एक आँख पूरी तरह जकड़ी हुई थी। मैंने अपने आसपास के वातावरण को पहचानने की कोशिश की। मुझे समझने में थोड़ा समय लगा कि मैं अस्पताल में हूँ। अपनी एक आँख से मैंने शशि को खड़े देखा, जिसके चेहरे पर चिंता के भाव थे। बाकी सबकुछ अंधकारमय था।

"तुम ठीक तो हो?" उसने पूछा।

मैंने सिर हिलाया।

"मैं यहाँ कैसे आया?" मेरी आवाज कर्कश थी और मैं बहुत मुश्किल से बात कर पा रहा था।

"जितना मुझे पता है, किसी ने एक दुकानदार को निर्वाण कैफे के पीछे जाने और एंबुलेंस बुलाने के लिए कहा था। फिर वह अपनी जान बचाने के लिए भागा। दूसरे आदमी को बीयर की बोतल से मारा गया था। उसे मारनेवाला आदमी भाग गया।"

फिर वह घटना किसी जिगसॉ पहेली की तरह हल हो गई। सुजीत वहाँ से भागनेवाला पहला व्यक्ति था। जैसे ही वे दोनों आदमी उसके साथ आए, उसने दुकानदार को सचेत कर दिया। वह जानता था कि क्या हो रहा है।

"ओह, तुम जाग गए। पुलिस आई है। वे तुम्हारा बयान लेना चाहते हैं। तुम बात तो कर सकते हो न?" अस्पताल के एक कर्मचारी ने पूछा।

"हाँ।" मैंने कहा।

सादे कपड़े पहने एक पुलिसकर्मी अंदर आया। उसने मुझसे कहा कि जो कुछ हुआ, मैं उसे विस्तार से बताऊँ।

मैंने उसे बताया कि मुझ पर हमला हुआ था।

"क्या तुम बता सकते हो, कहाँ?" उसने पूछा।

"निर्वाण कैफे के पीछेवाली गली में।"

"तुम वहाँ क्या कर रहे थे?" उसने पूछा।

अपनी हालत को छोड़ मैं तेजी से सोचने लगा। अगर मैंने सुजीत का नाम लिया तो फिर से पूजा का नाम आएगा। मैं ऐसा नहीं चाहता था।

इसलिए मैंने पुलिस को बताया कि वे मुझे धकेलते हुए वहाँ ले गए और मुझे लूटना चाहते थे। लेकिन मेरे पास मेरा पर्स नहीं था, इसलिए उन्होंने गुस्से में आकर मुझ पर हमला किया। पुलिसकर्मी सबकुछ लिखता जा रहा था। फिर उसने मेरे दस्तखत लिये।

मैं किसी कीमत पर पूजा का नाम नहीं लेना चाहता था। चाहे जो भी हो, मैं उसे बचाना चाहता था।

□

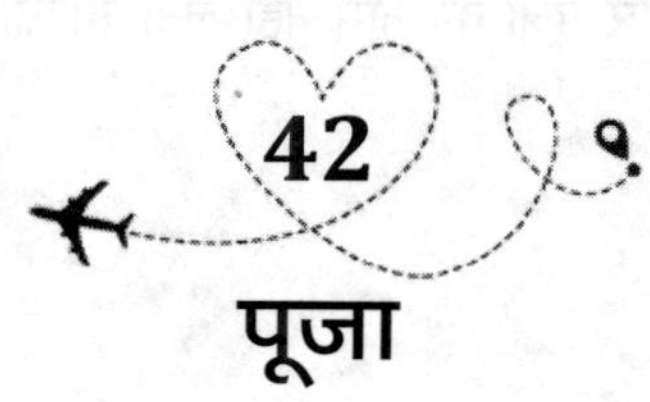

42

पूजा

शशि के फोन करने के बाद मैं मट्टनचेरी जाने के लिए नाव पर थी और लगभग पहुँचने ही वाली थी।

वह मुझे क्यों कॉल कर रहा है? उसे मेरा नंबर कहाँ से मिला?

"मुझे खेद है कि एक बुरी खबर है।" उसने अफसोस भरे स्वर में कहा।

"क्या हुआ?" मेरे पेट में खलबली-सी होने लगी।

"आरुष···वह अस्पताल में है। उसका एक्सिडेंट हो गया है।"

"ओह, नहीं! कौन सा अस्पताल?" मेरे नाखून मेरी हथेली में गड़ते चले गए, जब मैंने अपनी मुट्ठी कसकर बंद की।

हवा इतनी जोर से चल रही थी कि मुझे नाव चलने की आवाज ही नहीं सुनाई दे रही थी। मैं उसकी बात सुनते समय लगभग चिल्ला रही थी।

"टी.डी. रोड पर आश्रय अस्पताल। मैं उसके साथ हूँ।"

"वह कैसा है?" मैं चिल्लाई।

"वह ठीक है। चिंता की कोई बात नहीं। उसी ने मुझे तुम्हारा नंबर दिया और तुम्हें बताने को कहा।"

"क्या मैं उससे बात कर सकती हूँ?"

"नहीं, यहाँ इमरजेंसी में फोन नहीं कर सकते।"

"क्या किसी वाहन से एक्सिडेंट हुआ? क्या तुम बता सकते हो कि वास्तव में क्या हुआ है?" मैं चिल्लाई।

"पूजा, यहाँ आ जाओ। वह ठीक है।" शशि ने इतना ही कहा।

मेरा गला सूखने लगा और मेरे हाथ ठंडे पड़ने लगे। शशि मुझे क्यों नहीं बता रहा? मुझे समझ नहीं आ रहा था कि क्या किया जाए, तो मैंने फोन में मैप खोला। टाइप करते समय मेरे हाथ बुरी तरह काँप रहे थे। मैंने आश्रय अस्पताल देखा। वह जेटी से सिर्फ 1.7 कि.मी. दूर था। ज्यादा दूर नहीं। मैं वहाँ जल्दी ही पहुँच सकती थी।

नाव दलदल में ही थी कि मैं उसमें से कूद गई। उसका कर्मचारी जानता था कि मैं ऐसे ही उतरती हूँ। वह अब नहीं घबराता। बल्कि उसने कहा, "एक दिन तुम पानी में गिर जाओगी और हम तुम्हें बाहर निकालेंगे।"

मैंने उसका कोई जवाब नहीं दिया।

मैं जैसे ही ऑटो स्टैंड की तरफ दौड़ी, मेरी छाती में जकड़न होने लगी। पाँच मिनट से भी कम समय में मैं अस्पताल में थी।

मैं इमरजेंसी की तरफ दौड़ी। मैंने रिसेप्शन पर बैठे व्यक्ति को बताया कि मेरा दोस्त यहाँ भरती है।

मुझे हैरानी हुई कि उसने न तो मेरे बारे में कुछ पूछा और न ही मेरे दोस्त का नाम पूछा।

"आप अंदर चले जाओ।"

अंदर दाखिल होते ही अस्पताल की दवाओं की गंध मेरी नाक में चढ़ने लगी। मुझे इस गंध से नफरत थी। जीवन में पहली बार मैं शायद किसी इमरजेंसी वार्ड में आई थी। मेरी नजर वहाँ पड़े पलंगों की लंबी कतारों पर गई, जिनके चारों तरफ परदे लगे थे। कुछ पलंग के परदे नीचे किए हुए थे। मशीनों की बीप करती आवाजें, एक पलंग से किसी के कराहने तथा साँस उखड़ने की आवाज मेरे दिमाग में घुसती चली गई और मेरे पेट में जैसे पत्थर भर गए।

एक तरफ चलते हुए मुझे शशि का चेहरा दिखाई दिया। जब मैंने आरुष को देखा तो मैं एकदम सदमे में आ गई। मैंने उसे इस स्थिति में देखने की कभी कल्पना तक नहीं की थी। एक तरफ से उसके बाल काट दिए गए थे और वहाँ पट्टी की गई थी, जिस पर खून के धब्बे दिख रहे थे। उसकी दाईं आँख सूजी हुई थी, जो मुश्किल से खुल पा रही थी। गालों पर चोटों के निशान थे। एक बाजू स्लिंग में थी और दूसरी पर खून लगा हुआ था।

मैं वह सब देखकर चौंक गई।

आरुष की एक आँख ठीक लग रही थी। मैं नहीं जानती कि उसने मुझे पहचाना या नहीं। उसने कुछ नहीं कहा।

"मैं आ गई हूँ।" मैंने उससे कहा।

मैंने प्यार से उसका हाथ पकड़ा तो वह दर्द के मारे चिल्ला उठा। मैंने फौरन उसका हाथ छोड़ दिया।

यह सब देखा नहीं जा रहा था।

"कैसे हो, आरुष ?" मैंने पूछा।

"मैं जिंदा रहूँगा।" वह बुदबुदाया और मुसकराया।

मेरी आँखों से आँसू बहने लगे।

"क्या हुआ था ? तुम ठीक तो हो ?" मैंने पूछा।

"सुजीत···" वह बुदबुदाया, "मैं उससे भिड़ गया था।"

"ओह, वह कमीना! आरुष···सुजीत। कैसे ? सुजीत ने ऐसा क्यों किया ?" मैंने पूछा। मेरा खून उबलकर बाहर आने को तैयार था।

आरुष ने धीरे से अपना सिर हिलाया।

"नहीं, उसने कुछ नहीं किया। लेकिन वह किसी खतरनाक गैंग से मिला हुआ है। उसने अपने मालिक से कुछ रुपए उधार लिये हैं, जो यह गैंग चलाता है। उनको लगा कि मैंने उन्हें पकड़ने के लिए जाल बिछाया है। मैं आपा खो बैठा और चिल्लाया कि पुलिस आ रही है। बस, उन्होंने यह कर डाला।" आरुष की आवाज इतनी धीमी थी कि मैं मुश्किल से सुन पा रही थी।

"बहुत बुरा हुआ, आरुष! अब पानी सिर से ऊपर होता जा रहा है। मुझे उसे बेनकाब करना होगा। हम उसे ऐसे नहीं छोड़ सकते!"

सुजीत के प्रति मेरा गुस्सा और तेज होने लगा। मैंने कुछ समय से इस बात को उपेक्षित कर दिया था। जब मैं आरुष के साथ होती थी तो और कुछ भी मायने नहीं रखता था। पर आज मैं आरुष को इस हाल में नहीं देख पा रही थी। आरुष इसका हकदार नहीं था। उस कमीने सुजीत को हमें इस मामले में डालना ही नहीं चाहिए था।

"पूजा, देखो, मैं भी यही करना चाहता था। मैं उसका सामना करने गया था; लेकिन वह गैंग—वे बहुत खतरनाक लोग हैं। उनसे दूर रहो। उन सबसे दूर रहो। तुम ठीक रहो। मुझे भी इन लफड़ों में नहीं पड़ना। लेकिन मैं कभी बरदाश्त नहीं कर सकता कि उन्होंने तुम्हारे साथ क्या किया। मैंने पुलिस को यही बताया है कि उन्होंने लूटने के इरादे से मुझ पर हमला किया; क्योंकि मैं तुम्हें इन सबसे दूर रखना चाहता था।"

मेरा दिल आरुष के प्रति प्यार से भर गया। इस स्थिति में भी उसे मेरी ही चिंता थी। मैं गुस्से में हूँ और साथ ही आरुष की पीड़ा भी सहन नहीं कर पा रही।

"क्या आप बाहर इंतजार कर सकते हैं? सीनियर डॉक्टर आ रहे हैं।" एक नर्स ने कहा।

नर्स के परदे नीचे करते ही शशि और मैं बाहर आ गए।

बाहर आते ही हमने देखा कि मुकुंदन चले आ रहे हैं। उनके साथ कुछ पत्रकार और टेलीविजन के लोग थे। टेलीविजन रिपोर्टर ने आते ही अपना काम करना शुरू कर दिया और दूसरे उसे शूट करने लगे। उसने मलयालम में बोलना शुरू किया।

रिसेप्शनिस्ट ने उन्हें कहा, "एक्सक्यूज मी, प्लीज बाहर जाइए। यहाँ टी.वी. कैमरा या मीडिया का आना मना है। यह इमरजेंसी वार्ड है।"

रिपोर्टर बेफिक्र थी। उसने शांति से कुछ कदम पीछे हटकर अपना काम करना शुरू किया। उसने कहा कि 'एक गैंगवार में कलाडी के निवासी शाजू बनाम अर्जुन ने ज्यू टाउन की छोटी गली में बीयर की बोतल से हमला किया। यह हमला दो लोगों के बीच हुई हाथापाई से आरंभ हुआ और पुलिस को शक है कि अपराधी का संबंध गाँजे की तस्करी करनेवाले किसी गिरोह से है। उसने कहा कि वह आश्रय अस्पताल में है और इस हाथापाई में घायल एक ब्रिटिश नागरिक इस अस्पताल में पड़ा अपने जीवन से लड़ रहा है। उसने कहा कि हो सकता है कि वह उस गैंग से गाँजा खरीदने गया हो और पैसों को लेकर उनके बीच लड़ाई हो गई। उसने कहा कि वह ब्रिटिश नागरिक शहर के जाने-माने व्यक्ति मुकुंदन के आर्ट स्कूल का स्टूडेंट है।' और ऐसा कहते ही उसने माइक मुकुंदन की ओर कर दिया।

मुझे यह समझने में कुछ क्षण लगे कि जिस 'ब्रिटिश नागरिक' का जिक्र किया जा रहा है, वह आरुष है। वह बुरी तरह घायल है, हाँ। लेकिन यहाँ शोर मचाकर ऐसा कहा जा रहा है कि वह 'अपने जीवन से लड़ रहा है', गलत है। अगर ऐसा होता तो? टेलीविजन वाले बेकार का ड्रामा कर रहे हैं। भीड़ में खड़ा एक पत्रकार लगातार मेरी ओर देख रहा था। वह मुझसे संपर्क बनाना चाह रहा था। लेकिन टी.वी. रिपोर्टर की तेज आवाज के कारण कुछ सुनाई नहीं दे रहा था।

उसने माइक मुकुंदन की तरफ घुमाते हुए पूछा, "आप इस बारे में क्या कहना चाहेंगे?"

मुकुंदन ने बताया कि वह फोर्ट कोच्चि के इलाके में टूरिज्म पुलिस के साथ भाँग के तस्करों को पकड़ने के लिए खतरनाक काम कर रहे हैं। उन्होंने इसका सारा

दोष वर्तमान सरकार की असफलता पर लगाया। उन्होंने दावा किया कि वह कई महीनों से इस पर काम कर रहे हैं और नियम व कानून को कड़ा करने की माँग कर रहे हैं। उनकी आँखें अलग ही दिखाई दे रही थीं। वह किसी विजेता की तरह दिखाई दे रहे थे, जैसे कि वह पहले से जानते थे कि ऐसा होने जा रहा है।

"क्या आपको लगता है कि किसी विदेशी नागरिक के होने से इस प्रकार की कुटिल घटनाएँ बढ़ती हैं?" रिपोर्टर ने ड्रामा चालू रखते हुए पूछा।

"मैं नहीं समझता कि किसी विदेशी पर आरोप लगाना सही है। विदेशी मुद्रा के आगमन के लिए टूरिज्म बहुत जरूरी है। मेरा मानना है कि हमें इस बारे में कड़े कानून बनाने चाहिए, तभी स्थिति को काबू में किया जा सकता है।" मुकुंदन ने कहा कि उनके आर्ट स्कूल में ड्रग्स एवं शराब के लिए कड़ी मनाही है और दोनों का सेवन निषेध है। उन्होंने यह भी कहा कि स्कूल के बाहर जो कुछ भी होता है, उससे उनका कोई लेना-देना नहीं।

मुझे रिपोर्टर के कहे शब्दों पर बहुत गुस्सा आ रहा था। वह कहना चाह रही थी कि आरुष वहाँ गाँजा खरीदने गया था। यह सच नहीं था। वे इस तरह की नीच बात कैसे कह सकते हैं?

उनमें से एक रिपोर्टर, जो मुझ पर नजर गड़ाए हुए था, उसने मुझसे पूछा, "क्या आप मि. कृष्णन की बेटी हैं? पूजा?"

"हाँ।" मैंने जवाब दिया। मैंने उसका चेहरा ध्यान से देखा। मुझे नहीं पता था कि वह कौन है। "क्या आप मेरे पापा को जानते हैं?"

"मैं वायनाड से हूँ।" उसने कहा, "जिस समय गाँजा पकड़ा गया, मैं वहीं था। क्या तुम्हें गिरफ्तार नहीं किया गया था? तुम्हें इस बारे में क्या कहना है?"

मैं अचंभे में पड़ गई कि मुझे क्या कहना है! मैंने कभी नहीं सोचा था कि ऐसा भी हो सकता है। मुझे पहचान लिया जाएगा। दो अन्य रिपोर्टरों ने भी उस आदमी की बात सुन ली। उन्होंने मुझे चारों ओर से घेर लिया—भूखे भेड़ियों की तरह।

अचानक स्पॉट लाइट मेरे ऊपर आ गई। किसी ने टेलीविजन रिपोर्टर से कुछ कहा और मैं कैमरे में आ गई।

"पूजा कृष्णन, आप यहाँ क्या कर रही हैं और आपका इस मामले से क्या संबंध है? क्या विस्तार से हमें बताएँगी?" टी.वी. रिपोर्टर ने मुझसे पूछा।

एक तरफ मन में यह आ रहा था कि मैं अभी मर जाऊँ। मैं सोच रही थी कि मेरे साथ इतना बुरा क्यों हो रहा है? लेकिन स्पॉट लाइट फिर से मेरे ऊपर आ गई।

वे मेरे जवाब का इंतजार कर रहे थे। मैं किसी हिरण की तरह उनके चंगुल में फँस चुकी थी।

"मुझे फँसाया गया था। मुझे कुछ नहीं पता था। असली गुनहगार भाग गया है।" मैंने हकलाते हुए कहा। मैं नहीं जानती थी कि मुझे क्या कहना चाहिए और मेरे भीतर डर की एक लहर दौड़ गई।

"क्या आप असली मुजरिम को जानती हैं? क्या यह कोई संयोग है कि आप यहाँ हैं, अगर आप मानती हैं कि आपने कुछ नहीं किया?" रिपोर्टर आसानी से नहीं माननेवाला था।

मैं फँस चुकी थी।

मेरे पास कोई रास्ता नहीं था।

मैं कुछ नहीं कर सकती थी। वे लोग मुझसे सवाल कर रहे थे। उनकी आँखें मुझ पर दोष मढ़ रही थीं।

मुझे बोलना ही था।

"मैं यहाँ अपने दोस्त आरुष को देखने आई हूँ। वह वहाँ गाँजा खरीदने नहीं गया था। किसी व्यक्ति ने उसे फँसाया है और मैं उसे जानती हूँ। वह गैर-कानूनी काम करनेवाले लोगों के साथ मिला हुआ है, जिसके बारे में आरुष या मैं कुछ नहीं जानते।"

वायनाड से आनेवाले रिपोर्टर ने पूछा, "क्या आप उस आदमी का नाम बता सकती हैं, जिसने आपको फँसाया है? उसने ऐसा क्यों किया? क्या उसकी तुम्हारे साथ कोई दुश्मनी है?"

"सुजीत। वह असली गुनहगार है। पुलिस छानबीन कर सकती है। मैं निर्दोष हूँ। मेरा दोस्त भी निर्दोष है। प्लीज, हमें अकेला छोड़ दें।" मैंने कहा।

इतना कहते ही मैं इमरजेंसी की तरफ दौड़ी।

मेरे मस्तिष्क में एक ही आवाज गूँज रही थी कि मैंने गलत किया, बहुत बड़ी गलती। मेरी सोच बिखरने लगी। मैं जानती थी कि मैं उनके हाथों का खिलौना बन गई थी। पर अब बहुत देर हो चुकी थी। वह लाइव टेलीकास्ट शुरू हो चुका है, पूरे केरल राज्य में।

ओह, कितनी गड़बड़ हो गई है!

□

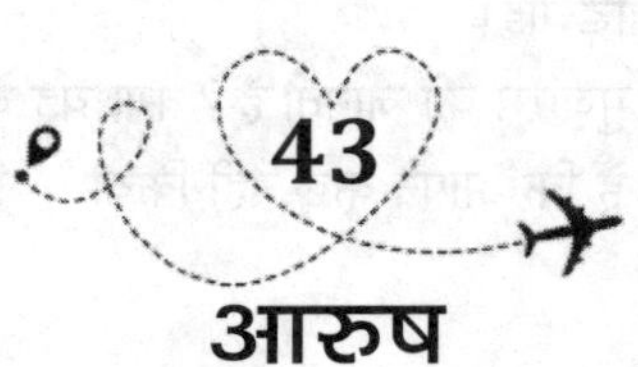

आरुष

डॉक्टर जो करना चाहते थे, उन्होंने किया—कई तरह के स्कैन, एक्स-रे और सिर की चोट का उपचार। वह चौबीस घंटों के लिए मुझे अस्पताल में रखना चाहते थे। उन्हें पूरे एक दिन तक आई.वी. ड्रिप में दवा के साथ मेरी हालत की जाँच करनी थी।

मैंने अपने शरीर पर लगी चोटों के बारे में सोचा। मेरा दायाँ बाजू जख्मी है। उसमें तेज दर्द है। आँखों में सूजी हुई लाल नसें दहक रही हैं। सिर ऐसे चकरा रहा है, मानो मेरी खोपड़ी में से कोई बाहर आना चाहता हो। माथे पर लगे टाँकों से चमड़ी खिंच रही है। बेशक, आधे गंजे सिर के साथ मैं फ्रैंकस्टाइन दिख रहा हूँ।

किस्मत अच्छी है कि मेरे बाहर के मेडिकल इंश्योरेंस से ही इलाज का खर्च निकल आएगा। यह हमारे यहाँ के एन.एच.एस. से काफी सस्ता और बेहतर भी है। इलाज के बाद मुझे एक प्राइवेट रूम में भेजा गया, जो काफी हद तक दिखने में होटल के कमरे जैसा था। बस, उस जगह मेडिकल बेड रखा था। मुझे नहीं पता था कि अस्पतालों के कमरे इतने आलीशान भी होते हैं।

हालाँकि, कमरा अच्छा था, पर मुझे वह आई.वी. ड्रिप नहीं भाई। करने को कुछ नहीं था, इसलिए मैं उसकी ओर ही देखता रहा। टप! टप! टप! उसे देखते हुए ही नींद आ गई।

जब मेरी आँख खुली तो मैंने पूजा को वहीं पास में काउच पर चुपचाप बैठे देखा। वह रो रही थी। उसकी आँखें चुगली कर रही थीं। शशि भी साथ बैठा था।

“क्या हुआ ?” मैंने उससे पूछा।

“आरुष···रिपोर्टर्स। वे लोग बहुत खराब हैं, हर जगह फैले हुए हैं। उन्होंने मेरा इंटरव्यू लिया और उनमें से एक ने मुझे पहचान लिया। अब मुझे स्थानीय चैनल पर दिखाया जा रहा है।”

“हा, हा! तब तो हम मशहूर हो जाएँगे।” मेरा चुटकुला किसी काम नहीं आया।

“यही तो परेशानी है। उन्होंने पुराने केस को उठा लिया और उनका कहना है कि तुम्हारी पिटाई इसलिए हुई, क्योंकि तुम नशीला पदार्थ लेने गए थे। मुझे तुम्हारा बचाव करना पड़ा। मैं यह सहन नहीं कर सकी।”

“ठीक है।” मैंने उसे दिलासा देनी चाही, “और अच्छी खबर है कि चोटें इतनी गंभीर नहीं हैं। मुझे यहाँ से कल छुट्टी मिल सकती है।”

“क्या तुम्हारे घर में पता है?” शशि ने पूछा।

“अभी तक तो नहीं।” मैंने कहा।

“यार, मुझे लगता है कि तुम्हें उन्हें बता देना चाहिए।” शशि ने कहा।

“मुझे नहीं लगता कि उन्हें खबर देनी चाहिए। वे बेकार में परेशान होंगे। मॉम तो चिंता से अधमरी हो जाएँगी।”

तभी मुकुंदन अंदर आ गए।

“ओह, आरुष! अब कैसा लग रहा है?”

“बेहतर हूँ।” हालाँकि, मैं बिल्कुल बेहतर महसूस नहीं कर रहा था।

“रिपोर्टर तुमसे बात करना चाहते थे, पर मैंने उन्हें बाहर रोका हुआ है।”

“बहुत समय से कह रहा था कि इन बातों से निपटने के लिए एक स्पेशल फोर्स होनी चाहिए। उनके पास बस पर्यटन पुलिस है, जो पुलिस संग्रहालय के प्रांगण में रहती है; पर उनके पास कुछ करने की शक्ति नहीं है। उन्हें स्थानीय पुलिस की ही मदद लेनी पड़ती है। अगर यह सब मेरे प्रशासन में होता···मैं इस बारे में केरल सरकार को कड़ाई से लिखने वाला हूँ।” उन्होंने अपनी बात समाप्त की।

मैंने देखा कि पूजा का चेहरा लाल हो गया था। जबड़े भिंचे हुए थे और वह शांत रहने की पूरी कोशिश कर रही थी।

शशि ने केवल अपना सिर हिलाया।

“और आरुष, मैंने तुम्हारे कॉलेज को सूचना भेज दी है।” मुकुंदन बोले।

“ओह, आपने ऐसा क्यों किया? मैं ठीक हो जाऊँगा।” मैंने कहा।

"यह एक गंभीर घटना है और तुम मेरे अधीन हो। मीडिया ने मामला उछाल दिया है। अगर मैं ऐसा नहीं करता तो मुझ पर लापरवाही का आरोप लग सकता है।"

मैंने हामी भरी।

उन्होंने पूछा कि क्या मुझे कुछ चाहिए?

"मुझे कुछ नहीं चाहिए। मैं ठीक हूँ। थैंक्स।" मैंने कहा।

"ठीक है, तब मैं चलता हूँ। कुछ क्लासेज छूट गई हैं। कल तुम्हारी छुट्टी के समय पेपर वर्क पूरा करने आ जाऊँगा। शशि, अगर कोई जरूरत हो तो मुझे कॉल करना।" उन्होंने कहा।

"ये इस बार जीत जाएँगे। हर काम सही ढंग से कर रहे हैं।" शशि ने मुकुंदन के दूर जाते ही कहा।

"कौन, क्या जीत जाएँगे?" मैंने पूछा।

"चुनाव। वे मीडिया को अच्छी तरह सँभाल रहे हैं। उन्होंने सारी बात को सँभालते हुए अच्छी स्पीच भी दी।" शशि ने कहा।

पूजा बोली, "क्या बकवास है!"

"ओह, अरे पूजा, शांत हो जाओ।" मैंने उससे कहा।

पर पूजा का गुस्सा और भी भड़क गया।

"क्या तुम समझे नहीं? हरामी है वह! वही मीडिया को इस जगह लाया। उसे राजनीतिक मसाला मिल गया।" पूजा ने कहा। अब मुझे समझ आया कि पूजा को इतना गुस्सा क्यों आया था।

तभी मेरे फोन की घंटी बजी। घर से मॉम-पापा का फोन था। मैं फोन नहीं उठा पाया तो पूजा को उसे स्पीकर पर डालने का संकेत किया। उसने फोन मेरी छाती पर रख दिया।

"हैलो, माँ!"

मैंने अपनी मॉम को कभी इतना चिंतित नहीं सुना। "आरुष, वीडियो चालू करो। हम तुम्हें देखना चाहते हैं।"

"चिंता मत करो, मॉम, मेरे दोस्त मेरे साथ हैं। मैं ठीक हूँ।" मैंने आवाज को खुशहाल बनाते हुए कहा।

पर मेरी मॉम कुछ सुनना नहीं चाहती थीं। वे मुझे देखने की जिद पर अड़ी थीं।

मैंने पूजा को हामी भरी तो उसने वीडियो का बटन दबाकर फोन अपने हाथ में ले लिया। मुझे मॉम का चिंतित चेहरा दिखा और फिर फोन के कैमरे में अपनी

शक्ल देखकर तो सदमा ही आ गया। मैं खुद को ही पहचान नहीं पा रहा था। ऐसा लग रहा था कि किसी गुंडे को ड्रग माफिया ने बुरी तरह से पीटा हो।

मॉम ने मुझे देखते ही गहरी उसाँस भरी।

"हे भगवान्!" वे हाथ से मुँह ढककर बोलीं।

फिर पापा ऑनलाइन आ गए।

"क्या हालत बना रखी है अपनी!" वे बोले। वे बहुत कम हिंदी बोलते हैं और बहुत नाराज होने पर ही उनके मुँह से हिंदी निकलती है।

"कुछ नहीं। कल छुट्टी मिल जाएगी। बस, ऐसी हालत लग रही है। वैसे मैं ठीक हूँ।" मैंने दिलासा दी।

मॉम रोने लगीं।

"मॉम, पूजा और शशि से हाय करो। ये मेरे दोस्त हैं।" उनका ध्यान दूसरी ओर लगाने के लिए ऐसा करना पड़ा। पूजा और शशि दोनों आगे आ गए।

बस, मॉम का ध्यान दूसरी ओर हो गया।

"आंटी, आप चिंता मत करो। हम इसका ध्यान रख रहे हैं। यह जल्दी ठीक हो जाएगा। ये बाहरी चोटें हैं।" पूजा ने कहा। मैं हैरान था कि वह कितनी आत्मविश्वास से भरपूर लग रही थी।

पापा ने कहा, "तुम्हारे कॉलेज से पता चला कि तुम पर हमला हुआ था। वे चाहते हैं कि तुम अपना प्रोग्राम बीच में छोड़कर तुरंत वापस आ जाओ।"

"तुरंत! पर कैसे?" मैंने पूछा।

"अस्पताल के डॉक्टरों ने उन्हें मंजूरी दे दी है कि तुम यात्रा कर सकते हो। उन्होंने तय किया है कि भारत में तुम्हारा रहना सुरक्षित नहीं है। खासतौर पर मीडिया ने ड्रग माफिया के मिले होने का भी संकेत किया है। वे तुम्हें इस जगह से बाहर निकालना चाहते हैं। ब्रिटिश हाई कमीशन तुम्हारी वापसी का प्रबंध कर रहा है। हमारी भी बात हुई थी। तुम्हारा कुछ ही घंटों में टिकट आ जाएगा और वे तुमसे बात भी करेंगे। तुम कल निकल सकते हो।" वे बोले।

"पर...पर यह सब अचानक!" मैंने कहा।

"देखो बेटा, तुम्हारी सलामती से बढ़कर कुछ नहीं है। यही वजह है कि तुम्हारे भारत जाने से मैं खुश नहीं था। भारत बहुत ही भयानक जगह है। देखा, क्या हुआ! मैं नहीं चाहता कि तुम इस भयंकर जगह पर एक मिनट भी ठहरो। अगर कॉलेजवाले चाहते हैं कि तुम वापस आओ तो इसकी कोई वजह ही

होगी।" मेरे पापा ने कड़े शब्दों में कहा। वे मेरी एक बात नहीं सुनना चाहते थे। फिर उन्होंने फोन रख दिया।

दिमाग में कई तरह के भाव चक्कर काट रहे थे। समझ नहीं आ रहा था कि क्या कहा जाए? सबकुछ बिखर-सा गया है। कल ही जाना होगा! बाकी कोर्स का क्या होगा? फिर मैंने अपने टूटे हुए हाथ पर नजर डाली।

पूजा का क्या होगा? मैं इसे छोड़कर कैसे जा सकता हूँ? समझ नहीं आ रहा कि क्या कहा जाए?

पूजा भी मेरी तरह सदमे में दिखाई दे रही है।

उसका फोन बजा। उसने चमकती स्क्रीन को देखा और अपना सिर हाथों में पकड़कर काउच पर बैठ गई।

"क्या हुआ? किसका फोन है?" शशि ने पूछा।

"मेरे पापा।" पूजा ने इतने धीरे से कहा कि मुझे सुनने के लिए पूरा जोर लगाना पड़ा।

□

पूजा

"पूजा, घर आओ।" मेरे पापा ने इतना ही कहा। उन्होंने और कुछ कहे बिना फोन रख दिया। मेरे शरीर में सिहरन–सी दौड़ गई। मैं कुछ क्षण के लिए वहाँ बैठ गई और सोचने लगी कि क्या किया जाए? यह उनके चिल्लाने से ज्यादा भयानक हो गया। वे मुझसे पूछेंगे कि मैंने टी.वी. चैनल वालों को ऐसे क्यों कहा?

"मुझे जाना होगा।" मैंने आरुष और शशि से कहा।

"तुम ठीक तो हो?" आरुष ने पूछा। कैसी विडंबना है कि वह अकेला अस्पताल के पलंग पर है और उसे आई.वी. ड्रिप लगी हुई है।

मैं उसके पास गई और उसके माथे को चूमा।

मेरे अंदर की बेचैनी पेट में उथल–पुथल मचा रही है।

"अपना खयाल रखना।" मैंने उससे कहा।

मैं जब घर पहुँची तो मेरी माँ व पापा ड्रॉइंग रूम में मेरा इंतजार कर रहे थे। टी.वी. चल रहा था और अनोखी बात यह थी कि मैं अपने आप को 72 इंच की स्क्रीन पर देख रही थी। मुझे वह देखना अच्छा नहीं लगा। मुझे वह सुनना अच्छा नहीं लगा। मैं जिस तरीके से हकलाकर बोल रही थी, उसे देखकर मुझे हीनता हो रही थी। उन्होंने वह क्लिप एडिट करके हटा दी, जिसमें मैंने सुजीत का नाम लिया था और जहाँ मैंने स्पष्ट रूप से कहा था कि मैं दोषी नहीं। और देखने में यह ऐसा लग रहा था कि रिपोर्टर द्वारा उस आदमी का नाम पूछने के बाद मैं वहाँ से चली गई।

मेरे पापा ने फटाफट चैनल बदल दिया। बहुत से चैनल वही क्लिप दिखा रहे थे। उन सबने वही रिपोर्ट दिखाई। जिस लड़के पर हमला हुआ, उसकी हालत गंभीर

है और शायद वह जिंदा न रह सके। उन्होंने बताया कि यह मुठभेड़ गाँजे के तस्कर गिरोह की है। एक ब्रिटिश नागरिक गाँजा खरीदने की कोशिश कर रहा था, जिस पर बाद में हमला हुआ। उन्होंने इससे पहले वायनाड में गाँजा पकड़े जाने का जिक्र भी किया, जिसमें कोच्चि की एक स्टूडेंट को गिरफ्तार किया गया था। उन्होंने मेरे माँ-पापा को भी इसमें घसीट लिया, यह कहते हुए कि मैं एक विख्यात बिजनेसमैन की बेटी हूँ और मेरी माँ एक जानी-मानी सर्जन हैं।

यह किसी बुरे सपने से भी बुरा था।

"तुम्हें क्या कहना है, पूजा?" पापा ने शांत भाव से पूछा।

"हमने ऐसा क्या किया है, जो ये दिन देख रहे हैं? इस लड़के का इससे क्या संबंध है? हमें सबकुछ सच-सच बताओ।" मेरी माँ ने कहा। वह चिल्ला नहीं रही थीं। उनका रंग पीला पड़ा हुआ था।

इस सब में उनके शामिल होने से मैं दु:खी थी।

शांति चेची आसपास ही मँडरा रही थीं।

"माँ, अक्का, मेरा यकीन करो। आरुष का ड्रग्स से कोई लेना-देना नहीं। ये टी.वी. चैनलवाले झूठ बोल रहे हैं।" मैंने गिड़गिड़ाकर कहा।

लेकिन न तो मेरे पापा ने और न ही मेरी माँ ने विश्वास किया। वे मुझे दोषी मानते हुए टकटकी लगाए घूर रहे थे। वे पहले से ही मुझे मुजरिम मान चुके थे, मुझे गलत समझ चुके थे।

ये मेरे लिए सबसे शर्मनाक पल थे।

"मैंने तुम्हें इस पचड़े से बाहर निकाल लिया था। मैंने तुम्हें इनसे दूर रहने को भी कहा था। फिर तुम अस्पताल क्यों गईं? वह लड़का यहाँ कब आया? तुम क्यों हमारे साथ झूठ बोल रही हो?" पापा ने पूछा।

"मुझे माफ कर दो, मेरा यह मतलब नहीं था…" मैं बुदबुदाने लगी।

"तुम्हारी कही बात का कोई फायदा नहीं। इसकी कोई तुक नहीं बनती।" माँ ने कहा, "हम किसी को अपना चेहरा दिखाने के लायक नहीं रहे। हमारी इज्जत, समाज में हमारा रुतबा सब समाप्त हो गया।"

"यह खबर देखने के बाद पुलिस के डी.आई.जी. ने मुझे फोन किया। उसने मुझसे पूछा कि तुमने ऐसा क्यों कहा और वायनाड वाली घटना के बाद ऐसा जवाब क्यों दिया? उनका कहना है कि अब पुलिस को छानबीन करनी होगी और रिपोर्ट पेश करनी होगी।"

यह सुनते ही मेरे कंधे झुक गए। मैं कुछ कह न सकी। पुलिस की छानबीन। मेरे हाथ ठंडे पड़ने लगे। मेरे पेट में एक गाँठ-सी बन गई है, जो कड़ी होती जा रही है।

मैं कुछ न कह सकी और बुत बनकर वहीं खड़ी रही।

लेकिन बात यहीं समाप्त नहीं हुई।

"तुम शुरू से ही हमारे साथ झूठ बोलती आ रही हो।" माँ ने कहा, "तुम कॉलेज खुलने के बाद से एक दिन भी क्लास में नहीं गईं। टी.वी. में खबर देखने के बाद तुम्हारे कॉलेज के प्रिंसिपल ने मुझे फोन करके बताया। वे तुम्हें कॉलेज से सस्पेंड कर रहे हैं। तुम अपनी कोचिंग क्लास में भी नहीं जा रहीं। मैंने सेंटर से पूछा है। इसका मतलब है कि इस दौरान तुम उस लड़के से मिलती रही हो, हमारी आँखों में धूल झोंकती रही हो। हमें सब सच-सच बताओ।"

"मुझे माफ कर दो···हाँ, मैं उससे मिलती रही हूँ।" मैंने स्वीकार किया। मैं मुश्किल से जवाब दे पा रही थी।

"तुम्हें मार पड़नी चाहिए।" मेरी माँ बोलीं, "उन्हें कहो कि इसे पकड़कर फिर से जेल में डाल दें, तभी शायद इसे कोई सबक मिले। फिर शायद यह झूठ बोलना छोड़ दे।"

मेरी माँ के शब्द किसी तलवार की तरह काम कर रहे थे। मेरा सिर शर्म से झुका हुआ था।

"अब वह लड़का कैसा है? क्या वह जिंदगी और मौत के लिए लड़ रहा है?" पापा ने पूछा।

"नहीं, ये टी.वी. चैनलवाले इसे बहुत बढ़ा-चढ़ाकर दिखा रहे हैं। वह वापस यू.के. जा रहा है।" मैंने कहा।

"अच्छी बात है। मैं चाहता हूँ कि तुम उससे किसी तरह का संबंध न रखो। तुम मेरी बात सुन रही हो न? कोई संबंध नहीं। मैं ऐसे किसी बेवकूफ के साथ तुम्हें उलझते हुए नहीं देख सकता। ये घटिया लोग समाज के नाम पर कलंक हैं। तुम समझीं क्या?" पापा ने कहा।

आरुष कोई कलंक नहीं। आरुष नीची जाति का या घटिया नहीं। वह सुजीत से भिड़ने गया था, क्योंकि सुजीत ने जो मेरे साथ किया, वह उसे किसी कीमत पर बरदाश्त नहीं था। मेरे लिए, आपकी बेटी के लिए।

मैं सबकुछ कह देना चाहती थी, लेकिन चुपचाप खड़ी रही। मेरे मुँह से एक भी शब्द नहीं निकला। मैंने धीरे से सिर हिलाया।

"तुमने जो कुछ किया, मुझे उस पर यकीन नहीं। अपना फोन दो।" मेरी माँ ने कहा।

"इह ?" मैंने पूछा। मुझे समझने में थोड़ा समय लगा।

"अपना फोन दो!" मेरी माँ ने अपना हाथ आगे बढ़ाया।

"प्लीज माँ, मेरा फोन मत लो।" मैं गिड़गिड़ाई। मैं आरुष से बात न कर सकने की कल्पना भी नहीं कर सकती थी।

"देखो इसकी तरफ! इतना सब होने के बाद भी इसे फोन चाहिए। फोन दो मुझे।" माँ ने कहा। वह मेरे पास ही खड़ी थीं और उनकी आँखों में गुस्सा उबल रहा था। मैंने अपनी नजरें नीचे कर लीं। मेरे पास कोई चारा नहीं था।

"जाओ और अपना लैपटॉप लेकर आओ।" माँ बोलीं।

"प्लीज···प्लीज···ऐसा मत करो।" मैंने कहा। मुझसे हिला भी नहीं जा रहा था। मैं वहाँ खड़ी लगातार गिड़गिड़ाती जा रही थी।

"यह सब तुम्हें अपने माँ-पापा को मशहूर करने से पहले सोचना चाहिए था।" मेरी मॉम की आवाज बर्फ जैसी ठंडी थी।

मैं अपने कमरे में गई और अपनी मेज पर से लैपटॉप उठा लाई।

वे मेरा फोन और लैपटॉप लेकर चली गईं।

□

आरुष

ब्रिटिश एयरवेज की यू.के. की उड़ान में मुझे शाही तरीके से ले जाया गया। उन्होंने मुझे फर्स्ट क्लास में बिठाया। उस जगह की सुख-सुविधा, सेवा और मेन्यू को देखकर मैं अपनी चोटों का दर्द भी भूल गया। ब्रिटिश हाई कमीशन का एक प्रतिनिधि स्वयं मुझे एयरपोर्ट तक छोड़ गया था। वह कुछ खास रास्तों से लेकर आया, जहाँ कोई लाइनें नहीं थीं और मुझे सीधा इमीग्रेशन पर छोड़ा गया, जहाँ कुछ ही मिनटों में मेरे पासपोर्ट पर मुहर लग गई थी।

मुकुंदन के शब्द याद आ गए, "देखो, बेहतर यही होगा कि तुम जल्दी से वापस चले जाओ। हालात बिगड़े हुए हैं। अगर स्थानीय पुलिस ने आरोप लगा दिए तो सब गड़बड़ हो जाएगी।" उसने चेतावनी दी थी कि अगर कुछ हुआ तो वह भी मदद नहीं कर सकेगा। पापा, कॉलेज अधिकारियों और मुकुंदन के दबाव के चलते मेरे पास तत्काल वापस जाने के सिवा कोई उपाय नहीं था। पिछली शाम से तेजी से घटनाएँ घट रही थीं, मानो सबकुछ किसी तेज आँधी की चपेट में आ गया हो।

इन सभी बातों के बीच दुःख इसी बात का था कि मुझे पूजा को 'बाय' कहने का भी अवसर नहीं मिला, जिसके साथ कोई संपर्क नहीं हो पा रहा था। मैंने उसे इंस्टा पर भी मैसेज भेजे, पर शायद उसने देखे ही नहीं।

मैं आकाश में 35,000 फीट की ऊँचाई पर अपने कंबल में लिपटा, जमीनी हकीकतों से दूर स्वयं को कोकून में सुरक्षित महसूस कर रहा था। उस सुविधा के बीच मेरे पास सोचने के लिए बहुत सा समय था। मैंने सुजीत को फँसाने के निर्णय पर विचार किया। अगर ऐसा न किया होता तो मैं अपना प्रोग्राम पूरा कर सकता था। मैं दीवारों के चित्र भी पूरे नहीं कर पाया; हालाँकि, मेरा बचा हुआ काम भी मुकुंदन

ने सँभाल लिया था। उन्होंने कहा था कि मैं उन्हें हाथ ठीक होने पर घर जाकर पूरा कर सकता था। उन्होंने मुझसे कहा था कि वह वीडियो कॉल पर मेरी मदद कर देंगे, जिनके लिए शशि का धन्यवाद रहेगा।

आँख अब ठीक है, पहले जितनी डरावनी नहीं लग रही। सिर के गंजेपन के टुकड़े को छिपाने के लिए मैंने टोपी पहन ली है। टाँकों को ढकने के लिए पट्टी की जगह मेडिकल टेप लगा दी गई है। बाजू पर प्लास्टर लगा है और मैं सामान्य लग रहा हूँ।

दिमाग में उथल-पुथल मची है। यह सब सुजीत को काबू करने की जिद के कारण हुआ। मेरे मन का एक हिस्सा पछतावे से भरा है और मुझे उसके लिए अफसोस हो रहा है। उसकी किस्मत तो मुझसे भी ज्यादा खराब है। मैं अपने देश वापस जाकर सबकुछ पहले की तरह शुरू कर सकता हूँ। पता नहीं उसका क्या होगा ? उसने गुंडों से पैसा उधार लिया और अब उनके कहने पर सबकुछ करने को मजबूर है। मन का एक हिस्सा नाराज भी है कि उसने इन बातों में मुझे और पूजा को क्यों शामिल किया ?

मैं दो ही घंटे में घर पहुँचने वाला हूँ। पापा लेने आएँगे।

मैं उनका सामना नहीं करना चाहता, पर कोई दूसरा उपाय भी तो नहीं है।

□

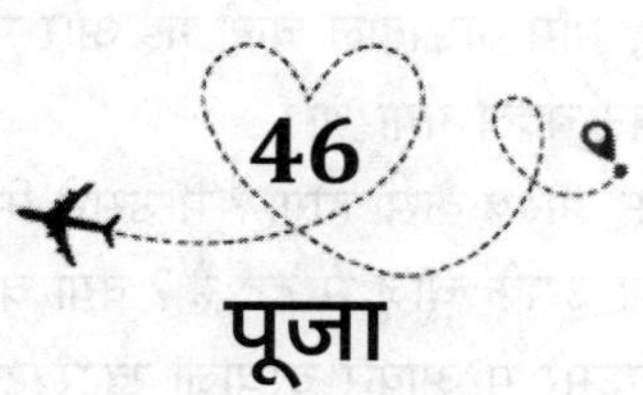

46

पूजा

मैं अपने कमरे में भागकर गई और तकिए में चेहरा छिपा लिया। मैं सुबकियाँ भर रही थी। रोना थम ही नहीं रहा था। मैं नहीं चाहती थी कि किसी को मेरे रोने का पता चले। सारी मायूसी, पछतावा, गलत फैसले, असुरक्षा मिलकर दिमाग को मथने लगे। कई तरह के विचारों ने मुझे घेर लिया था। वे तेज लहरों की तरह बार-बार आ रहे थे। मैं अपने साथ हुए अन्याय के बारे में सोचकर रोती रही। कैसे मम्मी हमेशा बचपन से दिव्या का पक्ष लेती आई हैं। मैं कभी पढ़ाई में अव्वल नहीं आई और दिव्या की तरह परिणाम नहीं ला सकी। मैं रोई, क्योंकि गिरफ्तार होने में मेरी कोई गलती नहीं थी। और यह मेरी गलती नहीं थी कि वे रिपोर्टर मुझ पर झपट पड़े। मैं आरुष को याद करके रोई—उसकी सूजी हुई आँख और हाथ में लगी हुई ड्रिप।

जब मैं थक गई तो रोना बंद कर दिया। मैंने अपना चेहरा धोया और डेस्क पर बैठ गई। रोने से आँखें सूज गई थीं। फोन और लैपटॉप के बिना सब सूना लग रहा था। पिछले अनुभव के आधार पर कह सकती थी कि मॉम ने उन दोनों को अपनी अलमारी में रखकर ताला लगा दिया होगा और उस जगह से उन्हें निकालना असंभव था। मानो मेरे हाथ-पैर ही कट गए थे। समझ नहीं आ रहा था कि क्या करना है। मैंने एक कागज और पेन लिया तथा आड़ी-तिरछी रेखाएँ खींचने लगी। धीरे-धीरे सारा गुस्सा कागज पर ही उतरा और मैंने उसे फाड़ ही दिया।

दरवाजे पर हलकी सी आहट हुई और शांति चेची ने कहा कि मम्मा डिनर के लिए नीचे बुला रही हैं।

"उन्हें कह दो, भाड़ में जाएँ!" मैंने जवाब दिया।

जब सबने खाना खा लिया तो शांति चेची कमरे में ही मेरा खाना ले आईं और मैंने अकेले ही बैठकर खाना खाया। मैं किसी से बात नहीं करना चाहती थी। परिवार ने मुझे अकेला छोड़ दिया। अगली सुबह सब अपने काम पर चले गए। दिव्या ऑफिस गई, मॉम अस्पताल चली गईं और पापा स्टडी में चले गए। केवल मेरे लिए ही जीवन बदल गया था।

मैं सोच रही थी कि आरुष कैसा होगा? मैं उससे मिलने को बेताब हूँ। क्या वह घर चला गया? क्या उसके बाजू में दर्द है? क्या वह ठीक है?

शाम को पापा ने कमरे में आकर दरवाजा खटखटाया।

मैंने कोई उत्तर नहीं दिया।

"पूजा, अंदर आ सकता हूँ, बिटिया?" उन्होंने पूछा।

मैंने कुछ नहीं कहा।

"मैं आ रहा हूँ।" फिर वे कमरे में आ गए।

मैं पेट के बल लेटकर किताब पढ़ रही थी। यह किताब पढ़ने को आरुष ने ही कहा था।

"बिटिया, मुझे पता है कि तुम नाराज हो, पर यह सब तुम्हारी भलाई के लिए ही हो रहा है। रिपोर्टर और जानना चाहते हैं। पर मैंने और उन्नी अंकल ने किसी तरह मामला सँभाल लिया है।" वे बोले। वे बहुत आराम से बात कर रहे थे। उनकी आवाज में गुस्सा नहीं दिख रहा था।

मैंने कुछ नहीं कहा।

"अब तुम्हें बाहर आना होगा। सादी वरदीवाली पुलिस घर से हट गई है। पर चिंता मत करना। यह केवल औपचारिकता है। डी.आई.जी. ने दिलासा दी है कि सब ठीक है।"

मैं पढ़ने का दिखावा करती रही। पुलिस का नाम सुनते ही जेल के दृश्य दिमाग में आने लगे। माथे पर पसीना छलक आया था।

पापा की नजरों से छिपा न रहा।

"बेटा, मैं तुम्हारे साथ हूँ। हम मिलकर सब सँभाल सकते हैं।" उनका हाथ मेरे कंधे पर था।

उनके इस बरताव से मेरी आँखों से दोबारा आँसू बहने लगे।

"आओ, बाहर आओ, बेटा और अपना बयान दो। बस, सब खत्म हो जाएगा। यह एक औपचारिकता है। कोई चिंता मत करना।" उन्होंने पुचकारा।

मैंने बाल ठीक किए और बाहर आ गई।

पुलिसवाले पापा की उपस्थिति से थोड़े असहज-से लगे।

उन्होंने पूछा कि मैं अस्पताल में क्यों थी? मैंने उन्हें बताया कि मैं अपने दोस्त आरुष से मिलने गई थी, क्योंकि मुझे फोन आया था कि उसे चोट लगी है। उन्होंने पूछा कि मैं उसे कैसे जानती हूँ? मैंने बताया कि हम वायनाड में मिले थे। फिर मैंने उन्हें सुजीत के बारे में बताया और यह भी बताया कि आरुष और मेरा इस कहानी से कोई लेना-देना नहीं था। मैंने उन्हें उन्हें बताया कि मेरे साथ रिपोर्टरों का बरताव बिल्कुल गलत था। उन्हें मेरे बजाय अपराधियों का पीछा करना चाहिए था। हैरानी की बात है कि अपनी बात कहने से मन हलका लगने लगा, मानो अपने हिस्से की कहानी कहने के बाद मन से कोई भार उतर गया हो।

"सर, हमें यह सब पता है। सब अपनी नौकरी पूरी कर रहे हैं। हमें रिपोर्ट देनी है और दिखाना है कि आपकी बेटी का बयान लिया गया है।" उन्होंने माफी माँगते हुए कहा।

फिर उन्होंने मुझे व पापा को धन्यवाद कहा और वापस चले गए।

"क्या मुझे मेरा फोन वापस मिल सकता है?" उनके जाते ही मैंने पापा से कहा।

"मैंने और तुम्हारी मम्मी ने तय किया है कि तुम्हें कुछ दिन फोन व लैपटॉप से दूर ही रखा जाए।"

"ये दोनों चीजें रख लेंगे?" मैंने पूछा।

"पूजा, फोन और लैपटॉप की चिंता करने के बजाय कॉलेज से अपने सस्पेंशन के बारे में सोचो।" पापा ने भिंचे हुए होंठों के साथ सिर हिलाते हुए कहा।

"तुमने अपने भविष्य के बारे में सोचा है कि तुम क्या करने वाली हो?" अब वे कमरे में इधर-उधर चक्कर काट रहे थे।

"पूजा, तुम क्या करना चाहती हो? आनेवाले कल के लिए तुम्हारी क्या योजना है?"

दरअसल, फोन और लैपटॉप छिनने तथा आरुष के अचानक वापस जाने से मैं इतना दु:खी थी कि भविष्य या कॉलेज के बारे में कुछ सोच ही नहीं पा

रही थी। जब पापा को इस बारे में गुस्सा करते देखा तो इस ओर ध्यान गया।

अब मैं क्या करने जा रही हूँ, मुझे कुछ पता नहीं था।

बस, दिमाग में यही आ रहा था कि क्या आरुष यू.के. पहुँच गया होगा? अपने फोन और लैपटॉप के बिना मैं उससे संपर्क कैसे कर सकती हूँ?

□

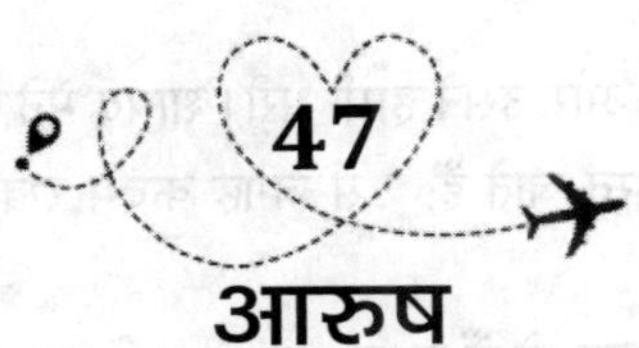

आरुष

जब पापा ने मुझे देखा तो पहली बात यही कही, "तुम्हारे सिर के बाल हटवाने होंगे। हम घर जाने से पहले यह काम कर सकते हैं।"

वे न तो गले मिले और न ही प्यार जताया। वे ऐसे ही हैं। पर फिर भी, मुझे उनके होने से दिलासा मिलती है। वे हमेशा व्यावहारिक पहल रखते हैं।

ज्यों ही हम हीथ्रो एयरपोर्ट से बाहर आए, ठंडी हवा ने ताजगी भर दी। भारत की तुलना में ब्रिटेन शांत है। कितना शांत और साफ! कितना जाना-पहचाना! इस माहौल में वापस आकर कितना अच्छा लग रहा है!

मुझे याद है, कहीं पढ़ा था कि अगर आपके मन में किसी जगह से सुकून देनेवाली यादें जुड़ी हों तो वे आपके दिमाग की कोशिकाओं में न्यूरॉन्स को जगाकर सेरोटोनिन पैदा करती हैं। इसे एक फील गुड हार्मोन कह सकते हैं। मैं सोच रहा था कि यहाँ यही हो रहा था। मैं घर आ गया हूँ। यह मेरा घर है। मन धुन गुनगुनाने लगा। हम छोटे शहरों से होते हुए अपने घर की ओर जा रहे थे और मैं सबको लगातार देखता जा रहा था। घोड़े, गाय और भेड़—वह सब देखकर मेरे चेहरे पर मुसकान आ गई। भारत ने इतना घेर लिया था कि मैं भूल ही गया था कि मैं कितनी शांत जगह से आया था।

जब भारत के लिए गया था तो मन में बहुत उत्साह था, नया अनुभव पाना था। पर वापस आया हूँ तो मन में सुरक्षा और सुकून का अहसास है। किसने सोचा होगा कि मुझे भी कभी ऐसा महसूस होगा!

"बर्टन में रुककर बाल कटवा देते हैं। मैं नहीं चाहता कि घर में सब तुम्हें ऐसे देखें।" पापा ने कहा।

हम शहर में सीधा सुपरकट्स के पास गए।

"अरे, यह क्या हुआ?" काउंटर पर बैठी महिला ने पूछा।

"इसे भारत हुआ है।" पापा बोले।

"भारत गए थे?" उस महिला ने ऐसे पूछा, मानो मैं दुनिया के दूसरे कोने में होकर आया था।

"हम्म।" मैंने कहा और उसने हामी भरी। शायद मैंने उसके डर को सच कर दिया था कि जो लोग भारत जाते हैं, उस जगह कदम रखते ही उन्हें बुरी तरह से पीटा जाता है।

जब सारे बाल हट गए तो मैं इतना बुरा भी नहीं लग रहा था। बालों के बिना और माथे पर मेडिकल टेप के साथ मैं थोड़ा कूल टाइप लग रहा था। अगर हाई स्कूल में होता तो लड़के मुझे 'बिगड़ैल' कहते।

हम घर पहुँचे तो रिया अपनी बाउंसिंग बॉल पर उछलते हुए मेरे पास आ गई और मॉम उसके पीछे थीं।

"अरे वाह, कमाल लग रहे हो! बिल्कुल कैलिउ जैसे!" वह मेरी तुलना अपने मनपसंद कार्टून कैरेक्टर से कर रही थी, जिसे वह यूट्यूब पर देखती थी। उसके बालों से स्ट्रॉबेरी शैंपू की खुशबू आ रही थी। उसे यही पसंद है। उसने डेनिम की शॉट्र्स और टी-शर्ट पहनी थी, जिस पर एक पीले सूरज के साथ 'सनशाइन' लिखा था। वह सचमुच हमारे घर की सनशाइन है।

"क्या बहुत कार्टून देखने लगी हो?" उसने मेरे गले में बाँहें डाल दीं।

"जब मम्मा दुकान में व्यस्त होती हैं, तब देखती हूँ।"

इसके बाद मॉम ने मुझे गले लगाया।

"क्या कुछ खाया?"

"हाँ, मेरी तो प्लेन में बहुत सेवा हुई। मुझे बिजनेस क्लास में भेज दिया था। पिटाई के बदले में मजा आ गया।"

"बकवास बंद करो!" उन्होंने कंधे पर टहोका दिया।

"आह, दुखता है।" मैं चिल्लाया।

"अरे नहीं। सॉरी, सॉरी, बच्चे।"

"हा-हा, आपसे मजाक कर रहा था।" मैं हँस दिया।

मॉम ने कहा, "चल हट, पागल कहीं का!"

"आरुष ने मम्मा को बुद्धू बनाया! आरुष ने मम्मा को बुद्धू बनाया!" रिया नाचते हुए गाने लगी।

हवा में ताजा बने पराँठों की महक थी और मुझे पूरा यकीन था कि उन्होंने पनीर बटर मसाला भी बनाया होगा।

"आपने पनीर बनाया है।" मैंने महक सूँघते हुए कहा।

"क्यों? क्या भारत में या बिजनेस क्लास की फ्लाइट में पनीर नहीं मिला?"

"जी!" मैं मुसकराया।

"तुम्हारे अंकल ने रेस्तराँ से भेजा है। वे लोग शाम को मिलने आ रहे हैं।"

अंकल और आंटी ने शाम को भारत के अनुभवों के बारे में पूछा और मैंने उन्हें चंद्रू मामा की कहानी सुना दी। हम सब मिलकर हँसने लगे कि किस तरह चंद्रू मामा को अब भी शिकायत थी कि मैंने वायनाड में सारा सामान बच्चों में बाँट दिया था।

"अब जब हाथ टूट गया है, इसके ठीक होने तक तो कॉलेज नहीं जा सकते?" आंटी ने पूछा।

"जा तो सकता हूँ, पर भारत के दौरे के बाद ब्रेक बनता है, इसलिए हाथ ठीक होने तक घर में ही आराम करना है।"

"दुकान में मदद भी चाहिए। इन दिनों भारी भीड़ रहती है। इस महीने में बहुत सारे विवाह हैं।" मॉम ने कहा।

मुझे दुकान में काम करना पसंद नहीं; पर घर में बैठने की कोई तुक भी नहीं है।

देर रात डिनर के बाद पूजा की याद आई। मैंने फोन खोलकर मैसेज, इ-मेल और इंस्टाग्राम देखा। कोई खबर नहीं थी। पता नहीं, उसकी इस चुप्पी की क्या वजह है?

हो सकता है कि वह मुझसे नाराज हो कि मैं अचानक आ गया। अब सुजीत वाले मामले पर खुद को बुरा लग रहा था। भारत में तो यह जरूरी काम लग रहा था; पर अब सोचता हूँ तो लगता है कि यह सब कितना अजीब था। हाथ टूट गया, सिर पर चोट है, इन बातों का कोई मतलब ही नहीं है। पूजा ने एक मैसेज तक नहीं किया।

ऐसा लग रहा था कि किसी ने दिन-दहाड़े बेवकूफ बना दिया हो।

□

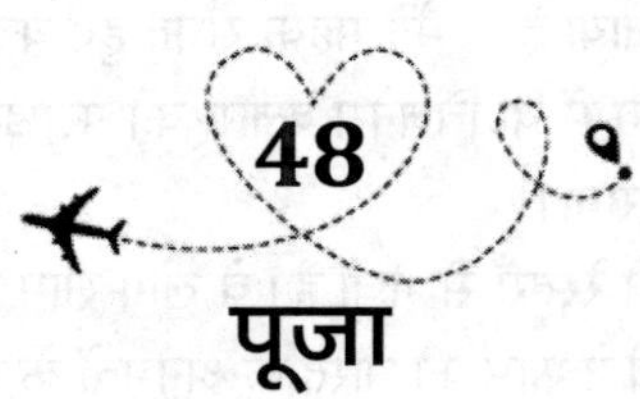

पूजा

अगर शांति चेची के पास स्मार्ट फोन होता तो उससे आरुष को मेल भेज सकती थी; पर उनके पास साधारण फोन था। मैं अपने कॉलेज के दोस्तों को भी फोन नहीं कर सकती थी, क्योंकि मेरे पास उनके नंबर नहीं थे।

पापा की स्टडी में डेस्कटॉप है, पर पापा उसे रात को लॉक कर देते हैं। अगर किसी तरह डेस्कटॉप मिल भी गया तो पूरी उम्मीद है कि उसमें पापा ने लॉक लगा रखा होगा। इसलिए उनके घर आने का इंतजार करना होगा। पापा पाँच दिन बाद घर वापस आए।

हर दिन एक-एक साल की तरह बीत रहा था। मैंने खुद को कभी इतना अकेला और असहाय महसूस नहीं किया था। पता नहीं, मैं फोन और लैपटॉप के बिना कैसे जी रही थी! क्या उसके सिर का घाव भर गया है? क्या वह मुझे याद करता है? क्या वह भारत को याद करता है? मैं उसकी आवाज सुनने को तरस रही थी। काश, उसे शांति चेची का नंबर दे दिया होता! तब शायद वह मुझे कॉल कर लेता।

हर दिन यही सोचकर उठती कि शायद आज फोन मिल जाए, पर हर रात मायूसी ही हाथ आती।

"क्या अपने भविष्य के बारे में सोचा है? तुम्हारी योजना क्या है?" बस, वे रोज एक ही बात पूछते थे। मेरे पास उनके सवालों के कोई जवाब नहीं थे।

शांति चेची खाना ले आईं और मैंने कमरे में अकेले बैठकर खाया। जब से उन्होंने मेरा फोन लिया था, तब से मैंने उनके साथ बैठकर खाना नहीं खाया था। शांति चेची कई बार मेरे साथ छत पर खाना खाती हैं और मुझे उनका साथ पसंद

है। मैं बाहरी दुनिया से अलग हो गई हूँ। किताबों और टी.वी. के सिवा कुछ नहीं है और मैं टी.वी. नहीं देखती।

मम्मी-पापा बात करने कमरे में आए।

"जितना मरजी मुँह फुला लो, फोन या लैपटॉप तो नहीं मिलेगा। कोई लक्ष्य नहीं है, पढ़ाई में ध्यान नहीं है, कॅरियर की परवाह नहीं है।" मम्मी ने पलंग के सामने रखे सोफे पर आराम से बैठते हुए कहा।

मैं पलंग पर बैठी थी। दोनों बाजू घुटनों से लिपटे हुए थे। मैं आगे-पीछे झूल रही थी और उनसे नजरें नहीं मिला पा रही थी।

"देखो पूजा बिटिया, तुम्हें अपने आनेवाले कल के लिए योजनाएँ बनानी होंगी। ठीक है?" पापा ने कहा।

"मैं प्राइवेट पेपर दे सकती हूँ।" मैंने उनसे कहा।

"ठीक है, तुम्हें पढ़ाई शुरू करनी चाहिए। पिछले कुछ दिनों तक तो किताबों को हाथ भी नहीं लगाया।" पापा बोले।

क्या आपको दिखता नहीं कि मैं आरुष से बात करने को बेचैन हूँ?

"मैं पढ़ाई करूँगी।"

"क्या तुम्हारे लिए घर में ट्यूटर रखवा दूँ?" मम्मी ने कहा।

मैं ऐसा तो किसी सूरत में नहीं चाहती।

"नहीं, मैं खुद ही पढ़ सकती हूँ। ट्यूटर की कोई जरूरत नहीं है।"

"आप मेरा फोन कब दोगे?"

"जब यह पता चलेगा कि तुम पढ़ाई को गंभीरता से लेने लगी हो।"

"मतलब मैं मेज पर बैठकर पढ़ने का दिखावा करती रहूँगी तो आप मेरा फोन दे दोगे?" मुझे उनका जवाब और रवैया दोनों ही मजाकिया लगे।

"देखो तो इसे! अब भी हमें धोखा देने की सोच रही है। पूजा, तुम्हें हो क्या गया है?" मम्मी का पारा चढ़ता जा रहा था। उन्हें दुःख देने में मुझे मजा आ रहा था।

"पूजा, बस करो। जिद मत करो। मॉम का अपमान क्यों कर रही हो? वे तुम्हारी मॉम हैं।" पापा ने कहा।

इसका क्या मतलब हुआ? मेरी मॉम हैं, मुझे जन्म दिया है तो क्या इन्हें हर अनुचित बात करने का मौका मिल जाएगा? मैंने किसी तरह अपना गुस्सा दबा लिया। अगर मैं कुछ कहती तो वे उतनी देर और कमरे में बैठते तथा लगातार कुछ-न-कुछ बोलते रहते। मैं चुप ही रही। मेरा तरीका काम कर गया।

पापा ने गहरी उसाँस भरी और उठ गए।

"पढ़ना शुरू करो। मैं प्राइवेट पेपर्स के बारे में पता करता हूँ।" वे बोले।

"अगर पढ़ाई करके पास नहीं होना तो किसी पैसेवाले लड़के से शादी कर लो। कम-से-कम वे तुम्हारी देखरेख तो कर लेंगे।" मम्मी ने कहा। मम्मी को अच्छी तरह पता है कि मुझे गुस्सा कैसे दिलाया जा सकता है।

पर मैं उन्हें यह संतोष नहीं देना चाहती थी कि वे मुझे खिझाने में कामयाब रहीं।

"अच्छा, आप दूल्हा खोज लो। बस, पैसेवाला होना चाहिए।" मैंने शांत स्वर में कहा।

"हम्म, वही इसे ठीक रखेंगे।"

मम्मा के जबड़े भिंच गए थे। मैं जानती हूँ कि यह दाँव मैंने जीता। वे कुछ और कहे बिना पैर पटकते हुए बाहर चली गईं।

अगली सुबह पापा को फोन पर सुना, किसी से ताज में मिलने की बात हो रही थी। उन्हें एक घंटे में निकलना था।

हुर्रे! अब उनका डेस्कटॉप मिल सकता था।

मैं बेचैनी से उनके जाने का इंतजार करती रही। हर सेकंड घंटे की तरह बीत रहा था। जब वे गए तो मैंने पंद्रह मिनट तक प्रतीक्षा की कि कहीं वे वापस आ गए तो? स्टडी हमेशा की तरह लॉक थी।

शांति चेची घर की सफाई करते हुए मुझे ऐसा करते हुए देख रही थीं।

"आपको पता है कि कमरे की चाबी किधर है?"

वे मुझसे जितना प्यार करती हैं, मुझे पता है कि वे मुझे मम्मा-पापा को धोखा नहीं देने देंगी।

"शांति चेची, प्लीज! मुझे आरुष से बात करनी है। छह दिन हो गए हैं। चाबी बता दो, किसी से एक शब्द भी नहीं कहूँगी।"

वे कुछ कहे बिना ही मॉम-डैड के कमरे की ओर चल दीं। मैं उनके पीछे-पीछे गई।

उन्होंने सारी दराजें खोलीं और फिर कुछ देर में बाहर आ गईं।

मैं पहले तो कुछ नहीं समझी, पर फिर सब समझ आ गया। वे मुझे प्रत्यक्ष रूप से बताना नहीं चाहती थीं, पर उन्होंने दराज खोलकर बता दिया था कि चाबी किधर होगी। मैंने झट से दराज खोलकर देखी और एक दराज में तौलियों के नीचे रखी चाबी मिल गई।

मैं उत्साहित होकर स्टडी की ओर लपकी। डेस्कटॉप मेरे सामने था और उसमें लॉक लगा हुआ था। पासवर्ड क्या हो सकता था? शायद मम्मी का नाम या फिर उनकी जन्मतिथि। शायद मेरा नाम? शायद दिव्या का नाम? दिमाग में कई पासवर्ड घूम गए। कई बार गलत पासवर्ड डल चुके थे। मैं वहीं रुक गई। मैं नहीं चाहती थी कि पापा को पता चले कि किसी ने उनका कंप्यूटर चालू करने की कोशिश की थी।

फिर, वहीं बैठकर सोचने लगी कि अब क्या करना चाहिए? फिर मैंने दराज खोली और बाकी सामान देखने लगी। मुझे दो लिफाफे दिखाई दिए। दोनों ही मेरे नाम थे। इनमें क्या होगा? मैंने पहला लिफाफा खोला तो देखा कि उसमें बैंक की वेलकम किट थी। उसमें मेरे अकाउंट की डिटेल, मेरा ए.टी.एम. कार्ड, अकाउंट का स्टेटमेंट, नेट बैंकिंग के निर्देश और छोटी सूचना पुस्तिका थी। दूसरे लिफाफे में डबल परची के बीच सिस्टम से तैयार किया गया पासवर्ड दिखाई दिया। मुझे समझ नहीं आ रहा था कि मैं क्या देख रही थी। वह मेरा बैंक अकाउंट है, मेरा बैंक अकाउंट। क्या मुझसे कोई गलती हुई है? नीचे आँकड़े भी लिखे हैं—25 लाख रुपए। मैं यकीन नहीं कर सकती। अब समझ आया कि अक्का को फॉर्म साइन करवाने की इतनी जल्दी क्यों थी? उन्होंने इस काम के लिए एंथोनी को वायनाड भेज दिया था। मेरे पास इतना पैसा है! मैं इतनी अमीर हूँ। मैं कुछ पल झिझकी। क्या यह चोरी है? पर जब पैसा मेरे नाम है और नानी ने मुझे दिया है तो चोरी कैसे हुई?

मैंने चुपके से लिफाफे जेब के हवाले किए और ध्यान से देखा कि स्टडी में सारा सामान ज्यों-का-त्यों है न। फिर मैंने ताला लगाकर चाबी यथास्थान रखी और लिफाफों को अपनी दराज में छिपा दिया।

जब मन शांत हुआ तो दिमाग में कई योजनाएँ आने लगीं। दिल तेजी से धड़क रहा था। पैसा हाथ में था तो कुछ भी संभव हो सकता था।

मैं बहुत देर तक छत पर बैठी अपनी योजना के बारे में सोचती रही। मैं समंदर के जहाजों को निहार रही थी। जितना सोच रही थी, उतना ही फैसला पक्का होता जा रहा था। मेरा एक हिस्सा डर और बचपन की यात्रा से जुड़ी यादों से घिरा था; पर दूसरा हिस्सा उकसा रहा था कि मुझे यह करना ही होगा।

मैंने बड़े कमरे में जाकर अखबार उठा लिया। मैं जानती थी कि मुझे क्या देखना था—मैं किसी अच्छी ट्रैवल एजेंसी का विज्ञापन देख रही थी, जो यात्रा के लिए पैकेज देती हो। यह आज के अखबार में नहीं था। मैंने पिछले पाँच दिन के अखबार लिये और उनमें खोजने लगी।

फिर मैंने शांति चेची से उनका फोन लिया।

"क्या हुआ? क्या उसे मेल कर दिया? क्या वह कॉल करेगा? क्या उसे मेरा नंबर दिया है?" शांति चेची ने पूछा, क्योंकि मैं मारे उत्साह के उछल रही थी।

"नहीं, शांति चेची! कंप्यूटर नहीं खुला।"

"तब?"

"मैं उसे मेल करने से भी कुछ बेहतर करने जा रही हूँ।"

"क्या?"

"मैं यू.के. जाकर उससे मिलूँगी।"

□

49

आरुष

मैं पूजा के मैसेज का इंतजार करते-करते थक गया हूँ। मैंने उसे चार इ-मेल और तीन मैसेज भेजे, पर कोई जवाब नहीं आया। साफ दिख रहा है कि वह कोई संपर्क नहीं रखना चाहती। पूरा एक सप्ताह हो गया—एक सौ अड़सठ घंटे। यकीन नहीं आता कि उसने मुझे भुला दिया। क्या यह भी हो सकता है कि हमारे बीच कभी कुछ था ही नहीं? मैं जवाब पाने के लिए बेचैन हूँ।

मुझे एक साइकोलॉजी वेबसाइट पर हॉलीडे रोमांस के बारे में लिखा लेख याद आया। मैंने उसे खोजकर फिर से पढ़ा। उसमें लिखा था कि अकसर दूसरे देश में हम अपने संबंधों का नजरिया बदल देते हैं। जगह का उत्साह, रोमांच और एड्रेनलिन हमें बेचारे रोमानी प्रेमियों में बदल देता है। अब मुझे सारी बात समझ आ गई।

शायद हमारे बीच यही तो हुआ था।

इस बारे में मैं जितना सोच रहा था, मुझे विश्वास होता जा रहा था। मेरे भारत प्रवास के दौरान कुछ ऐसा ही था। मैं उसके मोह में इसलिए पड़ा, क्योंकि मैं भारत के नए अनुभवों के बीच उत्साहित था।

अब, जब मैं टूटा हुआ बाजू लेकर घर आ गया हूँ तो यह सब किसी भारी भूल जैसा लग रहा है। मैं भी कितना पागल था कि सुजीत को फँसाने चल दिया! दिमाग उस तरह से काम नहीं कर रहा था, जैसे उसे करना चाहिए था। मैं किसी और ही मनोदशा में था। अब तो वे यादें भी किसी और जन्म की लग रही हैं।

वैसे भी, मेरा जीवन इस जगह का है, वह भारत में रहती है। हमारा भावी संबंध क्या हो सकता है (अगर कोई संबंध होता भी)?

हमने इस बारे में कभी बात ही नहीं की थी।

यह बात तीर की तरह चुभी। पूजा अच्छी तरह जानती थी कि हमारे रिश्ते का कोई आनेवाला कल नहीं हो सकता। यही वजह रही होगी कि उसने मुझसे नाता तोड़ लिया। वह मेरे जीवन से इसलिए निकल गई, क्योंकि वह इसमें रहना ही नहीं चाहती थी।

"हैलो, कैश काउंटर पर सपने देखे जा रहे हैं?" मॉम ने सिर पर टहोका दिया। मैं स्टूल पर झुककर बैठा था और एक ग्राहक इंतजार कर रहा था।

"सॉरी।" मैंने झट से बाएँ हाथ से बारकोड स्कैनर का इस्तेमाल करते हुए बिल तैयार किया।

इससे पहले कि कुछ और करता, मॉम ने पैसे लिये और उनका सामान पैक करके थमा दिया।

वह महिला दुकान से निकली तो मॉम ने पीछे से कहा, "आपका दिन शुभ हो।"

"क्या सोच रहे थे? क्या अपने हाथ और कॉलेज के काम की चिंता हो रही है?"

"हाँ, मॉम!" मैंने झूठ बोला।

परिवार में पूजा के बारे में नहीं बता सकता और उन्हें यह भी नहीं बता सकता कि मेरा हाथ कैसे टूटा। पहले ही बहुत बेवकूफी हो चुकी है। अब अपने परिवार को बीच में नहीं लाना चाहता। भारत में जो भी हुआ, वह मुझ तक ही सीमित रहे तो ठीक होगा।

उस रात मैंने जेना को कॉल की। उसे बताया कि भारत में क्या हुआ था। वह यह सुनकर सदमे में आ गई कि मेरी पिटाई भी हुई थी। मैंने उसे पूजा के बारे में सब बता दिया। दरअसल, मैं उससे लड़कियों के नजरिए के बारे में जानना चाहता था।

"कोई लड़की ऐसा क्यों करेगी?" मैंने पूछा।

"तुमने उसके साथ जिस तरह का समय बिताया, मानना पड़ेगा कि बात कुछ उलझी हुई है।" वह बोली।

"क्या यह हो सकता है कि उसे लगा होगा कि हमारे बीच कुछ नहीं हो सकता, इसलिए वह मुझे छोड़ गई। एक विदेशी लड़का, बस मौज-मस्ती की, कुछ समय बिताया और अपनी-अपनी राह ली।"

दरअसल, मैं चाहता था कि जेना इस बात से इनकार कर दे और कहे कि ऐसा नहीं हो सकता। लड़कियाँ ऐसा नहीं करतीं। जब जेना सोच रही थी तो मेरी साँसें जैसे रुक-सी गईं।

वह एक लंबी चुप्पी के बाद बोली, "कहना तो नहीं चाहती, पर उसने तुम्हें छोड़ दिया है।"

"ठीक है, इस ईमानदारी के लिए शुक्रिया।" मैंने हँसते हुए कहा।

अस्वीकृति की पीड़ा बहुत बुरी होती है।

इससे पहले भी ब्रेकअप हुए, पर इतनी तकलीफ कभी नहीं हुई थी। यह तो साफ-साफ अस्वीकृति थी। मुँह में बुरी तरह से कड़वाहट घुल गई।

पीड़ा और लज्जा, अन्याय तथा इन बातों की व्यर्थता दिमाग पर छा गई।

दिमाग के दुनियावी हिस्से ने समझाया कि जो हो गया, सो हो गया। अब इस बारे में कुछ नहीं कर सकते।

बस, अब आगे बढ़ा जा सकता है।

दो दिन की असहनीय पीड़ा के बाद मैंने यही निर्णय लिया। बस, इन बातों को भुलाकर आगे बढ़ना होगा।

□

स्थान

"ओह! वे जगहें, जहाँ तुम जाओगे।"

—डॉ. सूस

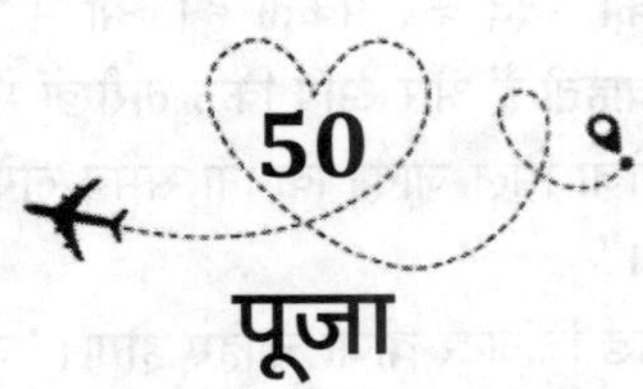

पूजा

शांति चेची के फोन से ट्रैवल एजेंसी को फोन लगा रही थी तो हाथ काँप रहे थे। घर के लैंडलाइन के बजाय उनके फोन से बात करना सुरक्षित लग रहा था।

"अकबर ट्रैवल्स! मैं आपकी क्या मदद कर सकती हूँ?"

"आपका···आपका विज्ञापन अखबार में देखा था।" मैंने लड़की से अजीब से स्वर में कहा।

"जी, जी मैम! आप कौन से पैकेज में दिलचस्पी रखती हैं? घरेलू या अंतरराष्ट्रीय?" उसने चहकते हुए पूछा।

"अंतरराष्ट्रीय।"

"ओह, यह तो अच्छी बात है, मैम! क्या मैं जान सकती हूँ कि आप कहाँ जाना चाहती हैं? यूरोप, यू.एस.ए. या मिडिल ईस्ट? हमारे पास बहुत अच्छे इंटरनेशनल पैकेज हैं।"

"मैं जानना चाहती थी कि क्या आप लोग वीजा का काम भी करवाते हो?"

"जी, मैम! हम सारा काम देख लेंगे। वीजा, टिकट, भारतीय भोजन, होटल, सबकुछ। पैकेज के रेट में ही यह सब शामिल है।" उसने स्पष्ट किया।

"नहीं, मेरा मतलब है कि मुझे यू.के. जाने के लिए वीजा चाहिए। मुझे हॉलीडे पैकेज नहीं चाहिए। क्या आपकी एजेंसी इसके लिए कोई सहायता कर सकती है?"

"ओह, अच्छा! मैं आपको संबंधित विभाग की लाइन देती हूँ। आप होल्ड करो।" उसका सारा उत्साह मंद हो गया था।

मेरे पेट में खलबली मची हुई थी। ऐसा लगा कि उनके जवाब पर ही मेरा जीवन टिका हुआ था।

"मेरा नाम फहाद है। मैं आपकी क्या मदद कर सकता हूँ?" दूसरी ओर से सुनाई दिया।

"मुझे यू.के. जाने के लिए वीजा दिलवा सकते हैं, प्लीज! टिकट भी चाहिए होंगे।"

"जरूर। मैं आपकी मदद कर सकता हूँ। क्या मैं जान सकता हूँ कि आप यू.के. किसलिए जाना चाहती हैं और आप किन तारीखों में जाना चाहेंगी?"

"जितनी जल्दी वीजा मिल जाए। कितना समय लगेगा? मुझे यू.के. में एक दोस्त से मिलने जाना है।"

"तो आपको स्टैंडर्ड विजिटर वीजा चाहिए होगा।" उसने कहा।

"जी, वही चाहिए। इसे बनने में कितना समय लगेगा और क्या खर्च आएगा?"

"क्या आपके सारे कागज तैयार हैं?" उसने पूछा।

"कौन से कागज?" मैंने पूछा।

"हमें एक कानूनी वीजा तैयार करवाना है, जो आपकी यात्रा के छह माह तक जारी रहेगा। आपके हाल ही के दो रंगीन फोटो चाहिए। मैट फिनिश हो और चेहरा 80 प्रतिशत अवश्य दिखे। पिछले छह माह की बैंक स्टेटमेंट, पिछले तीन साल की इन्कम टैक्स रिटर्न और तीन माह की वेतन की स्लिप। इसके अलावा, आपको एक पत्र देना है कि आप क्यों जाना चाहती हैं!"

मैं तो बुरी तरह से हिल गई। वीजा के लिए यह सब चाहिए, मुझे तो पता ही नहीं था।

"क्या? पर मैं तो नौकरी नहीं करती।" मैंने कहा।

"क्या आप हाउसवाइफ हैं? तब विवाह का सर्टिफिकेट चाहिए होगा।"

"पर मैं तो एक स्टूडेंट हूँ। पिछले छह माह का बैंक स्टेटमेंट कहाँ से ला सकती हूँ? मेरा तो नया एकाउंट है।"

"पर यह तो जरूरी है। उन्हें 1,200-1,800 पाउंड का न्यूनतम बैलेंस दिखाना होगा, जो भारतीय रुपयों में लगभग दो लाख होगा।"

"उसमें दिक्कत नहीं है।" मैंने पूरे आत्मविश्वास से कहा, "अगर मैं अपने माता-पिता की बैंक स्टेटमेंट दिखा दूँ तो क्या चलेगा?"

"हम्म! हो सकता है, पर बैंक की मुहर लगी होनी चाहिए।" उसने कहा।

"ओह, ठीक है।" मैंने कह तो दिया, पर दिल डूब गया। बैंक की मुहर कैसे लगेगी?

"इस काम में कितना समय लगेगा?"

"एक बार सारे कागज आ गए तो पंद्रह दिन में काम हो जाएगा। वैसे, यू.के. पर्यटन को बढ़ावा दे रहा है, इसलिए हो सकता है कि काम और भी जल्दी हो जाए। बस, आपको बायोमैट्रिक्स के लिए रविपुरम के वी.एफ.एस. ऑफिस में जाना होगा।"

"ठीक है। वीजा कैसे मिलेगा?"

"आप खुद चुन सकती हैं कि उसे ऑफिस से लेंगी या आपके घर भेजा जाए।"

तब मैंने उससे पूछा कि कितना खर्च आएगा? उसने बताया कि एजेंसी का कमीशन मिलाकर लगभग 9,500 रुपए लगेंगे।

मुझे खुशी हुई कि मैं इतना खर्च वहन कर सकती हूँ। मैंने उससे कहा कि मैं जल्दी ही उसे दोबारा फोन करूँगी।

"मैडम, क्या यह आपका नंबर है? अगर आपको कुछ पूछना होगा तो मैं इस पर ही फॉलोअप रख सकता हूँ।"

बैंक स्टेटमेंटवाले काम में मुझे तुम्हारी मदद चाहिए होगी।

"हाँ-हाँ। मैं सारा काम पूरा करने के बाद कॉल करूँगी।" मैंने पहले से ज्यादा आत्मविश्वास आवाज में लाते हुए कहा। फिर मैंने उन सारे कागजों की लिस्ट नोट कर ली, जो वीजा तैयार करने के लिए चाहिए थे।

शांति चेची ने मुझे हैरानी से देखा, "क्या तुम वाकई ऐसा करने जा रही हो?"

"हाँ, चेची, आप दरवाजे पर ध्यान रखना। कोई आए तो मुझे बता देना।"

मैंने पूरी तरह से अपना मन बना लिया था। मैं पापा की स्टडी में जाकर सारी फाइलें खँगालने लगी। पापा बहुत सही तरीके से फाइलों को व्यवस्थित रखते हैं। एक फाइल पर 'बैंक स्टेटमेंट' लिखा था। उनके मॉम के साथ एक जॉइंट अकाउंट में 15 करोड़ रुपए थे। यह तो एक अकाउंट का विवरण था। कुछ और अकाउंट भी थे। उनकी धनराशि देखकर तो मेरा सिर ही चकरा गया। अब तक तो मैंने कभी बैंक या पैसों के बारे में सोचा तक नहीं था। आज मैं छोटी-से-छोटी जानकारी जमा कर रही थी।

"पूजा मोले, जूस ले लो। जल्दी बाहर आओ।" शांति चेची की आवाज सुनाई दी। यह तो सावधान करनेवाला स्वर था। मैंने जल्दी से स्टडी में ताला लगाया और

चाबी जेब में डाल ली। घबराहट व डर के मारे मेज पर आकर बैठ गई और अखबार खोल लिया। कुछ ही सेकंड में मॉम ने दरवाजा खोला और अंदर आ गईं।

"ओह, तुम्हें कमरे से बाहर देखकर अच्छा लगा।" मॉम ने कहा।

"आपका दिन कैसा रहा ?" मैंने पूछा। मैं बहुत घबराई हुई थी, इसलिए कुछ-न-कुछ तो बोलना ही था।

"ऑपरेशन टेबल पर ही उसकी डेथ हो गई। हम कुछ नहीं कर सके।" उन्होंने कहा, "शांति, मेरे लिए अनार का जूस लाना।"

मॉम ने कुछ और नहीं कहा। वे कुछ गंभीर थीं। जब भी किसी मरीज की जान जाती तो वे इसी तरह पेश आती थीं। मुझे अपने अनुभव से पता है कि अब मम्मी सोने जा रही हैं और शाम ढलने से पहले नहीं उठने वाली। वे ऐसी तनावपूर्ण सर्जरी के बाद अकसर गहरी नींद लेने जाती हैं।

मॉम ने जूस पीते ही सबसे कहा कि वे सोने जा रही हैं। वे नहीं चाहतीं कि कोई उन्हें परेशान करे। मैं और शांति चेची यह सब पहले से जानती हैं। जब मैं छोटी थी तो मॉम के सोने के बाद मैं और शांति चेची घंटों आपस में खेलते थे।

मैंने ट्रैवल एजेंसी की कही हुई बातों पर गौर किया। मुझे बैंक से साइन किए हुए कागजात चाहिए थे। मुझे पता था कि मॉम-डैड की बैंकिंग रिलेशनशिप मैनेजर विजी थी, जो अकसर उनके पास घर आया करती थी। इस समस्या का हल वहीं से निकल सकता था। जोखिम तो था, पर अगर बात बन गई तो आराम से काम हो जाएगा। अब मैं किसी भी हाल में पीछे नहीं हटना चाहती थी।

मैंने एक घंटे तक मॉम की गहरी नींद का इंतजार किया। फिर उनके कमरे में झाँका। जेब में पापा की स्टडी की चाबी का भार बढ़ रहा था। मैंने चुपचाप जाकर दराज खोली और चाबी को ठीक वहीं रख दिया, जहाँ से उठाई थी।

मॉम का फोन उनके पास ही रखा था। मैं उसे उठाकर बालकनी में आ गई। हाथ काँप रहे थे।

हे भगवान्! मैंने यह काम कर ही लिया।

मैंने उनका फोन खोला। वे कभी उसे लॉक नहीं करती थीं। उन्हें लगता था कि अगर किसी को जल्दी से मैसेज करना हो तो लॉक फोन को खोलने में समय लगता है। मुझे खुशी है कि वे इमरजेंसी सर्जन हैं और एक पल के लिए यह खुशी भी हुई कि मरीज की मौत हो गई। ज्यों ही यह बात मन में आई, मन को दुःख हुआ; पर अब कोई भी बात मुझे वह करने से रोक नहीं सकती थी, जो मैं करने जा रही थी।

मैंने विजी का नंबर देखकर उसे मैसेज किया—'मुझे पिछले छह माह की अटेस्ट की हुई स्टेटमेंट चाहिए। क्या इसे तुरंत घर भिजवा सकते हैं? अगर मैं अस्पताल में होऊँ तो घर पर मेरी बेटी को दे देना। जल्दी से पता करके बताएँ।'

मैंने मैसेज भेज दिया और प्रतीक्षा करने लगी।

आठ ही मिनट में विजी का जवाब आ गया—'जी मैम, मैं कल ही सारे पेपर्स भिजवा देती हूँ। क्या यह ठीक रहेगा?'

'हम्म, प्लीज, 11.30 बजे के करीब भिजवाना।' मैंने मैसेज किया।

मुझे पक्का पता था कि तब तक मम्मी अस्पताल में होंगी।

'जी, मैम। ऐसा ही करूँगी।'

वाह! एक बाधा तो दूर हो गई। यह एक बड़ी परेशानी बन सकती थी।

मैंने मैसेज डिलीट किए और मॉम के कमरे में दबे पैर दोबारा गई। फिर से फोन उनके पास रख दिया। वे गहरी नींद में थीं।

मैंने कर दिखाया। यकीन नहीं आ रहा। जल्दी ही कागज मेरे हाथ में होंगे।

मैंने डेस्क पर अपने कुछ ताजा खिंचे फोटो देखे। पापा ने कुछ फोटो खिंचवाकर दे रखे थे, ताकि जरूरत पड़ने पर काम आ सकें। मुझे यह भी पता था कि वीजा के लिए कैसे फोटो चाहिए, क्योंकि जब हम फोटो खिंचवाने गए थे तो उस फोटोग्राफर ने बताया था कि वह हमें ऐसे फोटो बनाकर दे रहा था, जो किसी भी वीजा के काम आ सकते थे।

ओह, यू.के. का टिकट हाथ में आने ही वाला है।

पंद्रह दिन बाद, शायद बीस दिन भी लग सकते हैं।

अगर यह सब करके आरुष को देखने का मौका मिलेगा तो सबकुछ जायज है। मैंने संगीत चालू किया और कल्पना करने लगी कि मैं और आरुष किसी हरे-भरे कंट्रीसाइड इलाके में एक-दूसरे को किस कर रहे हैं।

□

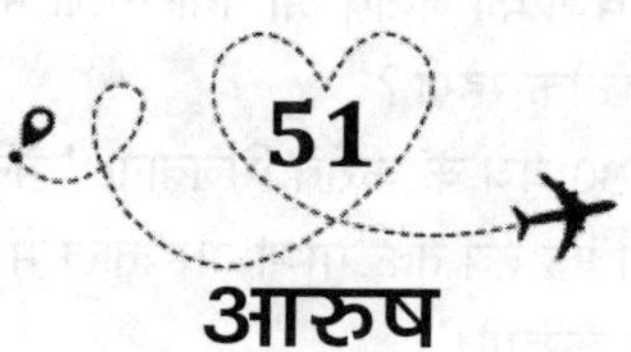

आरुष

दुकान का काम और घर में रिया, ये दोनों मुझे व्यस्त रखते हैं। सारा दिन यह सोचने का भी समय नहीं मिलता कि पूजा अचानक कैसे गायब हो गई। मेरे अंकल और आंटी भी मिलने आते रहते हैं।

मेरे बाल फिर से आने लगे हैं। घर आकर मन खुश है। शरीर को इसी देख-रेख की जरूरत थी। मैं बहुत सहज अनुभव कर रहा हूँ। शुक्र है कि मेरे पास इतना प्यारा परिवार है।

मेरी मॉम मेरे लिए मनपसंद चीजें बनाती रहती हैं।

"मॉम, बस करो। आप मुझे इतना मोटा बना दोगी कि मेरा प्लास्टर ही फट जाएगा।" मैं उनसे कहता हूँ।

"अच्छा!" रिया तश्तरी जितनी बड़ी आँखें खोलकर कहती है।

उसे मेरा साथ बहुत भाता है और हम मिलकर उसके स्टाइल में स्क्रेबल खेलते हैं। वह कई घंटों तक लगाए रखती है। बिल्ली के छौने की तरह छाती से लगकर किताब में से कहानी सुनाने की जिद करती है।

मॉम को मेरे दुकान में जाने से खुशी है। सारा दिन आसपास के लोगों के बारे में बात करती रहती हैं। जल्दी ही मुझे आसपास की सारी जानकारी पूरी तरह से मिल जाएगी। किसकी बेटी किसके बेटे के साथ, कौन भारत जा रहा है, किसका कॉलेज दुनिया के किस हिस्से में है, वह क्या पढ़ रहा है, टूटनेवाली शादियों की भी पूरी डिटेल दी जाती है।

पापा रोज पूछते हैं, "आज बाजू का क्या हाल है?"

हर रोज मेरा एक ही जवाब होता है, "अब ठीक है।"

मैं कल्पना नहीं कर सकता था कि कोई दिन ड्रॉइंग किए बिना बीत सकता है; पर अभी मानना पड़ रहा है कि यह जीवन का ऐसा चरण है, जिसमें बाजू को आराम देने के सिवा कुछ नहीं किया जा सकता।

यह सोचकर मन को सदमा लगा कि मन से रोज पूजा की छवि घटती जा रही है। बस, जेना के शब्द ही दिमाग में रह गए हैं।

'तुम्हें कहना अच्छा तो नहीं लग रहा, पर तुम्हें धोखा दिया गया है। उसने तुम्हें छोड़ दिया है।'

मैं समझ नहीं पा रहा कि लोग दुनिया में ऐसा क्यों करते हैं? वह चाहे तो मुझे अपने से परे कर सकती थी, पर कम-से-कम मुझे कारण तो बताना चाहिए था। इस तरह गायब होने की कोई तुक नहीं बनती। यह तो एक ब्रेकअप से भी बुरा है। बस, आपको यूँ ही अटकलें लगाने के लिए छोड़ दिया गया है। यह बिल्कुल गलत है।

अगली सुबह उठा तो पूजा की ओर से कोई मेल या मैसेज नहीं था। मैं चाहता था कि अब रोज इस तरह मेल देखना बंद कर दूँ। ऐसा करने के बाद मन को बहुत दुःख होता था। मैंने वे सारे एप अनइंस्टॉल कर दिए, जिनसे वह मुझसे संपर्क कर सकती थी।

फिर मैंने खुद को पत्थर करते हुए उसे इ-मेल पर भी ब्लॉक कर दिया।

अगर वह दूर हो गई है तो मुझे भी दूर हो जाना चाहिए।

अलविदा पूजा, तुमसे मिलकर अच्छा लगा था!

□

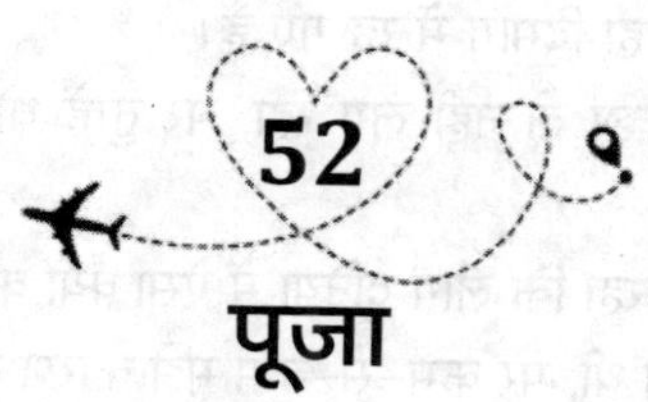

पूजा

ओह! 11.45 हो गए हैं। अब तक तो उसे बैंक के कागज लेकर आ जाना चाहिए था। मैं अपने कमरे में घबराई हुई बैठी हूँ। अगर पापा को पता चल गया तो सारा खेल वहीं खत्म समझो।

दोपहर को घंटी बजी। मैं बाहर की ओर भागी। शांति चेची भी उतनी ही तेजी से रसोई से बाहर आईं। उन्होंने खुद को साड़ी के पल्लू से ढका हुआ था और दरवाजा खोलते ही पूरे दरवाजे को अपनी ओट में कर लिया।

"कौन है, शांति?" पापा ने पूछा और मेरा कलेजा मुँह को आ गया।

"सर, कुछ सब्जियाँ मँगवाई थीं।" शांति चेची ने कहा और दरवाजा खोल दिया। कुछ सेकंड बाद उन्होंने उसे बंद कर दिया। जब वे मुड़ीं तो उनके हाथ में सब्जियों का थैला था। ओह, तो वह भीतर से साड़ी में छिपाकर यह बैग ही लाई थीं। ओह, शांति चेची! भगवान् आपका भला करे।

उन्होंने इशारा किया और मैं उनके पीछे रसोई में चल दी। सब्जियों के थैले के पास ही एक बड़ा सा लिफाफा रखा था।

मैंने उसे खुशी से खोला। पिछले छह माह की अकाउंट स्टेटमेंट हस्ताक्षर होकर आ गई थी। मैंने उसे टी-शर्ट के नीचे छिपाया और कमरे में आ गई। उन्हें अलमारी में एक जगह रख दिया।

अब पापा के घर से जाने की प्रतीक्षा करनी थी, ताकि एजेंसी को फोन किया जा सके।

उन्हें घर से बाहर जाने में चार दिन लगे। जब भी माता-पिता पास होते तो मैं पढ़ाई का दिखावा करती और वे मेरे पास न आते। पर कुछ न करने की वजह

से मन परेशान होने लगा। तब मैंने एक नोटबुक ली और रोज आरुष के नाम पत्र लिखने लगी। उसे बताया कि मेरा फोन ले लिया गया है; कैसे मैं पापा की स्टडी में गई और मॉम का फोन चुराया; कैसे दिव्या मेरी जासूसी करती है। मैं अपने उन पत्रों में आरुष के आगे अपने मन की हर बात कह रही थी। वह सब लिखने से मन हलका हो जाता था।

माँ ने देखकर कहा, "पूजा, मुझे कितनी खुशी हो रही है कि तुम पढ़ाई करने लगी हो।"

पहले तो मैं सकुचा गई। फिर मन में सोचा कि उन्होंने ही तो मेरे लिए ये हालात पैदा किए हैं कि मुझे झूठा दिखावा करना पड़ रहा है।

पापा के घर से निकलते ही मैंने शांति चेची से उनका फोन ले लिया। मैं पापा की अलमारी से पासपोर्ट पहले ही ले चुकी थी और उसे आवश्यक कागजों के बीच रख लिया था। जब मैंने ट्रैवल एजेंसी को फोन किया तो उन्होंने कहा कि आधा पैसा पहले देना होगा और बाकी आधा वीजा मिलने पर देना होगा। ओह, इस नई परेशानी के बारे में तो सोचा ही नहीं था।

"देखो, मैं अपने पासपोर्ट और कागजों के बारे में तुम पर भरोसा कर रही हूँ। क्या तुम मेरे लिए थोड़ी रियायत नहीं कर सकते? मैं वीजा मिलने के बाद सारा भुगतान कर दूँगी।" मैंने कहा।

"सॉरी, मैम! हमारी यही नीति है।"

"ठीक है, एक घंटे में अपना आदमी भेजो। मैं उसे नकद देती हूँ।" मैंने कहा।

घर के बाहर, सड़क के दूसरी ओर ही ए.टी.एम. मशीन थी। मुझे उस जगह जाने में पाँच मिनट ही लगने थे; पर पापा के आने से पहले काम पूरा करना होगा। मैंने शांति चेची से कहा कि मैं जल्दी वापस आ जाऊँगी।

"देखो, पूजा बेटी, मैं जाकर पैसे ले आती हूँ। इस तरह किसी को शक भी नहीं होगा।" शांति चेची ने कहा।

पर मैं यह काम स्वयं करना चाहती थी। मैंने कभी ए.टी.एम. से पैसे नहीं निकाले थे। यह सब सीखने का सही मौका है। मुझे अकेले यात्रा करनी है। मैंने पिन याद किया और उसे हथेली पर भी लिख लिया। मैं कोई भूल नहीं करना चाहती थी।

"नहीं, शांति चेची! मैं अभी आई।" मैंने बैग लिया और घर से निकल गई। लगभग भागते हुए ए.टी.एम. पहुँची। उस जगह एक ऊबे हुए दरबान के सिवा कोई नहीं था। मैंने जल्दी से अंदर जाकर मशीन में कार्ड डाला। माथे से पसीना टपक

रहा था। उसे बाजू से पोंछ लिया। स्क्रीन पर सबकुछ लिखा हुआ आ रहा था। कुछ क्लिक के बाद मशीन से पैसे बाहर आने लगे। ओह, किसे पता था कि यह सब कितना आसान है!

एक बार में 5,000 रुपए निकल सकते थे। मैंने उसके बाद चार बार में 5,000-5,000 करके 20,000 रुपए और निकाल लिये। अब मेरे पास 25,000 रुपए थे। मैं किसी भी समय पकड़ी जा सकती थी। मैंने घर की ओर दौड़ लगा दी, पर कुछ नहीं हुआ।

एक ही घंटे के अंदर एजेंसी का आदमी आकर पैसे भी ले गया।

फहाद ने शांति चेची के फोन पर बात करके रसीद पक्की की। उसे यकीन था कि दो सप्ताह में वीजा मिल जाएगा। उसने पूछा कि मैं वी.एफ.एस. ऑफिस में बायोमैट्रिक स्कैन के लिए कब आ सकती हूँ? सुबह 8 बजे से काम शुरू होता था, जिसके लिए 7.45 बजे रिपोर्ट करना पड़ता था।

मैंने झट से अनुमान लगाकर जवाब दिया।

"मेरे लिए सुबह 8 बजेवाला समय ठीक रहेगा।"

"ठीक है। मैं इसी नंबर पर मैसेज कर दूँगा कि हमें किस दिन जाना होगा।" उसने कहा।

जब मैंने फोन रखा तो खुशी में शांति चेची का हाथ दबा दिया।

"पूजा बिटिया, पूरा यकीन है न कि यह कोई धोखाधड़ी नहीं है?" उन्होंने पूछा।

"यह एक नामी ट्रैवल एजेंसी है, जिसकी शाखाएँ दुनिया भर में हैं। धोखाधड़ी का सवाल ही पैदा नहीं होता।"

"फिर ठीक है। पर क्या तुम्हें यह भी यकीन है कि तुम यह काम कर सकती हो?"

"दो सौ प्रतिशत पूरा यकीन है। अगर दिल की बात नहीं मानी तो जीने का क्या फायदा!" मैंने न्यू एज के किसी आध्यात्मिक गुरु की तरह वचन सुनाया।

हो सकता है कि प्यार में ऐसा ही होता हो। आप अपनी सारी सीमाओं को पार कर जाते हैं।

"जब मम्मी-पापा को पता चलेगा तो क्या होगा?" शांति चेची ने सावधानी से भरे स्वर में पूछा। पर मेरे पास इसका भी जवाब था।

"आपको देखना होगा कि उन्हें मेरे जाने के बाद कम-से-कम छह घंटे बाद मेरे जाने का पता चले। तब तक मैं यू.के. के लिए उड़ान भर चुकी होऊँगी।" मैंने उनके आसपास नाचते हुए कहा।

शांति चेची के चेहरे पर चिंता झलक रही थी; पर जब उन्होंने मेरी खुशी देखी तो वे भी शांत हो गईं।

"जाओ बेटी, उससे मिलो। पर अपना ध्यान रखना।" उन्होंने कहा।

मैंने उनके गाल पर चुंबन दे दिया। पहले तो वे हैरान हुईं और फिर मुँह छिपाकर हँसने लगीं।

मैं अपने कमरे तक नाचते हुए गई और अंदर जाकर भी नाचती रही।

मैं आरुष से मिलने जा रही हूँ! अब मुझे कोई नहीं रोक सकता।

□

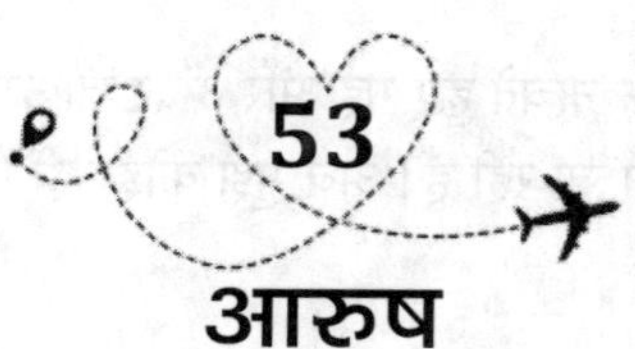

आरुष

मैं दुकान पर मॉम के साथ काम करवा रहा था कि जेना का फोन आ गया।

"हाय, क्या चल रहा है?" मैंने पूछा।

"तुम्हें एक बुरी खबर देनी थी।" उसने कहा।

"क्या? क्या हुआ?" उसके स्वर से ही समझ गया कि कोई गंभीर बात थी। पर उसने जो कहा, मैं वह सुनने को तैयार नहीं था।

"हमने विंसेंट को खो दिया। वह नहीं रहा। हम सभी सदमे में हैं।" वह बोली।

कुछ देर तक तो मेरी आवाज ही नहीं निकली।

"क्या तुम्हें पूरा यकीन है? हो सकता है कि वह सो रहा हो।" मैंने आराम से कहा।

"आरुष, यह सच नहीं है। जोश का भी बुरा हाल है। उसे गरमाहट देनेवाली लाइट खराब हो गई और पिंजरा ज्यादा गरम हो गया। एक दिन वह बाहर आ गया था, इसलिए इस बार जोश ने दरवाजा भी पक्का बंद किया था। ओह, आरुष! मैं सहन नहीं कर सकती। उसका पूरा शरीर सूज गया और आँखें बाहर आ गई थीं। एक आँख से खून टपक रहा था। बहुत भयंकर नजारा था।" जेना इसके आगे बोल नहीं सकी। उसने अपना फोन टॉम को दे दिया।

"सॉरी, दोस्त! हम भी सदमे में हैं। अब हम उसे दफनाने जा रहे हैं। क्या तुम्हें उसकी एक तसवीर भेज दूँ?" टॉम ने पूछा।

"नहीं, नहीं। मैं उसे मरा हुआ नहीं देख सकता।"

"ठीक है, मैं समझ गया। वाकई दिल को ठेस लगेगी। मुझे नहीं पता कि तुमसे क्या कहूँ! जोश खुद को मार रहा है। उसे लगता है कि यह उसकी गलती है। उसे

लगता है कि उसने ही लंबे समय तक लाइट ऑन रहने दी। हमने पशु चिकित्सक को फोन किया था। उनका कहना था कि इसमें कोई लापरवाही साबित नहीं हो सकती।"

"विंसेंट के साथ यह नहीं होना चाहिए था।" मैंने कहा।

"नहीं, बिल्कुल नहीं।" टॉम बोला।

जब टॉम ने फोन रखा तो मेरा पूरा शरीर काँप गया। उलटी आने को हो रही थी। ओह, उसका पिंजरा किसी भट्ठी की तरह गरम हो गया। हे भगवान्! मरने से पहले उसने कितना कष्ट सहा होगा! मैं बाथरूम में जाकर सुबकने लगा।

बाद में शाम को जेना का फोन आया।

"आरुष, मैं परेशान हूँ। मुझे लगता है कि यह जोश की गलती है। पर मैंने अभी उससे यह बात नहीं कही है। उसने ही लाइट ऑन रखी और कहीं चला गया। उसे पता था कि मैं अपनी मॉम के पास जा रही हूँ। वह थोड़ा सावधान रह सकता था।"

जब जेना लंदन के एक अस्पताल में काम करनेवाली अपनी मॉम से मिलने जाती तो उसी दिन वापस आ जाती थी। उसे अपनी मॉम का छोटा सा घर पसंद नहीं था। इसका मतलब था कि वह पूरे छह घंटे बाद वापस आई होगी।

"ठीक है। अब तो यह हो चुका है। जरा समय देखो। अवकाश आरंभ होने ही वाले हैं। वह नहीं चाहता था कि उसके कारण किसी को भी परेशानी हो।" मैंने कहा।

"टॉम केवल विंसेंट के लिए रुकने वाला था; पर अब वह भी परिवार से मिलने जा सकता है।" जेना ने कहा।

"तुम छुट्टियों में क्या करने वाली हो?" मैंने जेना से पूछा।

"मॉम चाहती हैं कि मैं अपनी दादी के पास जाऊँ। वे अकेली रहती हैं, इसलिए मुझे भी यही करना सही लग रहा है।"

"वे कहाँ रहती हैं?"

"कर्कबी। उनके कॉटेज के आसपास बहुत सारे फूल लगे हुए हैं। उनका बगीचा जादुई है। शायद मुझे उसकी जरूरत है। मुझे विंसेंट का बहुत दुःख हो रहा है।"

मैं इस बारे में बात नहीं करना चाहता। यह सहन नहीं हो रहा कि उसके साथ क्या हुआ। कितना पीड़ादायी है! मैंने बात बदल दी।

"तो तुम्हारी दादी लिवरपूल की फैन हैं?" मैंने पूछा।

"हम्म!"

"क्या कर्कबी लिवरपूल के पास नहीं है?"

"अरे···नहीं। सॉरी, मेरा मतलब एशफील्ड के कर्कबी से है।" जेना ने कहा।

"एशफील्ड?"

"हम्म!"

"क्या तुम्हें नहीं पता कि यह मेरा पड़ोसी देश है? अगर तुम्हारी दादी वहीं रहती हैं तो तुम्हारा कोई बहाना नहीं चलेगा। तुम्हें मेरे घर आना ही होगा।" मैंने उससे कहा।

"ओह! मैं तो भूल ही गई थी कि तुम उस ओर रहते हो। दादी के घर से डर्बी ज्यादा दूर नहीं है। मैं उनकी मिनी कूपर लेकर तुमसे मिलने जरूर आऊँगी।"

"तुम कब आ रही हो?"

"अगले सप्ताह। पूरा एक महीना वहीं रहने का इरादा है।"

"जरूर आना। तुमसे मिलकर अच्छा लगेगा।"

मेरी मॉम ने देखा कि मैं कितना परेशान था! यह दुःख सहा नहीं जा रहा।

उन्होंने पूछा तो मैंने विंसेंट के मरने के बारे में बता दिया। माँ को कभी समझ नहीं आया कि किसी रेंगनेवाले जीव से इतना मोह कैसे हो सकता है! पर उन्हें यह भी पता था कि विंसेंट मेरे लिए कितना अहम था।

"ओह, उसका वक्त आ गया था।" वे बोलीं।

पर उनके शब्दों से कोई दिलासा नहीं मिली।

मैं भीतर से खालीपन महसूस कर रहा था। जीवन कितना क्षणभंगुर है। कुछ कह नहीं सकते कि किसी के साथ कितना समय बिताने को मिलेगा। बेहतर होगा कि एक साथ मिलकर समय बिता लिया जाए। आनेवाले कल का कुछ पता नहीं। ओह, अगर मैं भारत नहीं जाता तो आज मेरा प्यारा विंसेंट जीवित होता।

किसी के लिए इतना लगाव नहीं रखना चाहिए।

किसी से प्यार करो तो देर-सबेर मन को ठेस लगती ही है। □

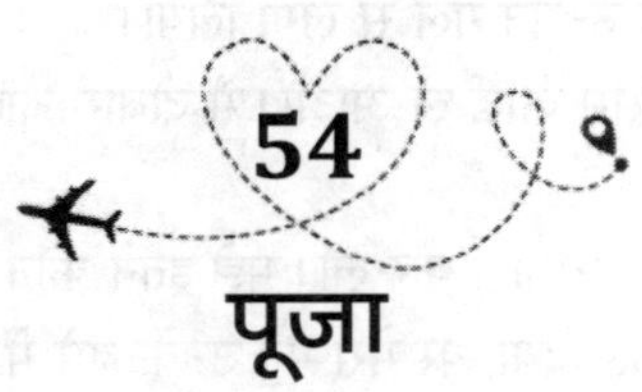

पूजा

वी.एफ.एस. ऑफिस का काम दो घंटे में पूरा हो गया। सुबह 11 बजे मैं ऑटो में घर वापस आ रही थी। शांति चेची ने अपना फोन दे दिया था।

मैं सुबह किसी के भी उठने से पहले सुबह 4.30 बजे घर से चली थी। मैं ताज तक पैदल गई और होटल की लॉबी में कैब का इंतजार किया (जीनियस हूँ न)। जब सुबह हो गई तो ऑटो लेकर वीजा ऑफिस आ गई, जहाँ एजेंसी का आदमी पेपर लेकर इंतजार कर रहा था। उसे और भी बहुत सारे काम करने थे, पर उसने मेरे कागज पहले लगवा दिए।

सारी प्रक्रिया की तेजी देखकर मैं प्रभावित हो गई।

जब हम एम.जी. रोड पर एक फोन शोरूम के सामने से निकले तो मन में एक विचार आया। मेरे पास पैसा था। मैं अपना फोन और सिम कार्ड ले सकती थी। यह सोचते ही हिम्मत बढ़ गई। मैंने ऑटो को रुकने को कहा।

"पैसे फालतू लगेंगे।" उसने कहा।

मुझे परवाह नहीं थी।

बीस मिनट में मेरे पास एक नया स्मार्ट फोन आ गया। बस, सिम कार्ड एक्टिवेट करना था। जल्दी से घर आ जाए, बस।

शांति चेची और मैंने बड़े ही विस्तार से सारी योजना तैयार की थी।

मुझे शांति चेची के नंबर से घर पर फोन मिलाना था। अगर पापा उठा लेते तो फोन काट देना था। अगर उसका नाम कॉलर आई.डी. पर आता तो वह पापा से कह सकती थी कि उसने गलती से नंबर मिला दिया। इस तरह पता चल जाता कि पापा घर पर हैं या चले गए। मॉम उस समय अस्पताल में होगी।

उस दिन किस्मत मेहरबान थी। जब फोन किया तो शांति चेची ने ही उठाया।

"पूजा बेटी, पापा सारा दिन बाहर रहेंगे। काम हो गया तुम्हारा?" वे घर में हौले से बोलीं।

"हाँ। बस, आ रही हूँ।"

जब मैं घर गई तो उन्होंने गले से लगा लिया।

"आप मेरे लिए सिम कार्ड ले आओ। मैं दोबारा बाहर जाने का जोखिम नहीं उठा सकती।"

"बेटी, मेरा कार्ड इस्तेमाल कर लो। मुझे इतने फोन नहीं करने पड़ते।"

उन्होंने तो यूँ ही कह दिया, पर मेरा मन उनके बारे में दु:खी हो गया। वे हमेशा कितनी शांत और प्रसन्न रहती हैं; पर कोई नहीं जानता कि उनका बीता हुआ कल कैसा था। वे पिछले तीस वर्षों से हमारे साथ हैं। बचपन में उनके माता-पिता के बारे में पूछती तो वे कहतीं कि उन्हें कुछ पता नहीं था। जब मैं चौदह साल की थी तो एक बार दिव्या ने उनके बारे में बताया था।

शांति चेची एक अनाथालय में पली-बढ़ीं। सोलह साल की उम्र में बहुत सारे सपने लिये एक एजेंट की मदद से अबू धाबी चली गईं। एजेंट ने उन्हें वहाँ घर में काम करने की नौकरी दिलवाने का वादा किया था। उनका शारीरिक शोषण हुआ, मानसिक रूप से शोषण हुआ और कई वर्षों तक बंदी बनाकर रखा गया। वे बड़ी मुश्किल से भारतीय दूतावास की मदद से भारत वापस आ सकीं।

मम्मी उन दिनों एक सोशल सर्विस एजेंसी के साथ काम करती थीं। उन्होंने शांति चेची को हमारे पास रखवा दिया और मम्मी को उन्हें यह यकीन दिलाने में कई साल लग गए थे कि हम उनके पुराने मालिकों की तरह नहीं थे। मम्मी चाहती थीं कि शांति की पढ़ाई पूरी हो, इसलिए उन्होंने उन्हें ऑनलाइन यूनिवर्सिटी में दाखिला भी दिलवा दिया था। मम्मी की मदद से ही शांति चेची की ग्रेजुएशन पूरी हुई। इसके बाद मम्मी ने उन्हें पापा की एक कंपनी में काम पर लगवा दिया। पर शांति चेची ने मना कर दिया। उन्होंने कहा कि अब हमारा घर ही उनका घर था।

जब दिव्या ने यह सब बताया तो मैं भागकर शांति चेची से पूछने चली गई थी कि क्या वह सब सच था? तब शांति चेची ने अपनी पीठ के निशान दिखाए थे। मैं रो पड़ी थी। मैं सोच भी नहीं सकती थी कि किसी इनसान को ऐसा जीवन भी जीना पड़ता होगा। शांति चेची ने कहा था कि अब सब ठीक है। अगर पिछली बातों को याद करते रहे तो अच्छे वर्तमान को भी नष्ट कर देंगे।

मैंने उनके मुसकराते चेहरे को देखकर गले से लगा लिया था।

"पर शांति चेची, आपको मेरी नई सिम लानी ही होगी। अगर मैं आपकी सिम ले लूँगी तो यू.के. से आपसे बात कैसे होगी?"

यह सुनकर वे मान गईं कि वे मुझे दोपहर को ही सिम कार्ड ला देंगी।

हमने फोन कंपनी में फोन करके पता कर लिया था कि क्या-क्या चाहिए होगा। बस, एक आई.डी. का प्रमाण और फोटो के साथ पते का प्रमाण चाहिए था। शांति चेची के पास पहले से सबकुछ था। वे एक घंटे में फोन शोरूम से वापस आ गईं। चार घंटे में मेरा फोन एक्टिव हो गया था। मेरा ब्रांड न्यू नंबर। हुर्रे! उमंग पर काबू नहीं हो रहा था। ऐसा लग रहा था, मानो किसी डूबते हुए इनसान के पैरों तले अचानक जमीन आ गई हो।

मैं अपने कमरे में गई और फोन सैट करने लगी। जब मेल देखा तो आरुष की ओर से इतने मैसेज या मेल नहीं थे, जितनी मुझे उम्मीद थी। उसने पूछा था कि मैंने जवाब क्यों नहीं दिया? मैंने उसका इंस्टाग्राम देखा। कोई नई स्टोरी या पोस्ट नहीं थी। उसकी मेल्स देखकर मन मायूस हो गया। उम्मीद थी कि वह रोज एक मेल लिखता होगा। मैं भी तो यही कर रही थी। बस, मैं वे सब एक कॉपी में लिखती थी।

मैंने उसे मेल लिखकर वह सब बता दिया, जो उसके जाने के बाद हुआ था। उसे बताया कि मैं उसे कितना याद करती थी। उस शाम मैंने परिवार के साथ रात का खाना खाया।

"क्या हुआ? आज हमारे साथ कैसे? गुस्सा उतर गया?" दिव्या ने पूछा।

मम्मी जानना चाहती थीं कि क्या मैं अपने आप फाइनल परीक्षा की तैयारी कर सकती थी?

मैंने उन्हें दिलासा दी, "मैं तैयारी कर सकती हूँ। ज्यादा मुश्किल नहीं है। काफी पढ़ाई हो चुकी है।"

"ठीक है, सुनकर अच्छा लगा।" मम्मी ने कहा।

"तो क्या मेरा फोन वापस मिल सकता है?" मैंने मन में इस चालाकी पर अपनी पीठ थपथपाई। अगर मेरे पास नया फोन न होता तो यही उपाय आजमाना पड़ता; पर अभी तो शांत ही रहना था।

"अच्छा, देखेंगे। इसी तरह पढ़ती रहो।"

"प्लीज, मम्मी! मैं कितनी मेहनत कर रही हूँ! मेरा लैपटॉप तो वापस कर दो।" मैंने विनती की। मुझे तो एक्टिंग के लिए ऑस्कर मिलना चाहिए।

"पूजा, दबाव मत डालो। लैपटॉप और फोन ले लिये हैं, यही वजह है कि तुम पढ़ने लगी हो, वरना तुम कभी न पढ़तीं।" मम्मी बोलीं।

मैं उन्हें बताना चाहती थी कि वे गलत थे। मैंने केवल आरुष के लिए पढ़ना आरंभ किया था। बेशक, मैंने उनसे कुछ नहीं कहा।

"इसे अपने दोस्त को मैसेज करना है, जिसकी पिटाई हुई थी और टी.वी. पर भी दिखाया था।" दिव्या ने बड़ा नाजुक मसला उठा लिया।

वह जानकर ऐसी हरकतें कर रही है। वह बचपन से ही यह सब करती आ रही है। हमेशा मम्मी की साइड लेनेवाली मिस परफेक्ट और मैं नाकारा। उसे हमेशा से तारीफ और ध्यान मिलता आया है।

मेरे अंदर का गुस्सा और तनाव रॉकेट की तरह उमड़ आया।

अचानक मैं बोल पड़ी, "अगर तुम कमीनगी पर आ सकती हो तो मैं भी ऐसा कर सकती हूँ।" और मैंने अपना पायसम उसके सिर पर डाल दिया। मेज पर सन्नाटा छा गया और पायसम उसके चेहरे पर टपकने लगा। वह सदमे में थी। कुछ कह नहीं सकी।

"शुक्र करो कि मैंने यह कटोरा तुम्हारे सिर पर नहीं फोड़ा।" मैंने कहा और आराम से उठकर आ गई।

"पूजा!" मम्मी चिल्लाईं, "जल्दी से इधर आओ!"

पर मैं उनकी बात सुनने के मूड में नहीं थी। इन्हें जी भरकर चिल्लाने दो। मुझे देखना है कि आरुष का जवाब आया या नहीं?

पापा ने कमरे में आकर कहा कि मैंने अच्छा नहीं किया।

मम्मी वहीं से चिल्लाने लगीं, "अपने भावों को काबू रखना सीखो। यह बरताव नहीं चलेगा। तुम्हें कोई फोन या लैपटॉप वापस नहीं मिलेगा। समझ आया?"

मैंने कोई जवाब नहीं दिया।

बाद में, मैंने आरुष के मैसेज चेक किए।

मेरा दिल डूब गया। कोई जवाब नहीं आया था।

□

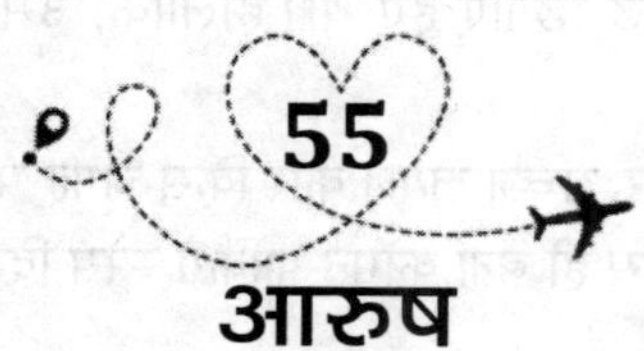

आरुष

जेना आ रही है। घर में बताया तो मम्मी-पापा बोले कि वे बारी-बारी से दुकान से आकर उससे मिल लेंगे। मम्मी ने समोसे बनाकर सब्जियों को मैरीनेट किया और पनीर के पकौड़ों की तैयारी कर ली। पापा ने अपना स्पेशल बादाम मिल्क बना लिया। भले ही पापा भारतीय रीति-रिवाजों की जितनी भी अवहेलना कर लें, ज्यों ही कोई मेहमान घर आता है तो उनकी भारतीय मेहमाननवाजी चालू हो जाती है। यह उनके भीतर बसा हुआ है।

"यह जेना, कोई खास है क्या?" मम्मी ने पूछा।

"मॉम, अब आप शादी के कार्ड मत छपवाने लगना। वह मेरी दोस्त है।"

"वह श्वेत है या अश्वेत?" पापा ने पूछा।

"डैड, आप रंगभेद की बातें कर रहे हो। आप यह सब नहीं पूछ सकते।"

"क्यों? वे लोग भी तो हमें 'ब्राउन' कहते हैं। मैं तो अपने बेटे से ही पूछ रहा था, बाकी तुम्हारी मरजी।"

"ओह, वह एक दोस्त से ज्यादा कुछ नहीं है।"

"उसके बाल सुनहरे हैं, आँखें नीली और दिखने में गुड़िया जैसी लगती है। मैंने आरुष भैया के फोन में उसके फोटो देखे थे।" रिया बोली।

"थैंक्स, रिया!"

"एक दोस्त पासवाले शहर से मिलने आ रही है। हम्म!" मेरी आंटी बोलीं।

"अरे, तुम्हारे पापा और मैं भी लंबे अरसे तक दोस्त ही थे।" मॉम ने कहा और वे सब ऐसे हँसने लगे, मानो कोई बहुत बड़ा चुटकुला कहा गया हो।

लगता है कि पूरा परिवार जेना का स्वागत करना चाहता है। यही होता है, जब आप पहले किसी लड़की को घर नहीं लाते और अचानक कोई आने का ऐलान कर देती है। मुझे लगा कि यह मेरी ही भूल थी।

जब जेना आई तो उसका चेहरा देखकर ही पता चल गया कि वह काफी रो चुकी थी। मन में कुछ छिपाए हुए थी। हालाँकि, उसने उस समय कुछ नहीं बताया।

"हे, तुमसे मिलकर अच्छा लगा। कार किस जगह पार्क करनी होगी?"

मैंने उसे घर के पास ही बना कॉमन पार्किंग स्पेस दिखाया। वह रिया के लिए उपहार लेकर आई थी।

"थैंक्स!" रिया बोली। आज वह पूरे मैनर्स दिखा रही थी। मुझे उस पर गर्व हुआ। वह मेरी छोटी बहन है।

"हैलो, जेना। अंदर आओ।" मॉम ने दरवाजे पर उसका स्वागत किया।

"हैलो, यह आपके लिए है।" जेना ने पीले कारनेशन और सफेद गुलाबों का गुलदस्ता उन्हें दे दिया।

"ओह, कितने सुंदर फूल हैं, जेना!" मॉम ने फूलदान में पानी डालकर उन्हें सजा दिया।

"मुझे अच्छा लगा कि ये आपको पसंद आए।"

मैं उसे लिविंग रूम में ले गया।

"मैं रिया के लिए कुछ खरीदने रुकी थी। वहीं यह फूलवाला दिखा तो फूल ले लिये।"

"क्या मैं अपना उपहार खोल सकती हूँ?" रिया ने पूछा।

"हाँ, प्लीज।" जेना हँस दी।

"आपकी ड्रेस बहुत सुंदर है।" रिया ने अपना उपहार खोलते हुए कहा।

तभी मैंने ध्यान दिया कि जेना ने विशेष तौर पर अच्छे कपड़े पहने हुए थे। उसने झालरदार पट्टियों के साथ काले बड़े पोल्का डॉट्सवाली, बिना बाजुओं की ड्रेस पहनी है। नॉर्विच वाले घर में तो जेना हमेशा शॉर्ट्स, ट्रैक पैंट या टी-शर्ट में ही दिखती थी। आज उसके बाल भी पहले से ज्यादा अच्छे लग रहे थे।

"आपकी परफ्यूम कितनी अच्छी है!" रिया ने गंध लेते हुए कहा।

"अगर तुमने और तारीफ की तो तुम्हारी आँखें तारे बन जाएँगी, रिया!" मैंने कहा।

रिया ने झट से पलकें झपकाईं और ऐसा चेहरा बनाया, मानो उससे ज्यादा क्यूट तो कोई दुनिया में नहीं होगा और हम दोनों हँसने लगे।

जेना रिया के लिए रोल्ड डाहल की सुंदर चित्रों से सजी किताब 'द मिनपिंस' लाई थी। रिया चित्र देखकर खुशी से चिल्लाई।

"क्या तुम सूरज की किरण नहीं हो?" जेना ने कहा और वह हामी में अपना सिर हिलाने लगी।

क्यूटनेस के लिए पूरे नंबर मिलेंगे। रिया ने जेना का दिल जीत लिया था।

"भैया आज पढ़कर सुनाएँगे। थैंक्स जेना, मुझे किताब बहुत पसंद आई।"

जेना ने भी 'भैया' बोलना चाहा, पर उसके मुँह से केवल 'बइया' ही निकला।

"बड़े भाई को भारत में इसी नाम से बुलाते हैं।" मैंने उसे बताया।

मॉम ने जेना के आगे स्वादिष्ट व्यंजन परोस दिए। जेना ने हर चीज का पूरा स्वाद लिया। उसने हर चीज का नाम नोट किया। उसने कहा कि वह बाद में उन्हें बनाना सीखेगी। फिर उसने मॉम को थैंक्स कहा। मॉम खुश थीं।

"जेना, फिर मिलेंगे। घर आना दोबारा। अब दुकान पर जाना है। तभी मेरे पति तुमसे मिलने आ सकेंगे।" उन्होंने कहा और चली गईं। रिया भी मॉम के साथ निकल गई। उसे एक सहेली के साथ प्ले डेट पर जाना था।

ज्यों ही हम अकेले हुए तो मैंने जेना से पूछा, "क्या तुम बता सकती हो कि रो क्यों रही थीं?"

"तुम्हें कैसे पता चला?"

"जेना, हम कितने समय से दोस्त हैं। मैं तुम्हें देखते ही समझ गया था।"

"जोश से ब्रेकअप हो गया। सब खत्म हो गया।" वह बोली।

"क्यों?" मुझे यकीन नहीं हो रहा था। "क्या हुआ?" मैंने पूछा।

"वह दुष्ट मुझे धोखा दे रहा था।" जेना फर्श को ताकने लगी।

"तुम्हें कैसे पता चला?" यकीन नहीं आता कि वह ऐसा कर सकता है, वह भी जेना के साथ।

जेना ने मुझे अपना फोन दे दिया।

"यह देखो, उस लड़की का मैसेज आया है।" वह बोली।

किसी मॉली नाम की लड़की का मैसेज आया था कि पिछले कुछ महीने से वह और जोश बहुत पास आ गए थे। उसने लिखा है कि उसे पता है, जोश के लिए

ब्रेकअप करना आसान नहीं होगा। वह पिछले छह महीने से कहने के बावजूद ऐसा कुछ नहीं कर पा रहा, इसलिए उसने मजबूरन जेना को यह मैसेज भेजा है।

"ओह जेना! यह सब क्या है? क्या तुमने जोश से बात की?"

"हम्म।"

"और?"

"उसने मना नहीं किया। उसने माफी माँगते हुए कहा कि हम दोनों को पता था कि ऐसा होने वाला है। आरुष, पता है, यह सच नहीं है। मेरे मन में ऐसा कुछ नहीं था। मुझे लगा कि हमारे बीच सब सही चल रहा था। सबसे बुरी बात—जिस दिन विंसेंट मरा, वह उस दिन उसी से मिलने गया हुआ था।"

उसकी आवाज में कंपन था, पर वह रोई नहीं।

मुझे समझ नहीं आया कि क्या कहा जाए।

"जेना, सॉरी।" मैंने कहा।

जेना ने अपने कंधे झटके।

मेरे पापा ने अंदर आकर उसे 'हैलो' कहा। जेना ने चेहरे पर खुशी लाते हुए उनका स्वागत किया। दुकान और पापा के बारे में बातें करने लगी। पापा ने उसे मॉम और लंदन में अपने जीवन के बारे में बताया। उसे बताया कि वे लंदन में कब से काम कर रहे थे। वे पुराने दोस्तों की तरह बातें कर रहे थे।

जब जेना चली गई तो पापा बोले, "वाकई अच्छी लड़की है।"

पापा की ओर से तारीफ का सबसे बड़ा वाक्य यही हो सकता था।

मैंने भी चुप रहते हुए उनकी बात का समर्थन किया।

□

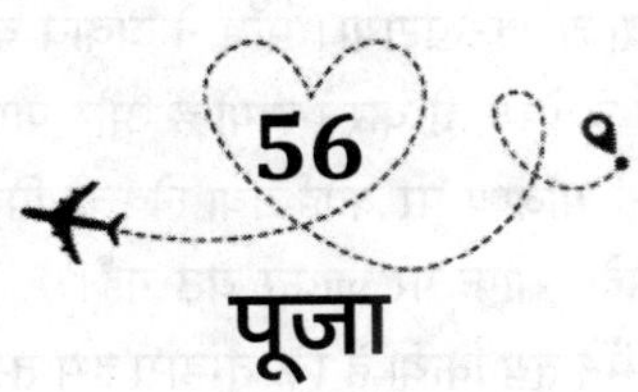

पूजा

आरुष के जवाब का इंतजार ऐसा लग रहा है, मानो मैं रेगिस्तान में बारिश आने की उम्मीद कर रही थी। उसके आर्टवर्क के अलावा इंस्टाग्राम पर कुछ नया नहीं है। मुझे याद आया कि मैंने उसे क्या कहा था—मैं उसका आर्ट बेचने का प्रयत्न करूँगी।

जब पापा घर से चले गए तो मैंने आर्ट स्कूल का नंबर ऑनलाइन देखा और शशि से बात की।

"तुम कैसी हो? कहाँ गायब हो गई थीं?" उसने कहा।

"सॉरी, थोड़ा उलझ गई थी; पर जल्दी ही सब ठीक हो जाएगा।"

मैंने उसे सबकुछ सच बता दिया कि अस्पताल से आने के बाद क्या हुआ था।

"क्या तुम आरुष के संपर्क में हो?" मैंने उससे पूछा।

"उसने मेल की थी कि वह घर पहुँच गया और ठीक हो रहा है। उसे परिवार के साथ रहने में आनंद आ रहा है। बस, इतना ही लिखा था।"

"मैं आरुष के आर्ट के बारे में सोच रही थी। अगर मैं अच्छी क्वालिटी के फोटो भेज दूँ तो क्या तुम प्रिंटआउट निकलवा सकते हो? उसका काम बिकने लायक है। जब आरुष यहीं था तो मैंने कैफे की गैलरी के मालिक से बात की थी और उसने दिलचस्पी भी दिखाई थी। तुम्हें नहीं लगता कि यह आरुष के लिए अच्छा सरप्राइज रहेगा?"

"क्यों नहीं, उसे अच्छा ही लगेगा।" शशि ने कहा। उसने जल्दी ही सारा काम करने का वादा किया।

अगली शाम उसने प्रिंटआउट निकलवाने का मैसेज दिया और बताया कि गैलरी के मालिक को उन्हें दीवारों पर लगाने में खुशी होगी।

बाहर से आहट आई तो मैंने फोन को तकिए में डाल दिया। बड़ा खतरनाक मामला है। अगर फोन पकड़ा गया तो सबकुछ समाप्त हो जाएगा।

फिर किसी ने दरवाजा खटखटाया। मॉम ने जवाब का इंतजार भी नहीं किया और अंदर आ गईं। अब वे ऐसा ही करने लगी हैं और पापा भी साथ हैं।

ओह! लगता है कि भविष्य पर कोई नया लेक्चर पिलाने आए हैं।

मॉम सामने आरामदेह सोफे पर जाकर बैठ गईं।

"पूजा, पापा और मैंने तय किया है कि तुम्हारा इस तरह घर में रहना ठीक नहीं है। तुम्हें कॉलेज जाना चाहिए। इस जगह के कॉलेज तुम्हें नहीं लेंगे, इसलिए मैंने अपने संपर्कों का प्रयोग करते हुए चंगनासेरी के सेंट बेथेस्डा कॉलेज के प्रिंसिपल से बात की है। वे एक स्पेशल केस की तरह तुम्हें लेने को तैयार हैं। तुम उनके हॉस्टल में रह सकती हो। वे लोग थोड़ी सख्ती रखते हैं; पर लगता है कि तुम्हारे लिए इस समय अनुशासन सही रहेगा।"

"मम्मी, प्लीज।" मैंने अपनी बात रखनी चाही। पर उन्होंने एक हाथ उठाकर मेरी आवाज बंद कर दी।

"तुम ग्यारहवीं कक्षा से मनमानी करती आ रही हो—नियम तोड़ना, स्कूल से निकाला जाना, परीक्षा से बचना। अब तुमने और भी बदतर हालत में डाल दिया है। तुम्हें पुराने कॉलेज में अच्छा मौका मिला था। इतनी सुख-सुविधा का जीवन दे रखा है हमने। जरा अब असली दुनिया का स्वाद भी देखो। तुम अपना फाइनल वहीं पूरा करो। यूनिवर्सिटी एक ही है, इसलिए पुरानी पढ़ाई भी मैच हो जाएगी। मैंने पुराने कॉलेज से माइग्रेशन सर्टिफिकेट और ट्रांसफर सर्टिफिकेट की बात भी कर ली है।"

वाह, मम्मी ने तो सारा मामला पहले से फिट कर लिया है।

मम्मी से मुझे गहरी नफरत होने लगी। मैंने उस कॉलेज के बारे में बहुत किस्से सुन रखे हैं, जहाँ मुझे भेजने की तैयारी हो गई है। उनके हॉस्टल जेलों से कम नहीं हैं। बच्चों से स्कूली बच्चों की तरह पेश आते हैं। शायद बच्चे वरदी भी पहनते हैं। सुबह 6.30 बजे प्रार्थना होती है और शामिल नहीं होने पर सजा भी मिलती है।

"मैं तो उस जगह कभी नहीं जाना चाहूँगी।"

पापा बोले, "देखो पूजा, तुमने हमारे पास कोई रास्ता नहीं छोड़ा। हमने तुम पर भरोसा करके इतनी आजादी दी और तुमने उसका गलत इस्तेमाल किया। अब थोड़ा संजीदा होने का समय आ गया है।"

मैं अपने परिवार को सहन नहीं कर सकती। मैं इस जगह से बाहर जाना चाहती हूँ। वीजा आने का भी इंतजार नहीं किया जा रहा। बस, अब हद हो गई। पर मुझे शांत रहना होगा।

"ठीक है, मैं कॉलेज में जाऊँगी।" मैंने हौले से कहा।

शायद मम्मी को उम्मीद थी कि मैं विरोध करूँगी। वे मेरी हामी सुनकर हैरान रह गईं।

"देखना पूजा, तुम जल्दी सबको पीछे छोड़ दोगी। तुम्हें खुशी होगी कि तुमने यह फैसला लिया।"

मैं क्या करूँ? उनका शुक्रिया अदा करूँ? बहुत गुस्सा आ रहा है इन पर। पर मैंने अपना गुस्सा पी लिया।

तीन दिन बाद मेरा वीजा आ गया। शांति चेची के फोन पर मैसेज आ गया था, इसलिए हमें पता था कि वीजा आने वाला है। मैं दरवाजे के आसपास मँडराती रही। पापा स्टडी में काम कर रहे थे। शांति चेची ने भी बहाना तैयार कर रखा था। अगर पापा पूछेंगे तो कहा जाएगा कि प्रेसवाला आया था। पर इस बार ऐसा करना ही नहीं पड़ा। पापा कानों में हैडफोन लगाए एक कॉल पर व्यस्त थे। बातचीत से लगता था कि किसी नई कंपनी पर चर्चा हो रही थी। वे लगभग रोज मीटिंग के लिए जा रहे हैं।

जब मैंने पासपोर्ट खोला तो छह महीने का वीजा देखकर मन झूम उठा। अब मैं अपनी मरजी से पूरे छह महीने तक यह जगह छोड़कर जा सकती थी।

मैंने फहाद को मैसेज किया कि वह मुझे टिकट भेज दे। जब वी.एफ.एस. के ऑफिस में मुझे वह आदमी मिला था तो मैंने वहीं टिकटों के पैसे दे दिए थे। मैंने दस दिन का ट्रिप चुना था।

फहाद ने टिकटें मेल कर दीं। मैं तीन दिनों में यात्रा करने के लिए तैयार थी। यकीन नहीं हो रहा था कि मैंने यह सब कर दिखाया।

यह करने के बाद ही समझ आया कि मैंने कितना बड़ा कदम उठा लिया था। यात्रा से जुड़े सारे डर सामने आने लगे। अभी तक तो बाकी बातों के बारे में सोचा ही नहीं था; पर अब थोड़ा घबरा रही थी। मैं रोज थोड़ा सामान पैक करती थी। यू.के. में सर्दी होगी। मैंने ऑनलाइन भी देखा था। पर मेरे पास एक मोटी जैकेट और स्वेटर

थे। उनसे काम चल जाएगा। मैंने उन्हें बैकपैक में रख दिया। मैं नहीं चाहती कि घर में किसी को भी कोई शक हो। शांति चेची ने भी मदद की और हमने सूटकेस को ऐसी जगह रखा, जहाँ किसी को कोई संदेह न हो।

मैंने डर्बी के होटल देखे और सावधानी से सारे रिव्यू पढ़े। फिर ऐसा होटल बुक किया, जिसकी बहुत सारी चेन्स दिख रही थीं। वह सिटी सेंटर से भी दूर नहीं होगा। मुझे नहीं पता था कि आरुष का घर कहाँ था, पर इतना अनुमान था कि वह मेरे होटल से दूर नहीं होगा।

आरुष का कोई मैसेज नहीं आया। पर अब मुझे मेरे इरादे से कोई डिगा नहीं सकता। मैंने जेना से इंस्टाग्राम के जरिए बात की। जब उसे मेरी योजना का पता चला तो उसे यकीन ही नहीं हुआ।

"ओह गॉड, ओह गॉड! आरुष तो मारे खुशी के पागल हो जाएगा। मैं भी तो पागल निकली। मैंने ही उससे कहा था कि तुम उसे भूल गई हो। पर मुझे खुशी है कि ऐसी बात नहीं है। क्या तुम उसे सरप्राइज देना चाहोगी?" उसने पूछा।

"हम्म, यह सरप्राइज ही होगा, क्योंकि उसने मेरी मेल्स नहीं पढ़ीं। अगर पढ़ीं भी हैं तो जवाब नहीं दिया।" मैंने उसे बताया।

"पता है, वह तुम्हें याद करता है। मैं यकीन से कह सकती हूँ। और हाँ, मुझे नहीं लगता कि उसने तुम्हारी मेल्स पढ़ी होंगी, वरना मुझसे बात तो करता।" उसने पूरे विश्वास से कहा, "हम यकीनन उसे सरप्राइज कर देंगे।"

उसने कहा कि वह मुझे डर्बी में होटल में लेने आ जाएगी और फिर हम आरुष के घर चलेंगे। मैंने उसे धन्यवाद दिया। वह बहुत अच्छी इनसान है। उसने भी धन्यवाद दिया कि मैंने उसे अपनी योजना का हिस्सा बनाया।

जिस दिन घर से निकलना था, उसके एक रात पहले इतना तनाव था कि हालत खराब हो गई। सारी रात सो नहीं सकी।

सुबह 9.30 बजे की उड़ान थी और एक घंटे के लिए दोहा में ठहरना था। 17.30 लोकल टाइम पर हीथ्रो एयरपोर्ट पहुँचना था।

शांति चेची भी कम घबराई हुई नहीं थीं।

"मुझे नीचा मत दिखाना। ये लोग मुझे खोज न लें। इनसे कुछ मत कहना।" मैंने उन्हें हजारवीं बार कहा।

"तुम सुरक्षित रहोगी। बस, मेरे संपर्क में रहना। मैसेज भेजती रहना।" उन्होंने भी सौवीं बार कहा।

मैं चुपके से सुबह 4 बजे घर से निकल गई। मेरे पास बैकपैक और सूटकेस था। बहुत कम सामान रखा था। मैं ताज की ओर बढ़ी। वहीं फहाद ने कैब का प्रबंध किया था। मैं अपने घर के आसपास टैक्सी नहीं चाहती थी। किसी तरह सूटकेस को खींचकर ले गई। कार वहीं इंतजार करती मिली और ड्राइवर ने सामान रखने में मदद की।

"मैडम, आपको घर से ले लेता। आपको सामान ढोने की क्या जरूरत थी?" उसने कहा।

"नहीं, ठीक है।" मैंने उदासीनता से कहा।

अपना पासपोर्ट, फॉरेक्स कार्ड, वीजा, फोन का चार्जर और इंडियन ए.टी.एम. कार्ड तीन बार देखे। मैंने फोन पर इंटरनेशनल रोमिंग पैक भी डलवा लिया था। पैसे से क्या नहीं किया जा सकता। लग रहा था कि मैं रातोरात वयस्क हो गई थी। मेरे लिए जिंदगी का बहुत बड़ा मोड़ था।

एयरपोर्ट के रास्ते में घबराहट के मारे तीन बार उलटी हुई। दवा भी किसी काम नहीं आई। ड्राइवर ने चिंता जताई तो मैंने उसे आश्वस्त कर दिया। एयरपोर्ट जाते ही मैंने ए.टी.एम. से और पैसे निकलवा लिये। फिर उन्हें फॉरेक्स काउंटर पर यू.के. पाउंड में बदलवा लिया।

इमीग्रेशन पर लगा कि वे मुझे सताकर घर वापस जाने को कहेंगे। मैं अपनी बारी आने के इंतजार में थी। इमीग्रेशन अधिकारी ने पूछा, "यू.के. क्यों जा रही हैं? आपके जाने का मकसद क्या है?"

"एक दोस्त से मिलना है।" मैंने कहा।

"अकेले जा रही हैं?"

मैंने सोचा कि इस बात से क्या मतलब है? पर कुछ कहा नहीं। मैं उसे खिझाना नहीं चाहती थी।

"मेरी दोस्त हीथ्रो में मिलेगी।" पता नहीं ऐसा क्यों कहा, पर मैं हीथ्रो से डर्बी के लिए बस लेने वाली थी। मैंने तय किया था कि बस स्टेशन से होटल के लिए कैब कर लूँगी। उसने हामी भरी और पासपोर्ट पर मुहर लगा दी।

फिर सिक्योरिटी चेक हुआ और सब काम पूरा हो गया।

मैंने शांति चेची को मैसेज किया।

झट से जवाब आ गया—

'गुड, ऑल ओ.के.।'

मैंने एयरपोर्ट पर घूमते हुए जूतों की दुकान और इलेक्ट्रॉनिक सामान का मुआयना किया। एक सेल्सगर्ल ने पूछा कि मैं कौन से देश जा रही हूँ ?

"यू.के.।" मैंने कहा।

उसने कहा कि मुझे एक एडॉप्टर पिन की जरूरत पड़ेगी, क्योंकि उनके पॉइंट अलग होते हैं। मैंने भी झट से वह पिन खरीद लिया।

विमान में बैठकर भी यकीन नहीं हो रहा था कि मैं यू.के. जा रही हूँ।

मैंने कर दिखाया। मन में प्रसन्नता थी, पर थकान भी महसूस हो रही थी। बचपन में की गई यात्राओं की यादें ताजा हो गईं। विमान में बैठे लंबा समय हो गया था। मैं सफर से डर रही थी। पर अब पता चला कि इतनी डरनेवाली बात भी नहीं थी।

जब मैं इस बारे में सोच ही रही थी तो अचानक पेट में उथल-पुथल होने लगी। उस जगह एयर सिकनेस बैग रखा था। मैंने डर और घबराहट के मारे उसमें उलटी कर दी। बस, शुक्र है कि और कहीं गंदगी नहीं फैली। मेरे साथ एक अधेड़ उम्र के व्यक्ति थे। पापा की उम्र के होंगे। उन्होंने हिकारत से देखकर चेहरा घुमा लिया। मैंने शर्म से सिर झुका लिया। मैं फिर से सात साल की हो गई थी।

विमान परिचारिका ने पानी देकर मेरा हाल पूछा। मैंने उसे बताया कि वह सफर के कारण हो रहा था। फिर मैंने उससे पूछा कि क्या कोई ऐसी सीट मिल सकती है, जहाँ कोई दूसरा न हो ? उसने आखिरी पंक्ति की ओर संकेत किया और मैं वहीं चली गई।

मैं कुछ घंटों तक सोती रही। सीटें पूरी तरह से नहीं खुल रही थीं। आरामदेह भी नहीं थीं। पढ़ने के लिए किताबें लाई थी, पर पढ़ने का मन नहीं था। सारे रास्ते कुछ नहीं खाया; हालाँकि, वे लगातार पूछते रहे। जब हम हीथ्रो एयरपोर्ट पहुँचे तो मुझे कई बार उलटी हो चुकी थी। शरीर में पानी की कमी लग रही थी और मैं गिरने को तैयार थी।

हीथ्रो भयावह रूप से बड़ा था।

और व्यस्त।

और अनजान।

और विदेश।

इमीग्रेशन की लाइनें लंबी थीं। उनमें से यू.के. और यूरोपियन यूनियन के नागरिकों के लिए छोटी कतारें थीं। मानवता के उस विशाल समंदर में मैं खोई हुई

महसूस कर रही थी और सहयात्रियों के साथ आगे चल रही थी। जब बारी आई तो बॉर्डर फोर्स के अधिकारी ने पासपोर्ट देखा और वह कार्ड देखा, जो मैंने विमान में भरा था।

"पहली बार यू.के. आई हो?" उसने पूछा।

"जी।"

मेरा दिल तेजी से धड़क रहा था। उसने पासपोर्ट देखने के बाद अपने कंप्यूटर में कुछ देखा। मन में डर बैठ गया। अगर इसने वापस भेज दिया तो?

"यू.के. में स्वागत है। तुम्हारा प्रवास सुखद हो।" उसने पासपोर्ट पर मुहर लगाते हुए कहा।

सफर से इतनी थकान हो गई थी कि प्रसन्नता तो नहीं हुई, बस, थोड़ा सुकून मिला। दूसरों के पीछे बैग कलेक्शन एरिया में पहुँच गई। सूटकेस ले लिया तो डर्बी जाने के लिए बस स्टेशन खोजने की हिम्मत ही नहीं बची। मैं कभी भी गिर सकती हूँ। मैंने कैब लेने का निर्णय लिया। एक फिक्स प्राइज कैब काउंटर पर आ गई। पैसा तो ज्यादा लगा, पर मुझे परवाह नहीं थी। बस, मुझे होटल जाना था।

ज्यों ही एयरपोर्ट से बाहर आई तो मैंने गहरी साँस ली। सर्दी ने मेरे हाड़ कँपाकर स्वागत किया। हवा थपेड़े मार रही थी। बाहर आते ही मौत जैसा सन्नाटा महसूस हुआ। हवा कितनी साफ थी। मैंने गहरी साँस ली। दस मिनट में ही कैब आ गई।

गोरे ड्राइवर ने मेरा सूटकेस उठाने में मदद की। कार काफी बड़ी थी। मैंने ऐसी कार पहले कभी नहीं देखी।

"हैलो, गुड ईवनिंग! कहाँ से आई हैं?"

"इंडिया।"

वह बहुत ही आकर्षक था। उसके बोलने का तरीका आरुष से अलग था। उसकी बात समझने में मुश्किल हो रही थी, इसलिए बस, गरदन हिलाती रही।

ढाई घंटे बाद होटल आया तो मुझे ध्यान आया कि मुझे एक बार भी उलटी नहीं हुई थी। कार के सफर में पहली बार ऐसा हुआ था। मैं हैरान थी। इसका मतलब था कि मेरा ध्यान दूसरी ओर लगा हो तो ऐसा नहीं होगा। बस, इस बारे में सोचना नहीं है। मैं शहर देखने में इतनी व्यस्त थी कि इस ओर ध्यान ही नहीं गया। मेरी आजीवन चलनेवाली समस्या कैसे पल भर में दूर हो गई थी। बस, सफर के दौरान मानसिक रूप से इस सोच से परे रहना होगा। किसने सोचा था!

होटल में चेक-इन करना आसान था। मेरे आसपास विदेशी थे, पर हकीकत यह थी कि मैं उनके लिए विदेशी थी। भारत की तरह इस जगह होटल के कमरे में सामान रखने कोई नहीं आया।

कमरे में आते ही मैं सफेद, नरम और बड़े से पलंग पर पसर गई। फिर आलीशान टॉयलेट की ओर चल दी। ओह, स्वर्ग! एयरप्लेन के टॉयलेट के बाद कितना सुकून। कमरे के परदे अपने आप हटते हैं। बेड के पास रखे आइपैड की मदद से उन्हें हटा या गिरा सकते हैं। कमरे में चक्कर लगाने के बाद मैंने अपने लिए ग्रीन टी बनाई।

फिर शांति चेची को मैसेज किया—'सब ठीक है। पहुँच गई।'

फिर जेना को मैसेज किया—

'पहुँच गई, वूॅ।'

'स्वागत, कल मिलने के इंतजार में हूँ। सुबह 8 बजे।' उसने जवाब दिया।

कमरे में फलों की टोकरी रखी है। मैंने नहाकर सेब खाया और कुछ देर तक खिड़की से बाहर देखती रही। शहर में रोशनियों की चमक है।

अब भी यकीन नहीं आ रहा कि यह सब हो चुका है। घर से 5,000 मील की दूरी पर आ गई हूँ। एक अजनबी जगह पर एक अजनबी। कितना अजीब लग रहा है। सब अच्छा है, पर घर की याद आ रही है। आसपास के माहौल, परिवार और शांति चेची की याद आ रही है। इस जगह मुझे जेना के अलावा कोई नहीं जानता। जिसे जानती हूँ, अभी उससे मिलना है।

मैंने परदे गिरा दिए और पलंग पर आ गई। लेटते ही सो गई।

□

मंजिल

"किसी की भी मंजिल कभी कोई जगह नहीं,
चीजों को देखने का नया नजरिया होती है।"

—हेनरी मिलर

आरुष

दुकान पर व्यस्तता से भरा दिन था। मैं मॉम के साथ स्टॉक मिलवा रहा था कि तभी जेना की कॉल आ गई। अभी भारत से माल आया है और डैड माल उतरवा रहे हैं। आज बहुत थकान होने वाली है, क्योंकि हर माल की अच्छी तरह जाँच होनी है। उसके नुकसान, गुणवत्ता, रंग और विविधता आदि को अच्छी तरह परखना है; ऑर्डर से मिलान करना है और दाम देखने हैं। अपनी कला से जबरन अवकाश ले रखा है और मैं अपनी मॉम व पापा के इस काम के बारे में बहुत कुछ सीख रहा हूँ। उनके लिए मन से तारीफ निकलती है। उन्होंने इस विदेश में हमें पालने के लिए अपनी ओर से कितने जतन किए हैं। पापा के साथ लंबी बातचीत के दौर चले और उनके जीवन, प्रवास के कारण तथा उनके जीवन में आनेवाली मुश्किलों को जानने व समझने का मौका मिला।

मुझे दूसरी कई बातों पर विचार करने का भी समय मिला है। अगर हाथ न टूटा होता तो मैं दुकान पर इतना समय न बिता पाता, परिवार के सही मायने न जान पाता। मॉम हमेशा कहती हैं, 'जो भी होता है, किसी कारण से होता है।' मुझे इस बात में छिपी सच्चाई दिखने लगी है।

जेना की कॉल किसी आश्चर्य से कम नहीं थी।

"हाय! क्या चल रहा है? क्या कर रहे थे?" उसने पूछा।

"दुकान पर मदद कर रहा था। तुम इतनी खुश क्यों लग रही हो?"

"तुम्हारे लिए छोटा सा सरप्राइज जो लाई हूँ। सोच रही थी कि तुम्हारे शहर आ रही हूँ। तुमसे मिलने आ सकती हूँ।" उसने रहस्यमयी स्वर में कहा।

"क्या? क्रिसमस जल्दी आ गया है? हमारे लिए क्या उपहार लाने वाली हो?" मैंने पूछा।

"तीन बुद्धिमान लोगों ने बताया था कि वे कौन से उपहार लाने वाले हैं? जल्दी से दुकान का पता दो। वहीं मिलती हूँ।" जेना बोली।

"उम्म···ज्यादा समय नहीं दे सकूँगा। आज दुकान में बहुत व्यस्त हूँ।" मैंने कहा।

"ओह! मेरे साथ समय नहीं बिताना पड़ेगा। तुम्हें अपना सरप्राइज पसंद आएगा। मैं उसे देकर अपनी राह लूँगी।" जेना का लहजा खुशहाल लगा।

"ठीक है, दुकान मेरे घर के पास ही पड़ती है। गली में से दो मिनट का रास्ता है। पर मैं पता भी भेज देता हूँ।"

"फोन पर कौन है?" मॉम ने पूछा।

"जेना। वह कह रही है कि उसके पास मेरे लिए सरप्राइज है। पर चिंता मत करो, मैंने उसे बता दिया है कि हम आज कितने व्यस्त हैं!"

पर मॉम ने सिर हिला दिया।

"अरे, तुम अपनी दोस्त को ऐसे कैसे बोल सकते हो? उसे लंच के लिए रोक लेना। कहना, मैंने आग्रह किया है।" उन्होंने आदेश दिया।

"पर आज तो बहुत काम है।"

"हम्म, पर हमें भी तो लंच करना है! हम लंच ब्रेक लेंगे और वह भी हमारे साथ लंच कर लेगी।" पापा ने सारी बात सुनकर कहा और कुरसी पर लुढ़क गए। उनके हाथ का काम पूरा हो गया था।

वे दोनों मेरी ओर देख रहे हैं कि मैं कुछ कहूँ।

"ठीक है, उसे कॉल कर देता हूँ।" मैंने जेना का नंबर मिला दिया।

उसे निमंत्रण पाकर अच्छा लगा। "क्या वाकई तुम लोगों को परेशानी नहीं होगी?"

"हम्म! पर कोई उपहार या फूल मत लाना। तुम पिछली बार ही सबको बहुत प्रभावित कर चुकी हो।"

जेना हँसी और मॉम-पापा भी मुसकराने लगे।

"यह अच्छी लड़की है।" मॉम ने कहा।

जेना दो घंटे बाद आ पहुँची। पर उसके साथ कार में कोई और भी है। मुझे हैरानी थी कि उसके साथ कौन आया है!

जो दृश्य दिखा, उसका स्वागत करने के लिए मुझे कोई तैयार नहीं कर सकता था। मैं वहीं जड़वत् खड़ा रह गया। अपनी ही नजरों पर यकीन नहीं हो रहा था। क्या मैं दिन में सपने देख रहा हूँ ? क्या यह हकीकत है ? भला यह हो भी कैसे सकता है !

जेना की हँसी ने मेरे विचारों की तंद्रा भंग की।

"जरा चेहरा तो देखो।" वह बोली।

"तुम तो ऐसे घूर रहे हो, जैसे मैं डायनासोर को ले आई हूँ।" वह बोली।

पूजा भी मेरी ओर आते हुए मुसकराई।

"हाय, आरुष!" उसने हौले से कहा।

"हद हो गई···! पूजा! तुम कैसे ?"

"क्या हजारों मील से मिलने आनेवाले का स्वागत ऐसे करते हैं ? कैसे दोस्त हो!" जेना बोली।

मेरे मॉम और पापा को कुछ समझ नहीं आ रहा था। उन्होंने दोनों का स्वागत करते हुए अंदर आने को कहा। जब हम भीतर आ गए तो मॉम ने उन दोनों को लंच का न्योता दिया।

"तो तुम कहाँ रहती हो ?" मॉम ने पूछा।

"आंटी, मैं कोच्चि में रहती हूँ।" पूजा बोली।

यह इतनी आसानी से कैसे बात कर रही है ?

"यह कहाँ है ? मैंने कभी नाम नहीं सुना।" मॉम ने भौंहें नचाईं।

मॉम को कोई अंदाजा नहीं था। उन्होंने अस्पताल में वीडियो कॉल वाली पूजा को नहीं पहचाना। उन्हें लगा कि पूजा इंग्लैंड के किसी शहर की बात कर रही है।

"माँ, यह भारत में रहती है।" मैंने कहा।

"ओह! किसी से मिलने आई हो ?" मॉम ने पूछा।

"आंटी, दरअसल···आरुष से मिलने आई थी।" वह बोली।

मेरी मॉम ने मुझे सवालिया निगाहों से देखा। पापा भी सफाई चाह रहे थे।

मुझे समझ नहीं आया कि उन्हें क्या जवाब देना है। मैं तो पूजा के अचानक आने से ही सदमे में था।

"ओह, पूजा मेरे साथ वायनाड वाले कैंप में थी।" मैंने कहा।

"ओह, अब समझा।" पापा ने कहा।

उनके स्वर से लगा कि उन्हें अंदाजा हो गया है कि मेरे और पूजा के बीच कुछ गहरा चल रहा है।

अब जेना थोड़ी परेशान दिखी। पर पूजा? वह तो मुझे ऐसे प्यार से देख रही है, जैसे मैं दुनिया का सबसे महान् लड़का हूँ। यकीन नहीं आ रहा। कोई बुरा सपना चल रहा है। जी करता है कि अभी ओझल हो जाऊँ।

मुझे इस जगह से हटना होगा। इससे बात करनी होगी। यह इस जगह आकर क्या करना चाह रही है? यह हो क्या रहा है?

"मॉम, डैड, जेना, माफ करना। हमें अकेले में बात करनी है।" फिर मैं दुकान से बाहर निकल आया।

पूजा ने भी यही कहा और बाहर निकल आई।

यह ऐसा कैसे कर सकती है? अचानक मेरे घर कैसे आ गई? जेना ने मेरे साथ ऐसा क्यों किया? क्या ये लड़कियाँ पागल होती हैं? ये अपने आप को समझती क्या हैं?

मैं पासवाले पार्क की ओर चल दिया। मैं तेज चाल से चल रहा था और अहमकों की तरह पेश आ रहा था। शायद मैं ऐसा ही हूँ। पर ये हालात सँभालने भारी पड़ रहे हैं। पूजा चुपचाप पीछे आ रही है और मुझे समझ नहीं आ रहा कि अब करना क्या है।

मैं एक बड़े से छायादार बलूत पेड़ के नीचे जा बैठा। पूजा ने भी यही किया।

"हाय!" उसने फिर से मुसकराकर कहा।

"तुम इस हेयर स्टाइल में कितने प्यारे लग रहे हो! फब रहा है।" उसने कहा।

मैं मुसकराने के मूड में नहीं था।

"क्या तुम बता सकती हो कि यह सब क्या चल रहा है?" मैंने पूछा।

□

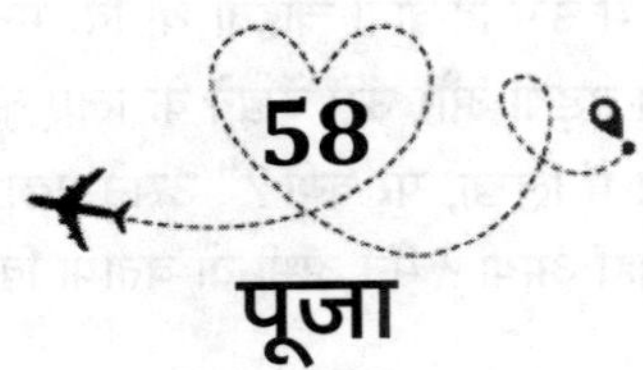

पूजा

मैंने ऐसी प्रतिक्रिया की उम्मीद तो नहीं की थी। आरुष परेशान लग रहा था। उसके चेहरे पर कोई मुसकान नहीं थी। मैं समझ नहीं पा रही थी।

मुझे लगा था कि मुझे देखकर वह खुश हो जाएगा। ऐसा लगा था कि हम गले लग जाएँगे। फिर वह पूछेगा कि मैं यू.के. कैसे आ गई? मैं सब बता दूँगी और वह मेरी बहादुरी पर दंग रह जाएगा। मैं उसे अपनी सारी तकलीफ बताऊँगी और वह मुझे दिलासा देगा। वह मुझे घूरता रहा; आँखें ठहरी हुई थीं। एक गहरी टकटकी। काफी रूखा बरताव था।

यह तो वह आरुष नहीं, जिसे मैं जानती थी। यह तो कोई अजनबी है, जिससे मिलने के लिए मैं मीलों की दूरी तय करके आ गई हूँ। समझ नहीं आ रहा कि क्या कहना है! मेरा खून सूख रहा था, दिल तेजी से धड़क रहा था, हथेलियाँ पसीने से तर थीं।

"मुझे क्या समझाना है?" मैंने पूछा।

"पहले मुझे धोखा दिया, फिर इतनी दूर से मिलने आ गई हो? पूजा, कौन सा खेल खेल रही हो? मेरा सिर चकरा गया है।" वह बोला।

मुझे उसकी बात समझने में कुछ सेकंड लगे।

"आरुष! नहीं, नहीं। मेरी मम्मी ने फोन ले लिया था। मैंने तुम्हें इ-मेल लिखे थे। वे नहीं मिले?"

"फोन ले लिया था? क्या मतलब? क्या तुम्हारे पास लैपटॉप नहीं था?" आरुष ने त्योरियाँ चढ़ाईं।

"नहीं आरुष, लैपटॉप भी ले लिया था। मुझे बंदी बना रखा था। मैं तुम्हें रोज लिखती थी।" मैंने अपनी बात समझानी चाही।

"मुझे तो कोई मेल नहीं मिला। मैंने देखा था।" उसकी आवाज में बेरुखी थी। उसे मेरी बातों पर यकीन नहीं था।

"मैंने वह सब एक कॉपी में लिखा था, आरुष!" मैंने कहा।

तभी याद आया कि मैं उस कॉपी को घर में भूल आई थी। मुझे उसे आरुष के लिए लाना चाहिए था। मैं उसे दिखाना चाहती थी कि मैंने उसे कितना याद किया था! उसके लिए कितना तड़पी और उसे देखने के लिए क्या-क्या किया!

"तुमने एक कॉपी में लिखा, पर क्यों?" उसने पूछा।

क्या उसे समझ नहीं आया? मैंने अभी तो बताया कि मेरा फोन और लैपटॉप ले लिया गया था।

"क्योंकि मेरे पास इंटरनेट और फोन नहीं था।" अब मैं उसके सवालों से खीझ रही थी।

"पर तुमने तो कहा कि तुमने इ-मेल किया था।" आरुष बोला।

ऐसा लगा कि उसे झिंझोड़ दूँ।

"मैंने मेल भी किया था...बाद में फोन मिल गया था।" अब मैं वाकई खीझने लगी थी।

क्या वह जानकर अनजान बन रहा था? कुछ समझ नहीं आ रहा था।

"अच्छा! तुमने कहा कि तुम्हारे पास फोन नहीं था, इसलिए तुमने कॉपी में लिखा और जब फोन मिल गया तो तुमने इ-मेल किया।" आरुष बोला।

"हम्म! अब समझे।"

पर बात कुछ बनी नहीं। आरुष अब भी सिर हिला रहा था।

"क्या? तो मैं इतनी दूर क्यों आ गई?"

आरुष को हो क्या गया है?

"पता नहीं। तुम्हीं बताओ।" वह बोला।

ओह, मैं इस लड़के की दीवानी थी? इतनी बेरुखी! यकीन नहीं आता। इसे हो क्या गया है?

"आरुष, अपनी मेल्स देखो, तुम्हें सारी बात समझ आ जाएगी।"

"ओह! अच्छा। मैंने तुम्हें ब्लॉक कर दिया था।" उसने माना।

"मुझे ब्लॉक किया, क्यों?"

"पता नहीं, पूजा। मुझे लगा कि भारत में मेरी अक्ल ठिकाने नहीं थी। मैं अपने कंफर्ट जोन से बाहर था। नए देश में नए अनुभव हो रहे थे। मेरा सिर चकरा गया

था। हम तार्किक तरीके से नहीं सोच रहे। अकसर सेरोटोनिन और डोपामाइन के कारण ही हम ऐसे काम कर देते हैं, जो हम अकसर नहीं करते। शायद उस जगह यही हुआ था—एक हॉलीडे रोमांस।" आरुष ने कहा।

उसकी बातें सुनकर लगा कि किसी ने मेरे सिर पर ठंडा पानी डाल दिया हो। यह कह क्या रहा है?

हमारे बीच जो हुआ, वह नकली था। वे चुंबन कुछ नहीं थे? उसे मेरे लिए कुछ महसूस नहीं होता? यकीन नहीं आ रहा।

"आरुष, क्या कह रहे हो? तुम मुझसे प्यार नहीं करते?" मैंने उसे देखते हुए पूछा।

वह दूसरी ओर देखने लगा। इसके बाद उसने जो किया, उससे मेरी जान ही निकल गई।

"पूजा, हमने कभी प्यार की बात नहीं की। अगर मुझे याद है तो कभी एक-दूसरे से ऐसा कुछ कहा भी नहीं।"

आरुष ने समझदारी की बात की; पर क्यों? मन में एक खयाल आया—जेना। क्या वह इसलिए यह सब कह रहा है? जेना ने बताया था कि वह उसके परिवार में आती-जाती है और सब उसे चाहते हैं। यह सुनते ही मन में ईर्ष्या का भाव आया था। पर मैंने खुद को समझा लिया कि जेना मेरे साथ अच्छी तरह पेश आ रही थी। पर शायद आरुष के मन में जेना के लिए कुछ था।

"क्या यह सब जेना के कारण है?" मैंने असहाय भाव से पूछा। खुद को रोक ही नहीं सकी।

"क्या?" उसने मुझे ऐसे देखा, मानो मेरा दिमाग चल गया हो।

"क्या तुम्हारे और जेना के बीच कुछ चल रहा है?"

"पूजा, पागल हो गई हो क्या? हमारे बीच कुछ नहीं चल रहा।"

"तो इस तरह पेश क्यों आ रहे हो, मानो मैं अजनबी हो गई हूँ?"

आरुष पल भर को रुका। फिर उसने कहा, "देखो पूजा, तुम हमेशा से अधीर स्वभाव की रही हो। तुम पहले काम करती हो और फिर उसके बारे में सोचती हो। मैं मानता हूँ कि मैं भी भारत में थोड़ा भटक गया था। हो सकता है कि उन पलों का वही सच हो। पर क्या वह सच्चा प्यार था? यह मैं नहीं जानता।"

उसके शब्द किसी गहरे वार से कम नहीं थे। मेरे चेहरे पर करारा तमाचा। मैंने सोचा कि क्या मैंने यह चाहा था? जब मेरे मैसेज का जवाब नहीं आ रहा था तो

मुझे तभी अंदाजा हो जाना चाहिए था। ओह, मेरी जान निकल रही थी। जी कर रहा था कि उस जगह से ओझल हो जाऊँ। इस ग्रह पर शायद ही मुझसे बड़ा कोई मूर्ख होगा। घर से हजारों मील दूर, डर्बी के एक पार्क की बेंच पर बैठी एक ऐसे लड़के को समझाने की कोशिश कर रही थी, जिसने मुझे अभी-अभी बताया कि हमारे बीच जो भी हुआ, वह सच नहीं था और उसे नहीं लगता कि वह मुझसे प्यार करता है।

उस जगह बैठना भी भारी हो रहा था।

"ठीक, मुझे बताने की मेहरबानी।" मैंने कहा। मैं उठ गई। किसी ने भीतर से कलेजा निकालकर बाहर फेंक दिया था।

मैं खाली हो चुकी हूँ—पूरी तरह से खोखली।

पर मैं उसके आगे भीख नहीं माँगने वाली।

मैंने अपना बचा-खुचा आत्मसम्मान समेटा और उठ गई।

आरुष जल्दी से पीछे आया—"ओह, सुनो। सॉरी···क्या हम बात कर सकते हैं?"

पता नहीं यह सब कैसे सँभलेगा।

□

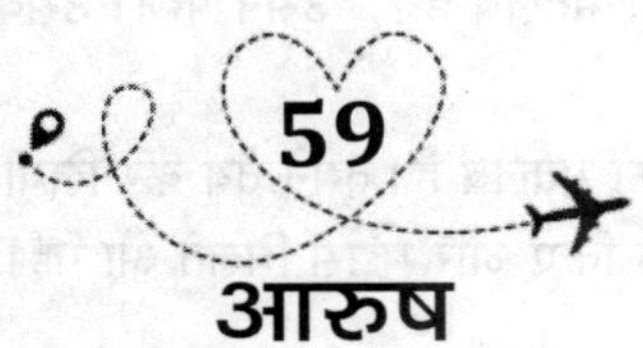

आरुष

वह तेजी से आगे जा रही थी।

"पूजा, ठहरो।" मैंने उसे पुकारा।

मैं बिल्कुल पागल लग रहा था। मैंने उसे सच बताया, पर अब लग रहा है कि कुछ गलत हो गया है।

"क्या?" उसने चलते हुए ही पूछा।

"यह सब मेरे लिए अचानक ही हुआ, इसलिए।" मैंने अपनी सफाई दी।

"मैं समझ गई।" उसने कहा।

पर मुझे नहीं लगता कि उसे समझ आया है।

"देखो पूजा, तुम इतनी दूर कैसे आईं? इतना पैसा कहाँ से आया?" मैंने पूछा।

"आरुष, इससे क्या अंतर पड़ता है? मैं तुमसे मिलने आई थी, क्या यही काफी नहीं था?" उसने मुझे देखे बिना कहा।

"यह तो अच्छी बात है। पर तुम्हारे घर में सबको पता है?"

मैं जानना चाहता था कि क्या हुआ? उसने उन्हें कैसे सँभाला?

"उन्हें नहीं पता कि मैं इस जगह हूँ।" वह अब भी मेरी ओर नहीं देख रही थी।

"क्या? तुम ऐसे ही चली आईं?" मैं यकीन नहीं कर सका।

"जी।"

"पैसे कहाँ से आए? उड़ान के पैसे, वीजा···यह भारी खर्च है।"

"मेरे पास अकाउंट में बहुत पैसे हैं। वहीं से यह सब खर्च किया।"

क्या उसके स्वर में गर्व झलक रहा था या यह पछतावा था? कह नहीं सकते।

"चुपके से?" मैंने पूछा।

"हम्म, चुपके से। तुम्हें क्या लगता है, अगर घर में पता होता तो वे लोग क्या मुझे आने देते?" वह अड़ियलपन से बोली।

"पूजा, तुम इसलिए आ सकीं, क्योंकि तुम्हारे पास पैसा है, क्योंकि तुम पैसेवाली हो।"

"इस बात का क्या मतलब है?" उसने पूछा। उसकी आँखों में गुस्सा और पछतावा दोनों दिखे।

"पूजा, इस बात का मतलब है। तुमने तय कर लिया कि घर के हालात सही नहीं हैं, इसलिए बैग पैक किए और मुझसे मिलने आ गईं। क्या सोचा कि मैं अपने घर में क्या कहूँगा?"

इस बात ने पूजा का ध्यान खींचा। शायद उसे मेरी बात समझ आ रही है।

पूजा एक पेड़ के पास झुककर खड़ी हो गई। यह तो साफ है कि उसने इस बारे में कभी नहीं सोचा।

"मुझे लगा...मुझे लगा कि तुम्हारे घर में इस बात से कोई फर्क नहीं पड़ेगा कि तुम्हारी एक गर्लफ्रेंड है।" पूजा ने कहा।

"पूजा, मैंने उन्हें अभी यह भी नहीं बताया कि भारत में क्या-क्या हुआ। मैं इसलिए नहीं बता सका, क्योंकि अभी मुझे भी समझ नहीं आया। मैं सुजीत को खोज रहा था कि उसका सामना कर सकूँ। इसका कारण तो मुझे भी नहीं पता। इसके बाद मैं अस्पताल में था और तुम गायब हो चुकी थीं। अगर घर में बताना भी चाहूँ तो उन्हें क्या समझ आएगा?"

पूजा वहीं खड़ी रही।

"तुमने ठीक कहा। मैंने इस नजरिए से नहीं सोचा। सॉरी, मुझे नहीं आना चाहिए था।" उसने कहा। फिर वह मुझे एकटक घूरने लगी।

मुझे बहुत बुरा लगा। वह माफी माँग रही थी कि वह मुझसे मिलने आई। मैंने उसे भाषण पिला दिया और उसके लिए अपनी सच्ची भावनाओं को कुचल दिया। वह एक भी शब्द कहे बिना इसे स्वीकार कर रही थी।

अगर मूर्खता का कोई इनाम होता हो तो मुझे ही मिलना चाहिए।

"पूजा, मैं इतना कह रहा हूँ कि हमें थोड़ा समय देना चाहिए। हम अधीरता से काम ले रहे हैं। मेरे हिसाब से, घर से भागनेवाली बात सही नहीं है। तुम अपने माता-पिता के साथ ऐसा कैसे कर सकीं? पता है, वे कितने परेशान होंगे!" मैं उसे जल्दी-जल्दी वे सब बातें बता रहा था, जिन्हें सुनना आसान नहीं था।

उसने जो किया, वह गलत था। मैं ऐसा नहीं कह सका।

पूजा कुछ नहीं बोली।

"देखो, पूजा! भले ही वे दुनिया के सबसे बुरे माता-पिता हों, पर तुम उनके साथ ऐसा नहीं कर सकतीं। बस, ऐसे ही घर से भाग आना और उनका पैसा खर्च करना, जो उन्होंने पूरे भरोसे से तुम्हें दिया। यह···यह सही नहीं है।"

वह मुझसे और क्या चाहती है? वह मिलने आई थी—इसके बाद क्या, मैं नहीं जानता।

पूजा कुछ देर चुप खड़ी रही। उसके बाजू आपस में बँधे थे।

मैं कुछ नहीं बोला।

जब वह बोली तो आवाज सँभली हुई थी, "आरुष, सही और गलत क्या है, यह मैं तय करूँगी। अगर तुम मुझसे मिलना नहीं चाहते या तुम्हें लगता है कि भारत में जो भी हुआ, वह एक भूल थी तो ठीक है। वह तुम्हारी मरजी है। पर मुझे मत परखो।"

मैंने उसे समझाना चाहा, उसे बताना चाहा कि मैं क्या कह रहा हूँ।

"पूजा, मैं तुम्हें परख नहीं रहा। बस, यही कह रहा हूँ कि अपने माता-पिता के नजरिए से हालात को देखो। तुम्हारे पापा कितनी दूर से वायनाड आ गए थे, ताकि तुम्हें जेल से निकलवा सकें। वे अच्छे इनसान हैं। माँ ने तुम्हें कैंप भेजा, क्योंकि वे तुम्हारा भला चाहती थीं। वे हमेशा तुम्हारी भलाई चाहते हैं। तुम मुझसे मिलने आईं। अब मुझसे क्या चाहती हो? ऐसा तो नहीं होगा कि हम दोनों किसी होटल में ठहर जाएँ!" मैंने कहा।

पूजा के अक्खड़ और मुँहफट रवैए ने जैसे मेरे भीतर चिनगारी को भड़का दिया और वह लपट में बदल गई। मेरे मन की बात बाहर आ गई।

"पूजा, हम इस तरह अपनी मनमानी नहीं कर सकते। हमारा अपने माता-पिता के लिए भी कुछ फर्ज बनता है। तुम अपनी मुश्किलों से भाग नहीं सकतीं। तुम्हें उनका सामना करना ही होगा। चाहे कितने भी मुश्किल हालात क्यों न हों, तुम्हें उनके साथ बैठकर बात करनी होगी। मैंने पिछले कुछ सप्ताह अपने माता-पिता के साथ बिताए और मेरी आँखें खुल गईं। पूजा, शायद हम उन पर बहुत बोझ डाल रहे हैं। अपने घर बात करो। वे सब चिंता से अधमरे हो गए होंगे।"

पूजा वहीं खड़ी मुझे घूरती रही, मानो उसे मेरी बात का यकीन नहीं आ रहा हो।

"वे मेरी बात नहीं समझेंगे।" उसने कहा।

"क्या तुमने कभी अपने कॅरियर के बारे में सोचा है ? कभी सोचा कि तुम आनेवाले समय में क्या करना चाहती हो ? क्या तुम्हारा सारी जिंदगी इसी तरह बिताने का इरादा है ? देखो, तुम्हारे पास अपने कॅरियर के लिए कोई प्लान होना चाहिए। तुम्हारी मम्मी की नाराजगी की एक वजह यह भी है कि तुम्हारे अपने जीवन का कोई लक्ष्य या उद्देश्य नहीं है। तुम इधर-उधर भटकती रहती हो। क्या कभी इस बारे में सोचा ?" मैंने जो मन में आया, वह कह दिया।

उसके भाव समझ नहीं आ रहे थे। अब वह गहरी साँसें भर रही थी। पता नहीं, कहीं रो ही न रही हो।

हे भगवान्! कैसे हालात बन गए हैं!

पूजा ने इतनी आसानी से बैग पैक कर मेरे पास आने का इरादा कैसे कर लिया ? यही समझ नहीं आ रहा।

"पूजा, सॉरी। मैंने सच कहा है, पूरी ईमानदारी से सच कहा है।"

पूजा के भाव बदल रहे थे। उसने सिर हिलाया और दुकान की ओर बढ़ गई।

"मैं तुम्हारी चिंता समझती हूँ; पर अपने मॉम-डैड के सामने यही दिखाना कि मैं एक दोस्त ही हूँ।" उसकी आवाज में एक उदासीनता थी। आँखों की चमक जा चुकी थी।

मैं चुपचाप पीछे चलने लगा। अब और कर भी क्या सकता था!

□

चैत्रा

कृष्णन कमरे में तेजी से चक्कर काट रहे हैं।

"वह ऐसे अचानक कैसे गायब हो सकती है?" उन्होंने पूछा।

"मुझे नहीं पता।" मैंने कहा। उसे उन्नीस घंटे पहले देखा गया था। हैरानी इस बात की है कि हमें यह पता चलने में इतनी देर लग गई कि वह कहीं चली गई है। कैसा परिवार है हमारा!"

कृष्णन ने मुझे हॉस्पिटल में फोन किया और तुरंत घर आने को कहा। मैंने जब से कमरे में कदम रखा, वे लगातार तेजी से चक्कर लगा रहे थे। यह देखकर मेरा सिर घूम रहा था; पर मैंने कुछ नहीं कहा। मैं लड़ना नहीं चाहती थी। हमें पूजा को खोजने पर ध्यान देना होगा।

"क्या तुम्हें पक्का यकीन है कि तुमने उसे कल रात के खाने के बाद नहीं देखा?" कृष्णन ने शांति से पूछा।

"नहीं सर, मैंने नहीं देखा।" शांति ने कहा।

वह हमारी ओर देखने से कतरा रही थी। देखकर लगा कि कहीं कुछ छिपा तो नहीं रही। पर क्या कहें! हो सकता है कि वह भी हमारी तरह परेशान हो।

"तुमने उसे नाश्ता करने के लिए क्यों नहीं बुलाया?" कृष्णन ने शांति से पूछा।

"उसने मना किया था कि कोई उसे तंग न करे, इसलिए मैंने नहीं बुलाया।" शांति ने कहा।

"हमें तो यह भी नहीं पता कि वह कल रात भी घर में थी या नहीं।" मैंने कहा।

"मैंने उसके कॉलेज के दोस्तों को भी फोन करके पूछ लिया कि कहीं किसी के घर तो नहीं; पर वह कहीं नहीं है।" दिव्या ने कहा। दिव्या यह सब सुनते ही ऑफिस से भागी आई थी।

कृष्णन सोफे पर मेरे पास ही बैठे और डी.आई.जी. ऑफ पुलिस को फोन लगाया। उनकी आँखें बंद थीं। बोलते हुए भी भौंहें चढ़ी हुई थीं।

"अच्छा··· ओके। जी··· ठीक है।" मैं एकतरफा बात से कुछ मतलब नहीं निकाल सकी। उनके बोलने का इंतजार करने लगी।

"हमें तीन दिन तक इंतजार करना होगा। वे उसके बाद ही खोजेंगे। वह अठारह साल से ज्यादा है और अगर अपनी मरजी से गई है तो वे कुछ नहीं कर सकते।" कृष्णन ने कहा। उनके कंधे ढुलक गए थे, मानो वे बेसुध होने वाले हों।

दिव्या ने कहा, "हो सकता है कि वह कुछ लिखकर रख गई हो। मैं देखकर आती हूँ।"

दस मिनट से कम समय में ही दिव्या वापस आ गई।

"माँ, देखो! वह भागकर यू.के. चली गई है।" उसने एक कॉपी किसी विजेता की तरह लहराई।

"यू.के.?" कृष्णन और मैं एक साथ बोले।

"यूनाइटेड किंगडम? लंदन?" कृष्णन ने बात साफ की। उन्हें और मुझे इस बात पर यकीन नहीं आ रहा था।

"जी, उसने इसमें सब लिखा है। हालाँकि, देखकर लगता नहीं कि उसने हमारे लिए लिखा होगा। यह तो किसी और के नाम है।" दिव्या पन्ने पलटने लगी।

"दिखाना मुझे।" मैंने उससे कॉपी ले ली।

कृष्णन मेरे साथ बैठे और हम मिलकर कॉपी देखने लगे। ओह, इसमें तो आरुष नाम के लड़के के नाम पत्र लिखे हुए थे।

"मैं तो विश्वास नहीं कर सकती।"

"हे भगवान्!" कृष्णन बोले।

"मुझे सपने में भी नहीं पता था कि वह यह सब महसूस कर रही थी।" कहते हुए मेरी आवाज भर्रा-सी गई।

पन्ना-दर-पन्ना, शब्द-दर-शब्द—हम पर एक के बाद एक हमले थे। वह मुझसे सबसे ज्यादा नफरत करती है। उसे दिव्या से भी नफरत है, पर माँ से ज्यादा नफरत करती है। उसे कृष्णन से भी वैर है। उसे हमारी लड़ाइयों और मतभेदों से

नफरत है। उसने हर चीज विस्तार से लिखी है और मैं अंदाजा नहीं लगा पा रही कि उसके मन में क्या था।

गले में जैसे कुछ अटक-सा गया। यकीन नहीं होता कि मेरी बेटी मेरे ही खिलाफ है। मैंने तो हमेशा उसकी भलाई चाही, हमेशा। मुझे गुस्सा आया कि उसने अपने नाम किए हुए पैसे का नाजायज फायदा उठाया।

"तुम्हारी माँ को उसके नाम पैसा नहीं जमा करना चाहिए था।" मैंने कृष्णन से कहा।

यह सुनकर तो जैसे वे फट पड़े, "अच्छा, जब उन्होंने पैसे दिए थे तो तुम्हें बहुत अच्छा लगा था। तुमने ही कहा था कि वे कितनी दरियादिल हैं। उन्होंने इतने ही पैसे दिव्या को भी दिए, तब तो तुम्हें कोई दिक्कत नहीं थी और अब कह रही हो कि उन्हें पैसे नहीं देने चाहिए थे! तुम्हारी हिम्मत कैसे हुई यह बोलने की?" हर वाक्य के साथ कृष्णन का स्वर तेज होता जा रहा था।

"यह तुम्हारी गलती है, तुम्हारी और दिव्या की गलती। तुमने कभी उसे उसके तरीके से जीने नहीं दिया। तुम्हें हमेशा उसमें कमी दिखती रही। वह जो भी करती थी, तुम्हें बुरा लगता था। वह तुम दोनों जैसी नहीं है—तुम्हें कभी समझ नहीं आया? वह अपने आप में निराली है।" कृष्णन के गुस्से का अंत नहीं था।

"तुमने ही उसे बिगाड़ा है। तुम उसकी हर बात को सही ठहराते थे।" मैंने भी तर्क दिया।

"मैंने वही किया, जो कोई भी पिता करता। उसे लॉक-अप से बाहर निकलवाया। और क्या करता, उसे सड़ने के लिए वहीं छोड़ देता?"

"तुमने कड़ाई नहीं बरती।" मैंने कहा। मुझे गुस्सा आ रहा था कि वे सारा इल्जाम मेरे सिर लगा रहे थे।

"तुमने कभी उसका साथ नहीं दिया। यही सबसे बड़ी समस्या है। चाहे सख्त था या नहीं, पर मैं हमेशा उसके साथ था, हर लिहाज से। इस घर में शांति उसकी माँ है। तुमने नहीं, उसे शांति ने पाला है। तुम हमेशा अपने अस्पताल में व्यस्त रहीं। तुमने उसकी उपेक्षा की, चैत्रा!" कृष्णन गरजे।

"ओह, अच्छा! कौन सी नियम की किताब में लिखा है कि माँ को अपने बच्चों के लिए कॅरियर छोड़ देना चाहिए? तुम अपना सारा काम-धंधा छोड़कर घर क्यों नहीं बैठे? क्या वह मेरी अकेले की जिम्मेदारी थी?" मैंने उदासीनता से कहा।

कमरे में अजीब सा सन्नाटा छाया था। कुछ मिनट तक कोई कुछ नहीं बोला।

कुछ देर बाद कृष्णन ने कहा, "खैर, इस बारे में बहस करने से क्या लाभ कि किसका दोष है। हम सभी गलत थे, बहुत गलत। हमने अपनी हरकतों से उसे अपने से दूर धकेल दिया। माना उसका भी दोष है, पर मुझे लगता है कि हम सब भी दोषी हैं। क्या हमने कभी समझना चाहा कि वह ऐसी हरकतें क्यों करती थी? क्या कमी थी? शायद हमने कभी बैठकर इस बारे में बात नहीं की।" उनका स्वर बदल गया था। उन्होंने आह भरी।

"पता है, क्या अजीब बात है? परिवार के एक सदस्य को घर से भागना पड़ा, ताकि बाकी लोग मिलकर एक दिन की छुट्टी ले सकें।" दिव्या ने कहा।

दिव्या और कृष्णन की बातों ने दिल पर तीर-सा वार किया। मैंने पूजा के वे सारे पत्र दोबारा पढ़े। हर शब्द कलेजे को काँच के टुकड़े-सा चीर रहा था। मैंने उसके बचपन को याद किया। खेद से कहना पड़ता है कि बहुत कुछ याद नहीं आया। शायद कृष्णन ने सही कहा। उसके लिए कभी कोई नहीं था। इसमें कोई हैरानी नहीं कि उसने धीरे-धीरे स्वयं को हम सबसे काट लिया।

मैं इतनी अंधी कैसे हो सकती थी? उसके भय, उसकी पीड़ा और आशाओं को नहीं जान सकी? वे पत्र पढ़ते हुए जैसे मैंने खुद को नए नजरिए से देखा। मैं कोई राक्षस हूँ, वह तो ऐसा ही मानती है। जीवन में पहली बार बेटी के नजरिए से अपना यह रूप देखा।

मैं बुरी तरह से बिखर गई, क्योंकि यह सच था।

भले ही कार्डिएक सर्जन के रूप में नाम हो, जीवन में भारी सफलता मिली हो; पर एक माँ के रूप में बहुत बुरी तरह से हार हुई है। उसके पत्रों ने मुझे बरबाद कर दिया था।

दिव्या ने दिलासा दी, "देखो माँ, उदास मत हो। किशोर बच्चे अकसर ऐसी बातें लिख जाते हैं।" उसकी बातों से दिलासा नहीं मिली। भले ही गुस्से में लिखा गया, पर वह कड़वाहट झेलनी आसान नहीं थी।

"मुझे अपनी भूमिका स्वीकार करनी ही होगी। मैं दोषी हूँ। हम सबको नए सिरे से सोचना होगा कि हम उससे कैसे पेश आ रहे थे। हमेशा उसके लिए बेहतरीन चाहा; पर वह मेरे नजरिए से बेहतर था। मैंने कभी सोचा नहीं कि वह क्या चाहती थी। कभी नहीं सोचा कि वह जो करती थी, क्यों करती थी।" मैं बीते हुए बरसों के लिए पश्चात्ताप से भरी हुई थी।

कृष्णन और दिव्या कुछ देर चुप रहे।

"माता-पिता के रूप में हमने बच्चों के लिए सदा बेहतर ही चाहा। शायद तुमने वही किया, जो तुम्हें सही लगा।" कृष्णन ने लंबी चुप्पी के बाद कहा। वे दिलासा देना चाहते थे, पर वे शब्द तमाचे जैसे लगे।

"तुमने पहले कभी क्यों नहीं कहा? पहले कभी क्यों नहीं कहा कि मैं भी गलत हो सकती थी? कृष्णन, वह भाग गई। वह घर से भाग गई है। उसने हमें छोड़ दिया। इसका मतलब, वह इस घर और हम सबको सहन नहीं कर पा रही थी।"

"पता नहीं, कभी क्यों नहीं कहा। शायद मैं भी अपनी ही दुनिया में मगन था। केवल तुम्हारी गलती नहीं है। मैं गुस्से में कहे हुए शब्दों के लिए माफी चाहता हूँ।" कृष्णन ने हौले से कहा।

"शायद मैं भी उसके साथ कड़ाई से पेश आती रही। मैं चाहती थी कि वह सबसे बेहतर कर दिखाए; पर शायद मैंने गलत तरीका अपनाया।" दिव्या ने भी माना।

हमारे पास कहने को कुछ नहीं बचा था। हम चुप बैठकर सोचते रहे कि हम पूजा के साथ कैसे पेश आते थे। मन में कहीं गुस्सा भी था। उसने यह सब कैसे किया? हमें परेशानी में डाला। पर दूसरी ओर अपनी गलती समझ आ रही थी और मन डूब रहा था। कहीं-न-कहीं मैं जिम्मेदार था। मैंने ही उसे यह सब करने को उकसाया। उसके शब्द बार-बार मन में आ रहे थे। यह सब सहा नहीं जा रहा था।

शांति ने हमें चाय परोसी।

"क्या उसने तुमसे कुछ कहा था? क्या तुम्हें उसके मन की दशा पता थी?" मैंने शांति से पूछा।

"नहीं मैडम, मैं कुछ नहीं जानती।" शांति ने कहा।

"अगर उसके कमरे से यह कॉपी न मिलती तो हमें कुछ पता न चलता।" दिव्या ने कहा।

"अब उस तक कैसे पहुँचें? मैं चाहता हूँ कि वह घर आ जाए। वह विदेश में है, यह सोचकर मुझे चैन नहीं आ रहा। कुछ भी हो सकता है। उसकी सलामती की चिंता है। वह अकेली है—बिल्कुल अकेली।"

"काश, मैंने पूजा के साथ थोड़ा अलग बरताव किया होता!"

"हम उसे इ-मेल लिख सकते हैं।" दिव्या ने हल सुझाया।

"क्या?" मैंने पूछा।

"इ-मेल। उसके पास स्मार्ट फोन है। उसने कॉपी में लिखा है। हो सकता है कि वह हमारी मेल्स देख ले।" दिव्या ने कहा।

एक मिनट के लिए कोई कुछ नहीं बोला।

"शायद यह विकल्प सही रहेगा।" कृष्णन बोले।

"उसने अपनी बातें हम में से किसी एक के साथ क्यों नहीं बाँटीं?" दिव्या ने कहा।

कृष्णन हौले से बोले, "शायद हमने उसे कभी मौका नहीं दिया कि वह अपने मन की बात कह सके। मेल करने का उपाय अच्छा है। उसे मेल लिखें और उम्मीद करें कि वह वापस आ जाएगी। अगर उसके दौरे पर हुए खर्च को कम भी कर दो तो उसके पास फिर भी 30 लाख रुपए के लगभग बचेंगे। वह एक-दो साल तो आराम से बाहर रह सकती है।"

मेरे दिमाग में भी नहीं आया था कि वह कभी वापस नहीं आएगी। कृष्णन एक व्यवसायी हैं। उन्होंने सही कहा। अगर भाग गई है तो अकेले रहने का फैसला भी कर सकती है। मैं उसे खोना नहीं चाहती।

मैं अपने कमरे में बैठकर पूजा के नाम मेल लिखने लगी। उसके बचपन की बातें याद करने लगी। क्या मैंने पूजा के साथ अन्याय किया था? सच में ठीक ही तो था। हालाँकि, मैं ऐसा नहीं चाहती थी। दिव्या को पालना आसान नहीं था। पूजा की डिलीवरी के समय परेशानी हुई और उसके जीवन के शुरुआती साल भी मेरे लिए परेशानी से भरे थे। वह बीमार रहती थी। बहुत जल्दी उसे एलर्जी और संक्रमण हो जाते। क्या मुझे इस बात का गुस्सा था? शायद कहीं अंदर-ही-अंदर ऐसा हुआ होगा। मुझे याद है, जब बचपन में पूजा मुझसे अपने पास घर में रहने के लिए मिन्नतें करती थी और मुझे अस्पताल भागना होता था, उस समय बहुत गुस्सा आता था। मैं उसे शांति को थमाकर बचकर निकल जाती।

हर छोटी-से-छोटी बात मन में फिल्म की तरह चक्कर लगाने लगी।

बच्चे के जीवन में किसी अवस्था में एक माँ अपने सपने या कॅरियर को पूरा कर सकती है? क्या माँ बनने का अर्थ है कि अपने सपने भुलाकर घर में बच्चों के साथ रहा जाए? क्या मैं पूजा को अपने से इसलिए दूर करती रही कि वह दिव्या से अलग थी?

मेरे लिए उसने जो भी कहा, वह फाँस की तरह गले में अटका था। उसके अपने शब्दों में मैं एक तानाशाह थी।

शायद यह हकीकत है, इसलिए मन भी दुखा रही है। इसका नंगापन सहा नहीं जा रहा। मैं तब तक खुश थी, जब तक वह मेरे जीवन को आसान बना रही थी। मैंने उसे इतना नहीं स्वीकारा था कि वह अपने सपनों, भ्रमों और भय के लिए मुझ पर भरोसा कर सके। मैंने उसे दिव्या की तरह बनाना चाहा, उसे अधूरेपन का अहसास दिलाया।

उस लड़के के लिए पूजा के प्यार ने तो मुझे हिला ही दिया। वह अपने परिवार को छोड़कर किसी अजनबी के इतना पास कैसे हो सकती है? इसका जवाब भी मुझे पता है। हमने उसे कभी समझा ही नहीं; पर उस लड़के ने समझा।

मैं पछतावे से भरी थी। बहुत कुछ हो चुका था। बहुत किया और कहा जा चुका है।

बस, अब उसकी सलामती की उम्मीद और प्रार्थना ही की जा सकती है।

□

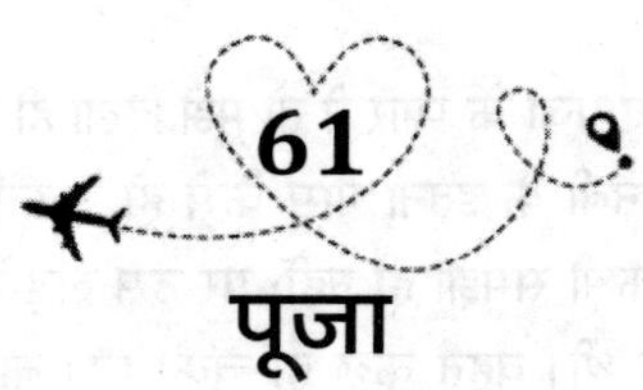

पूजा

जब हम दुकान में गए तो जेना आरुष के मम्मी-पापा से बातें करने लगी और वे आपस में मगन हो गए। हमारे जाते ही उन तीनों ने मुड़कर हमें सवालिया निगाहों से देखा। मन कर रहा था कि पैर पटकते हुए उस जगह से चली जाऊँ। मैं कैब बुलाकर होटल वापस भी जा सकती थी; पर जेना के साथ ऐसा करना ठीक नहीं था। वही तो मुझे मुसीबत मोल लेकर यहाँ तक लाई थी। आरुष के मम्मी-पापा के साथ भी नाइनसाफी होगी। उन्हें क्या पता कि भारत में क्या हुआ था?

"सॉरी आंटी, हम बीच में से उठकर चले गए।" मैंने आरुष की मम्मी से कहा।

"कोई बात नहीं। चलो, घर चलें। दाल और चिकन बना हुआ है। बस, रोटियाँ बना लेंगे। आओ, लंच करें।" उसकी मॉम ने कहा।

आरुष के पापा ने दुकान में एक आदमी को फोन करके कहा कि वे सब लंच करने घर जा रहे हैं और थोड़ी देर में आ जाएँगे। हम सब आरुष के पापा के पीछे-पीछे उनके घर की ओर चल दिए।

"क्या तुम इतनी दूर से केवल आरुष से मिलने आई हो?" माँ ने पूछा।

"जी आंटी! असल में, लंदन में एक कजिन से मिलना था। जेना भी अच्छी दोस्त है, इसलिए हमें लगा कि आरुष को सरप्राइज देना चाहिए; क्योंकि मैं इसे कैंप में मिली थी।" मैंने सफाई से झूठ बोल दिया।

जेना ने मुझे घूरा और फिर बोली, "हम्म, ठीक कहा। मुझे लगा कि सच में मजा आएगा।"

आरुष का चेहरा देखने लायक था।

"हा-हा।" आरुष भी हँसने लगा।

हम सभी बैठक में बैठे और आरुष की माँ रसोई में काम करने लगीं। मुझे बेचैनी महसूस हो रही थी। दिल कर रहा था कि झट से होटल वापस चली जाऊँ।

"आंटी, मैं कुछ मदद कर सकती हूँ?" मैंने रसोई की ओर जाते हुए कहा।

"नहीं, नहीं, सब तैयार हुआ पड़ा है। मेरे पास थोड़ी बिरयानी भी तैयार है। बैठो।" वे बोलीं।

आरुष एक हाथ से मेज लगाने में मदद कर रहा था। उन्होंने मुझे और जेना को कुछ नहीं करने दिया। मैं चाह रही थी कि यह सब जल्दी से खत्म हो।

"भारत में तुम्हारे माता-पिता क्या करते हैं? लंदन में तुम्हारे कजिन का घर कहाँ है?" आरुष के पापा ने पूछा।

मेरे पास उस कजिनवाले सवाल का कोई जवाब नहीं था। जब कजिन ही नहीं था तो घर कहाँ से आता! उस सवाल से बचने के लिए मैं पहले प्रश्न का विस्तार से उत्तर देने लगी। पापा की कंपनियों के बारे में बताया। उन्हें मम्मी और दिव्या के बारे में बताया। जब मैं यह सब बता रही थी तो अहसास हुआ कि मुझे अपनी माँ की उपलब्धियों पर गर्व था और इस बात की भी खुशी थी कि दिव्या अच्छी जगह नौकरी करती थी।

आरुष के पापा सबकुछ सुनते हुए हामी भरते रहे। वे बोले, "डॉक्टर होना तो बहुत अच्छी बात है। इनसानों की जान बचाने से बड़ा नेक काम क्या होगा!"

ज्यों ही हमने लंच पूरा किया तो दरवाजे पर आहट सुनाई दी। एक छोटी सी लड़की तूफान की तरह घर में दाखिल हुई।

"रिया!" जेना ने कहा।

रिया भागकर उससे गले मिली।

ओह, आरुष की बहन कितनी प्यारी है!

"हैलो, मैं रिया और आप?" उसने मुझे देखा तो अपना हाथ आगे बढ़ाकर पूछा।

"पूजा।" मैंने कहा और उससे हाथ मिलाया।

"क्या आप मेरे लिए कोई उपहार लाई हैं?" उसने पूछा।

"रिया, ऐसे नहीं पूछते!" आरुष ने उसे फटकारा।

"ओह, सॉरी। मुझे कई बार अपना शिष्टाचार भूल जाता है।" रिया के चेहरे पर पछतावा दिखा। "जेना मेरे लिए किताब लाई थीं और आरुष भैया ने उसे पढ़कर सुनाया था। मुझे लगा कि शायद दूसरी किताब मिलेगी।"

"रिया, नटखट बंदरिया, तुम अपने उपहार पाने के लिए इशारा कर रही हो।" आरुष ने कहा।

"ओह, नहीं। सॉरी, रिया! मैं तुम्हारे लिए कुछ लाना ही भूल गई। तुम्हें कुछ भेजूँगी जरूर।"

"सच्ची!" उसकी आँखें चमकीं, "आप अगली बार कब आओगी?"

सभी हँस दिए और मैं भी चेहरे पर जबरन मुसकान ले आई। मुझे यह याद नहीं रहा कि आरुष, उसके परिवार या बहन के लिए कुछ लेना चाहिए। और मैं उनके घर खाना खा रही थी। मेरे माता-पिता हमेशा कहते थे—कभी किसी के घर खाली हाथ मत जाओ। मैं आरुष से मिलने के उत्साह में सब भूल गई। बहुत खराब लग रहा था।

किसी ने ध्यान नहीं दिया।

खाना समाप्त हुआ तो चैन आया। बस, अब उस जगह से निकलना था।

जेना ने आरुष की मॉम को भोजन के लिए थैंक्स कहा। उन्होंने दोबारा आने का न्योता दिया। फिर वे बोलीं, "तुम भी आना, बेटा! तुम लंदन कब जा रही हो?"

"मैं आरुष और जेना से मिलने के लिए डर्बी आई थी। शायद आज दोपहर तक चली जाऊँगी।" मैंने कहा।

मैंने यह कहते हुए आरुष को देखा। पता नहीं, मैं क्या साबित करना चाहती हूँ। वह दूसरी ओर देखने लगा।

कार में जेना बोली, "शायद बात कुछ जमी नहीं। मैं खुद को जिम्मेदार समझ रही हूँ।"

"अरे नहीं, तुमने तो मुझे अपने साथ ले जाकर अहसान किया है।"

जेना ने यह नहीं पूछा कि हमारे बीच क्या बात हुई? उसने अगले दिन की योजना के बारे में पूछा।

और मैं आरुष से हुई इस मुलाकात के बाद डर्बी में नहीं ठहरना चाहती थी।

"जेना, तुम्हें मैसेज कर दूँगी। अभी तय नहीं किया कि कल क्या करना है!" मैंने कार से बाहर आते हुए कहा।

"आरुष की चिंता मत करना, वह सँभल जाएगा। शायद अभी सदमे में है।" उसने वापस जाते हुए हाथ हिलाया।

मेरी आँखें छलक आईं। लग रहा था, जैसे कहीं हार गई हूँ। कितनी पागल थी मैं, इतनी दूर चली आई। मैं अपने आप को समझती क्या हूँ? मुझे उससे

क्या उम्मीद थी? वह सब छोड़कर मेरे साथ वक्त बिताएगा? मन-ही-मन तो यही चाहा था। ऐसा लगा था कि वह अपना स्कूल दिखाएगा और वह जगह घुमाएगा, जहाँ उसका बचपन बीता और इस तरह हम इंग्लिश देहात में खूब सैर करेंगे।

मेरे दिमाग में कितना बेतुका, बेवकूफाना और मूर्खोंवाला रोमानी आइडिया आया हुआ था। सब चूर-चूर हो गया। वह अपने परिवार में रमा हुआ है। उसका जीवन इस जगह है, मेरा जीवन भारत में है। अब यह स्पष्ट हो गया है।

मैंने होटल की खिड़की पर खड़े होकर बाहर देखा। सीढ़ियों से एक रास्ता फुलवारी से होते हुए नदी तक चला गया था। ठहरे हुए पानी में बतखें तैर रही थीं। कुछ परिवार और बच्चे उन्हें खाना खिला रहे थे। मैंने खुद को अकेला महसूस किया।

मुझे भारत की याद सता रही थी। आरुष से मिलने का उत्साह मर चुका था। यह वास्तविकता तो मेरी कल्पना से बहुत अलग निकली। आरुष ने तो यह तक नहीं पूछा कि मैं किस जगह रुकी थी और वापस कब जाना है?

मैंने अपने लिए एक कप चाय बनाई। जब चाय पी ली तो बहुत देर तक पलंग पर लेटी रही और सारी बातों के बारे में सोचती रही। आरुष की फटकार। उसकी बातों में कुछ तो दम था। जिंदगी के बारे में कड़वाहट तथा अनिश्चितता और बढ़ गई थी। इस बारे में सोचने से भी चिढ़ हो रही थी।

मैंने फोन देखा तो यकीन नहीं आया। मेरे परिवार के तीनों सदस्यों ने इ-मेल्स भेजी थीं।

ओह, हद है!

आरुष से मिलने के बाद आज और झेलने की हिम्मत नहीं बची थी।

एक मन कहता था कि ऐसे दिखावा करूँ कि मैंने मेल्स देखीं ही नहीं। दूसरा हिस्सा यह देखना चाहता था कि उन्होंने क्या लिखा है? कुछ देर तक अपने आप से जूझने के बाद मैंने तय किया कि मेल्स को पढ़े बिना डिलीट करना गलत होगा।

आरुष के शब्द कानों में गूँज रहे थे। उसने कहा था कि मुझे अपने माता-पिता के साथ ऐसा नहीं करना चाहिए। उसकी बातों में सच्चाई थी। बस, मैंने ही देखने से इनकार कर दिया था।

मैंने सबसे पहले मम्मी की मेल खोली और पढ़ने लगी।

प्यारी पूजा बेटी,

कैसी हो ? आशा करती हूँ कि तुम अच्छी होगी।

मुझे माफ करना। मेरी कही हुई बातों के लिए माफ करना। मेरे पिछले सालों के बरताव के लिए माफ करना।

तुमने आरुष के नाम जो डायरी लिखी, उसे पढ़कर मैं बहुत देर सदमे में रही। सॉरी, मैंने उसे पढ़ लिया है। हमें तुम्हारी चिंता हो रही थी और डायरी पढ़कर ही पता चला कि आखिर हुआ क्या था।

मैं उसे पढ़ने के बाद अब भी सदमे में हूँ। मैंने कभी यह नहीं सोचा कि मेरे किए का तुम पर क्या असर होता होगा। हमेशा यही चाहा कि तुम पढ़ाई में अव्वल रहो, कभी यह नहीं सोचा कि इसका तुम पर क्या असर हो रहा है। मैं अपने जीवन से यही चाहती थी, इसलिए हमेशा ऐसा लगता था कि तुम ऐसा क्यों नहीं चाहतीं ? तुम बहुत होशियार हो और लगता था कि तुम अपनी प्रतिभा नष्ट कर रही हो।

अब इन बातों का खालीपन दिखाई दे रहा है। अगर इन चीजों ने तुम्हें हमसे दूर कर दिया, इतना दूर कर दिया कि तुम मेरा चेहरा तक नहीं देखना चाहतीं तो इनका कोई मतलब ही नहीं रह जाता।

जब तुम छोटी थीं तो बहुत तंग करती थीं। दिव्या को पालना आसान रहा, क्योंकि वह सारी बातें मानती थी, पढ़ाई में अच्छी थी और कभी परेशान नहीं किया। मुझे यह स्वीकार करने में लज्जा हो रही है कि मैं तुम्हें दिव्या जैसा बनाना चाहती थी, कभी यह नहीं सोचा कि तुम वास्तव में क्या हो।

यह तुम्हें ही तय करना चाहिए कि तुम अपने जीवन से क्या चाहती हो। मैंने कभी तुम्हें ऐसा करने की इजाजत नहीं दी।

मैं तुम्हारे इस तरह अचानक जाने से नाराज हूँ; पर अब समझ सकती हूँ कि तुमने ऐसा क्यों किया!

पूजा, मुझे माफ कर दो। प्लीज, वापस आ जाओ।

नए सिरे से शुरुआत करेंगे। अभी देर नहीं हुई है।

प्यार,

माँ

मैंने उसे दोबारा पढ़ा और रोने लगी। अब तक रोके गए आँसुओं का बाँध उमड़ पड़ा। मुझे यकीन नहीं आ रहा था कि मॉम ने मुझसे माफी माँगी थी। उन्होंने

मुझे डाँटा नहीं। वे चाहती थीं कि सब ठीक हो जाए। वे मुझे वापस पाना चाहती थीं। उन्होंने इस दौरे में लगे पैसों के बारे में भी कोई बात नहीं की।

गले में कुछ अटक-सा गया।

मैंने पापा का मेल पढ़ा। वह छोटा सा था।

प्यारी पूजा बेटी,

कोई बेवकूफी मत करना। सुरक्षित रहो और अपना नंबर भेजो। अगर तुम बात नहीं करना चाहतीं तो मैं समझता हूँ।

पर भगवान् के लिए सुरक्षित वापस आना। चिंता के मारे परेशान हूँ।

अपना ध्यान रखना, बिटिया!

अक्का

मैंने आँखें पोंछते हुए दिव्या का मेल खोला।

डियर पूजा द हूजा,

मैं पढ़कर मुसकरा दी। हम बचपन में यही निकनेम इस्तेमाल करते थे। वह मुझे 'पूजा द हूजा' कहती थी और मैं उसे 'दिव्या द मानव्या' कहती थी। उस समय हम अपने जहाजों पर सवार बहादुर कप्तान होते, जो दूसरे राज्यों को जीतने निकलते थे। दिव्या माँ की साड़ी को डाइनिंग टेबल के आसपास लपेट देती और उसके नीचे हमारा जहाज होता। हम साड़ी हटाकर जहाज में जाते और वह हमारे जहाज के लिए दरवाजे का काम करती।

ओह, केवल एक शब्द ने कितनी पुरानी यादों को जिंदा कर दिया। मैंने आँखें साफ कीं और मेल पढ़ने लगी।

अभी वापस आई। माँ और अक्का की हालत खराब है। तुमने अच्छा सबक सिखाया।

मुझे भी शर्मिंदगी हो रही है। यह मत पूछना कि क्यों, पर हो रही है; हालाँकि, मेरे सिर पर तुमने ही पायसम गिराई थी। मैं कोई सेंटीमेंटल-सी मेल नहीं लिखने वाली, क्योंकि वह तो मम्मी-पापा ने लिख ही दी होगी। वैसे यह मानना होगा, तुममें दम तो है भई।

मैं हमेशा गुड गर्ल बनी रही और कई बार माँ के सपनों व उम्मीदों पर खरा उतरना भारी हो जाता था। मुझे नहीं लगता कि मुझे इस जन्म में इनसे छुटकारा मिल सकता है। हमेशा वही किया, जो उन्होंने चाहा और वही करती रहूँगी। मेरे पास कोई और उपाय नहीं है।

मुझे खुशी है कि तुमने अपने मन की सुनी।

जल्दी वापस आना। मुझे समझ नहीं आ रहा कि मैं किसे परेशान करूँ?

लव,

दिव्या द मानव्या

अब तो घर की बहुत याद सताने लगी। मैं कितनी स्वार्थी थी! वही किया, जो मन में आया। एक बार भी उनके बारे में नहीं सोचा। आरुष से बात करने के बाद यह समझ आया और फिर भी मेरा परिवार मेरे लिए खड़ा है। वे मेरे साथ कितने प्यार से पेश आए!

दिव्या भी! कौन जाने, वह भी किसी दबाव में हो! उसे कभी इस तरह नहीं देखा। यह तो कभी सोचा भी नहीं जा सकता था कि मेरी माँ अपने मन में झाँककर देखेंगी। अब तो सोचकर ही दुःख हो रहा है कि माँ ने मुझसे माफी माँगी है। मैं पहले ही अपनी पढ़ाई को लेकर उन्हें कितना दुःखी कर चुकी हूँ। फिर भी, उन्होंने खुद को यकीन दिला लिया कि गलती उनकी थी।

अरे, सबकी बड़ी याद आ रही है।

अचानक ही समझ आ गया कि अब क्या करना था। मैं घर वापस जाना चाहती थी।

□

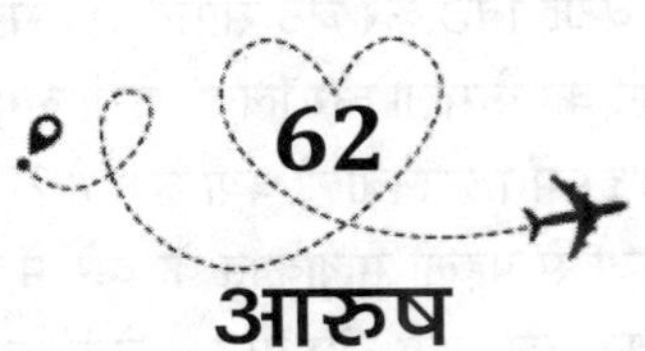

आरुष

मैं तो पूजा के साथ ईमानदार रहा, पर ऐसा क्यों लग रहा है कि मैंने उसे धोखा दिया है? पता नहीं क्यों? क्या वह केवल अवकाश के दिनों की मौज भर थी? यकीन से नहीं कह सकता। क्या उससे प्यार करता हूँ? इस बारे में भी पक्का नहीं कह सकता। भारत में तो इस बात का पूरा यकीन था, पर अब सोच रहा हूँ कि प्यार होता क्या है?

मैंने अपने माता-पिता और उनके जीवन के कष्टों को देखा है। वे हर सुख-दु:ख में साथ निभाते आए हैं। उन्हें एक बार भी आपस में कठोर बोलते नहीं सुना। मुझे लगता है कि यही सच्चा प्यार है।

मैं उनके पास दुकान में वापस चला गया। अभी बहुत काम करना है; पर मेरा दिमाग बार-बार पूजा की ओर जा रहा है।

क्या मैंने उसके दिल को ठेस पहुँचाई? बेशक, यही तो किया है। पर वह मुझसे क्या चाहती थी? सब छोड़कर उसके साथ चल देता? मैं ऐसा कैसे कर सकता था? वह अचानक ही आ गई और मैं यह सब सँभाल नहीं सका।

मेरी मम्मी ने पूछा था, "आरुष, यह लड़की अचानक ही भारत से क्यों आ गई?"

"मॉम, आपको बताया है न कि यह भारत में मेरे साथ कैंप में थी और जेना की दोस्त है।" मैंने बड़ी आसानी से वही कहानी सुना दी, जो पूजा ने तैयार की थी।

मेरी अंतरात्मा चैन नहीं लेने दे रही थी। पूजा इतनी दूर से मुझसे मिलने आई। मैंने उसे वापस भेज दिया। पता नहीं, यह सही किया या गलत? मेरा सिर चकरा गया था, मानो किसी ने दिल में छेद कर दिया हो।

मम्मी ने देखा कि मैं किसी बात से परेशान हूँ। उन्हें हमेशा पता चल जाता है।

"तुम हमसे क्या छिपा रहे हो? हम तुम्हारे माता-पिता हैं। तुम्हें क्या लगता है, अगर झूठ बोलोगे तो मुझे पता नहीं चलेगा?" मम्मी ने आराम से पूछा।

मैं कैश काउंटर पर बैठा स्क्रीन पर दिख रहे बिलों पर ध्यान लगाने की कोशिश में था। वे लोग चटाई बिछाकर बैठे सामने रखे सामान को सहेज रहे थे।

मैंने उन्हें सच बताने का फैसला कर लिया। ऐसा लगा कि कम-से-कम उन्हें तो पता होना ही चाहिए। इसमें छिपानेवाली क्या बात है?

मैंने वायनाड में पूजा से पहली मुलाकात के बारे में बताया। मैंने उन्हें सुजीत के बारे में बताया। पूजा का जेल जाना और फिर कैसे मैं उससे मिलने पुलिस स्टेशन गया। मैंने उन्हें बताया कि कैसे सुजीत को पकड़ने के चक्कर में मेरी पिटाई हुई और पूजा को टी.वी. पर दिखाया गया, जिससे हालात और भी उलझ गए।

जब मैंने सारी बात पूरी की तो पापा बोले, "मुझे पता था कि इसने जो भी कहा है, बात उससे ज्यादा है। यह लड़की मुसीबत से ज्यादा कुछ नहीं है।"

पर मॉम ने उनकी बात काटी, "उसे दोष मत दो। वह इतनी दूर से इससे मिलने आई है। इस बात से उसके बारे में क्या पता चलता है?"

"उसके पास उड़ाने के लिए पैसा है।" पापा ने कहा।

"ओहो डैड, आप उसके बारे में ऐसा मत कहो।" मैंने पूजा का पक्ष लिया।

"इतनी दूर से सिर्फ मिलने के लिए इतना पैसा खर्च करने की क्या तुक बनती है?" पापा बोले।

"अगर वह उससे प्यार करती है तो वह उसके लिए कुछ भी करेगी।" मम्मी ने कहा।

जब मम्मी ने यह कहा तो दिमाग में एक घंटी-सी बजी। वे ठीक कह रही हैं। यह बात मेरे भेजे में क्यों नहीं आई? मैंने उसे सही-गलत पर कितना बड़ा भाषण पिलाकर भगा दिया। उससे यह तक नहीं पूछा कि वह कहाँ ठहरी थी?

"शायद मॉम ने ठीक कहा। मैं ही बेवकूफों की तरह पेश आया।" मैंने कहा।

"अब क्या करना चाहते हो?" पापा ने पूछा।

"मैं उससे मिलने जाऊँगा। मैंने उसके साथ अच्छा बरताव नहीं किया। मुझे उससे माफी माँगनी होगी।"

"अगर तुम्हें लगता है कि तुमने किसी के साथ बदसलूकी की है तो तुम्हें माफी माँगनी ही चाहिए।" मॉम ने कहा।

"यह भी नहीं पता कि वह कहाँ रह रही है।" मैंने उन्हें बताया।

"जेना से पूछो।" पापा ने कहा।

मैंने जेना को कॉल की तो जवाब नहीं आया। फिर मैंने मैसेज करके पूजा के होटल के बारे में पूछा।

जेना से कोई जवाब नहीं मिला और मैं स्टोर में काम करता रहा। बेचैनी बढ़ रही थी और मैं बार-बार फोन देख रहा था कि जेना ने मैसेज का जवाब दिया या नहीं?

फिर अचानक याद आया कि मैं पूजा से भी इ-मेल करके पूछ सकता हूँ कि वह कहाँ ठहरी है? उससे माफी भी माँगी जा सकती है। मुझे याद आया कि उसने मेल भेजने के बारे में क्या कहा था। मैंने उसे ब्लॉक किया हुआ था, इसलिए वे ट्रैश में चली गई होंगी। कुछ दिन पुरानी मेल्स तो मिल ही जानी चाहिए। यह क्या? उसने तो आज भी दो घंटे पहले एक मेल भेजी हुई है। इसका मतलब है कि उसने इस जगह से जाने के बाद मेल लिखी होगी।

प्रिय आरुष,

तुम ठीक कहते हो। मैंने बहुत अधीरता दिखाई और मॉम-पापा से भी अच्छी तरह पेश नहीं आई। इतनी सी बात समझने के लिए सात समंदर पार आना पड़ा। मुझे खुशी है कि मैंने ऐसा किया।

इसके लिए तुम्हारा धन्यवाद।

वैसे, इस जगह आने से पहले शशि से तुम्हारी आर्ट की प्रदर्शनी के बारे में बात की थी। मुबारक हो, तुम्हारी सारी पेंटिंग्स प्रदर्शनी के लिए चुन ली गई हैं। मैंने ही उन्हें चुनकर हाई-रेजॉल्यूशन पिक्चर दिए थे। शशि ने बताया कि उन्हें कुछ पेंटिंग्स के लिए भारत की कुछ आर्ट गैलरी से प्रस्ताव आए हैं, जो युवा कलाकारों में भारी निवेश करती हैं। वे चाहते हैं कि तुम उनसे मिलो। शशि तुम्हें सारे विवरण मेल कर देगा। मुझे खुशी है कि मैं तुम्हारे कॅरियर के लिए कुछ कर सकी।

मेरी ओर से शुभकामनाएँ और मेरी आँखें खोलने के लिए शुक्रिया!

पूजा

समझ नहीं आ रहा था कि क्या सोचना है। बस, इतना पता था कि मुझे पूजा से मिलना है। मतलब, बस जल्दी से!

फोन बजा और दूसरी ओर जेना थी।

"सॉरी, कॉल मिस हो गईं। दादी को अस्पताल ले गई थी और फोन साइलेंट पर था।"

"पूजा कहाँ रुकी है? कौन से होटल में है?" मैंने एक साँस में पूछा।

जब उसने बता दिया तो मैंने धन्यवाद करते हुए फोन रख दिया।

काश, मेरे हाथ पर प्लास्टर न होता! मैंने स्वयं को इतना असहाय कभी महसूस नहीं किया था। अगर हाथ ठीक होता तो मैं खुद ही कार चलाकर जा सकता था; पर अब पापा से पूछने के सिवा कोई चारा नहीं था।

"मुझे उससे मिलने जाना है। क्या आप साथ ले चलेंगे, प्लीज?"

"क्या हुआ?" पापा ने पूछा।

"पता नहीं। शायद मुझसे गलती हो गई है।" मैंने कहा।

"आप इसे लेकर जाओ। अगर इसका हाथ ठीक होता तो यह आपको साथ चलने को कभी न कहता।" मॉम ने कहा।

मैंने रास्ते में पापा को पूजा की मेल के बारे में बताया।

"हो सकता है कि मैंने भी उसे परखने में जल्दी की हो। जाओ, उससे सुलह करो। शायद तुम्हारी मॉम सही कह रही हैं।" पापा ने कहा।

ज्यों ही पापा ने कार पार्क की तो मैं उछलकर रिसेप्शन की ओर लपका। काउंटर पर भारत से आई पूजा कृष्णन के बारे में पूछताछ की।

"सॉरी सर, वे तो कुछ घंटे पहले चेक आउट कर चुकी हैं।" काउंटर पर खड़े आदमी ने बताया।

मैं कार के पास वापस आया तो कंधे ढुलके हुए थे।

"क्या हुआ?" पापा ने पूछा।

मैंने उन्हें बताया कि पूजा जा चुकी है।

"क्या हीथ्रो एयरपोर्ट तक जाना चाहोगे? जैसे मूवीज में दिखाते हैं, हीरो आखिर में हीरोइन को एयरपोर्ट पर रोक लेता है। वही भाग-दौड़वाला सीन। बस, इस जगह हीरो का हाथ टूटा हुआ है और कार उसके पापा चला रहे हैं।" उन्होंने चुटकी ली।

मेरे पापा बड़े ही मजाकिया हैं। मानना ही पड़ेगा। पर उसे हीथ्रो एयरपोर्ट पर कहाँ खोजता? पता नहीं, वह घर जा रही है या कहीं और चली गई है। उसका फ्लाइट नंबर, एयरलाइन और टर्मिनल वगैरह कुछ भी तो पता नहीं है—कुछ नहीं।

"नहीं डैड, चलो, घर चलें। वह तो केवल फिल्मों में होता है।" मैंने कहा।

वे मुसकराए और हम कार में बैठ गए।

"चिंता मत कर, सब ठीक हो जाएगा।" वे बोले।

उस समय मैं पूरे दिल से चाहता था कि ऐसा ही हो।

□

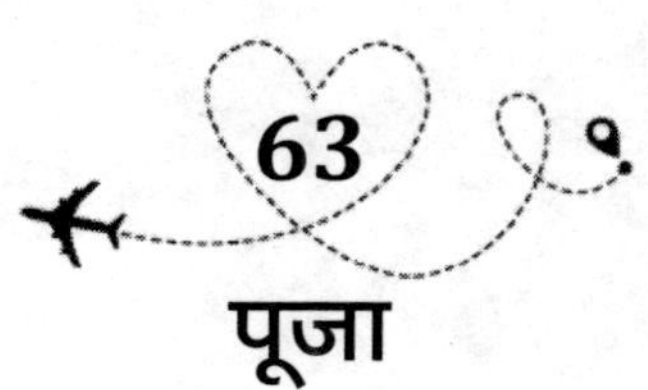

पूजा

यात्रा भी मजेदार चीज है। यह आपके जीवन में किसी तरह का बदलाव लाते हुए आपको एक बेहतरीन इनसान बनाती है। पर मैं सोच भी नहीं सकती कि फ्लाइट में जो सीट मिली है, वह किस तरह एक बेहतर इनसान बनने में मेरी मदद कर सकती है। मैं एक मोटी सी तोंदवाले सज्जन और उनकी मम्मी के बीच मिडिल सीट पर हूँ और वे दोनों लगातार मेरे सिर के ऊपर से स्नैक्स ले-दे रहे हैं। मैं दो बार सीट बदलने के बारे में पूछ चुकी हूँ, पर मम्मीजी को विंडो सीट चाहिए। उनका परिवार बड़ा है और मैं उनके कोलाहल के बीच फँस गई हूँ। एयरलाइन स्टाफ ने माफी के साथ बताया कि उनके पास कोई और जगह नहीं है। इतना ही क्या कम था, एक रोंदू बच्चा भी विमान में मौजूद है। उफ्! वापसी की यात्रा कितनी भयंकर है! मुझे स्नैक्स की गंध से नफरत हो रही है। वे लगातार कुछ-न-कुछ चबा रहे हैं। मुझसे भी पूछा था, पर मैंने मना कर दिया।

इन सभी पचड़ों के बीच बस, यही एक बात अच्छी है कि मैं हेडफोन लगाकर शोर से बच सकती हूँ। मैं सोचने लगी कि मैं अपने जीवन के बारे में क्या करना चाहती हूँ। मैं पापा को फोन कर चुकी थी और उनकी आवाज में जो सुकून और खुशी महसूस हुई, उसे सुनकर लगा कि कहीं जाकर छिप जाऊँ और उन्हें मुँह न दिखाऊँ। उनके पास बहुत सारे सवाल थे। मैं कहाँ ठहरी थी? होटल कैसा था? मैं ठीक हूँ न? मुझे डर तो नहीं लग रहा? क्या मेरे पास बहुत सारी फॉरेन करेंसी है? क्या वे लंदन में अपने दोस्त को मेरी देखरेख के लिए कहें? मैंने बड़े ही धीरज से सारे सवालों के जवाब दिए। उन्होंने यह तक कहा

था कि लंदन तक चली गई थी तो एकाध दिन ठहरकर घूम लेना भी अच्छा होगा। उन्होंने कहा कि उनका दोस्त मुझे सब जगह घुमा देगा।

मेरे दिमाग में भी लंदन घूमने की बात आई थी।

पर अभी घूमने का मन नहीं है। मुझे घर जाना है। मैं अभी शहर की खूबसूरती का आनंद नहीं ले सकती।

"अच्छा, पर अगर मैं इस जगह चोरी से आ सकती हूँ तो आराम से अकेले घूम भी सकती हूँ। पर मुझे घर वापस आना है।" मैंने उनसे कहा था।

"पता भी है, मैं तुम्हारे मुँह से ये शब्द सुनने को तरस रहा था।"

ऐसा लग रहा है कि वापसी का सफर और लंबा हो गया है। सबसे बड़ी बात? एक बार भी उलटी नहीं आई। मैंने सोचा कि इनसानी दिमाग कितना ताकतवर है! हम सबके पास अपनी स्वतंत्र सोच और किस्से हैं। अगर अपनी सोच और तर्क बदल दें तो कुछ भी कर सकते हैं। अपनी पूरी जिंदगी बदल सकते हैं। हम कुछ भी करने की सोच सकते हैं और उन्हीं तर्कों के बल पर उसे पूरा कर सकते हैं। मैंने यू.के. जाने के बारे में सोचा था और कितनी आसानी से हर मुश्किल को पार कर लिया। मैं अपने जीवन के साथ ऐसा क्यों नहीं कर सकती?

इस समय मेरा रडार गायब है और मैं खोया हुआ महसूस कर रही हूँ, क्योंकि मेरे पास कंपास नहीं है। मुझे अश्वटी भवन में अपना समय याद आया। आरुष के साथ जितना अच्छा लगता था, कक्षा में भी उतना ही आनंद आता था। मुझे उन बच्चों के लिए कुछ करने में खुशी मिलती थी। ऐसा लगता था कि मेरा भी कोई मोल हो। मैं उनके लिए मायने रखती थी। उस जगह मेरे जीवन को एक अर्थ मिला। मैं लगातार सोचती रही कि मैं अपने जीवन में क्या कर सकती थी और धीरे-धीरे एक उत्तर उभरा और फिर, मैं गहरी नींद में सो गई।

जब मैं भारत में उतरी और इमीग्रेशन से बाहर आई तो घर वापस आने का सुखद अहसास हुआ। यह मेरा देश है। मैंने यह उम्मीद नहीं की थी कि पूरा परिवार बाहर इंतजार करता मिलेगा। मुझे लगा कि एंथोनी आया होगा या फिर घर से कार भेजी गई होगी, जैसा पापा ने कहा था। पर अभी तो वे तीनों बाहर खड़े दिख रहे थे।

मैं बहुत ही शर्मिंदा, लज्जित और सकुचाई हुई महसूस करने लगी।

"पूजा बेटी!"

मम्मा ने बाँहें फैलाकर मुझे घेर लिया। उन्होंने कसकर गले से लगाया और छोड़ने से इनकार कर दिया। इसके बाद पापा ने और फिर दिव्या ने गले से लगाया।

दिव्या बोली, "पूजा द हूजा! तेरा गंदा और मैला चेहरा देखकर अच्छा लगा!"

मैंने भी पलटकर कहा, "चुप कर, ऐसे अपने कार-डिक को बोलना।" जब वह चिढ़ने के बजाय हँसने लगी तो मुझे भी अच्छा लगा।

जब हम कार के पास आए तो एंथोनी कहीं नहीं दिखा।

"एंथोनी कहाँ है?"

"उसे आज छुट्टी दे दी। मुझे लगा कि हम चारों एक साथ समय बिताएँ तो अच्छा लगेगा।" पापा बोले।

"पूजा, तुमने तो असंभव को संभव कर दिया। माँ ने इस सप्ताह अस्पताल से दो दिन की छुट्टी ली। पूरे दो दिन। क्या तुम यकीन कर सकती हो?" दिव्या बोली।

"लड़कियो, बस करो। आपस में उलझना बंद करो। हमें अब भी तय करना है कि पूजा क्या करने जा रही है। हमें इससे बात करनी है।" मम्मी ने झट से कहा।

"नहीं, यह बात मत करो। यह फिर से भाग जाएगी।" दिव्या बोली।

मैं इतनी शर्मिंदा हुई कि मन-ही-मन में रोने लगी।

दिव्या के बरताव ने माहौल को सँभालने में मदद की। मैं भी अपने परिवार से ऐसे बरताव की आदी नहीं थी।

जब हम घर आए तो मैं शांति चेची की बाँहों में जा गिरी। मुझे उनकी कितनी याद आई थी। उन्होंने हमें चाय और अपने हाथों के मशहूर प्याज के पकौड़े खिलाए।

हम छत पर बैठकर समंदर को देख रहे थे।

"अपने सफर के बारे में बताओ। आरुष कैसा है तुम्हारा?" दिव्या ने पूछा।

वह···। मुझे चुप होना पड़ा। समझ ही नहीं आया कि क्या जवाब देना चाहिए!

वे तीनों मेरे जवाब की प्रतीक्षा में थे।

"कह सकते हैं कि मैंने इस यात्रा में एक बात तो सीख ली। भले ही आप किसी से भी प्रेम करें, पर आपको याद रखना चाहिए कि परिवार सबसे पहले

आता है। अगर आपस में गलतफहमी हो तो बात करके हल कर लें। किसी भी चीज से भागना उसका हल नहीं होता। इससे समस्या और बढ़ जाती है। मैंने यह नहीं सोचा और मैं इसके लिए शर्मिंदा हूँ। मैंने जो भी किया, उसके लिए माफी चाहती हूँ।"

"नहीं पूजा, तुम मुझे माफ कर दो। मैंने कभी पूछने की परवाह नहीं की कि तुम क्या चाहती हो!" मम्मी ने कहा।

"मॉम, मैं भी इस बारे में सोच रही थी। मैं आई.आई.एम. में मैनेजमेंट कोर्स तो नहीं करना चाहती। मुझे अश्वटी भवन में पता चला कि मैं बच्चों के साथ अच्छी तरह काम कर सकती हूँ। मुझे उन्हें पढ़ाने और पेपर देखने में बहुत आनंद आया। पर उनकी जिंदगियों में मेरी वजह से बदलाव आ रहा था, यह बात और भी अच्छी थी। शायद मैं ग्रेजुएट होने के बाद छोटे बच्चों के आरंभिक विकास से जुड़ा कोई कोर्स करना चाहूँगी। फिर मैं किसी संगठन के साथ काम करके अनुभव लूँगी। एक दिन उन जैसे बच्चों के लिए ही अपना सेंटर खोलूँगी।" मैंने कहा।

इतने वर्षों के दौरान जब भी मम्मा ने पूछा कि मैं क्या करना चाहती थी, तो मेरे पास कोई जवाब नहीं होता था। पर जब से आरुष ने वे सवाल किए थे, मैं इस बारे में सोच रही थी। जीवन में पहली बार मेरे पास एक निश्चित योजना थी कि मैं करना क्या चाहती थी।

मेरे पापा ही सबसे पहले बोले, "पता है, यह तो बड़ी अच्छी बात है। तुम इस बारे में इतने मन से कह रही हो, इस काम में सफलता जरूर मिलेगी। पूजा, देखा, तुमने यू.के. तक जाने में कितना साहस दिखाया। तुम बहुत ही कमाल, बहादुर और स्मार्ट हो। बस, इन गुणों का सदुपयोग करो और मुझे कोई शक नहीं है कि तुम सफल रहोगी।"

"मुझे खुशी है कि तुमने अपने बारे में कुछ सोच लिया है। मैं तुम्हें मैनेजमेंट डिग्री लेने के लिए नहीं कहूँगी। जो अच्छा लगे, वही करो। खुलकर ईमानदारी से अपनी बात कहने के लिए शुक्रिया।" मॉम ने कहा।

हमने एक साथ रात का खाना खाया। हम लोग पहले तो ऐसे नहीं खाते थे। अपेक्षाओं का तनाव, बोझ और भार कहीं चला गया। अब हमारे आसपास प्रेम, हँसी और आपसी छेड़छाड़ थी।

"अरे, यह तो हमारा परिवार लग ही नहीं रहा।" दिव्या ने चुटकी ली।

"हो सकता है कि अगर मैं तुम्हें कैट (CAT) परीक्षा के लिए कहना शुरू कर दूँ तो यह फिर से वैसा लगने लगे।" मॉम ने गंभीर चेहरा बनाकर कहा और हम सब हँसने लगे।

किसने सोचा था कि मेरी मॉम भी अपने पर हँस सकती थीं। हमारा परिवार इतने लंबे अरसे से कभी इतना प्रसन्न नहीं हुआ था।

उस शाम, जब मैंने मेल लॉग-इन की तो आँखें मारे हैरानी के फैल गईं। मैंने उससे मेल मिलने की उम्मीद नहीं की थी। यकीन नहीं आ रहा था कि आरुष की मेल आई हुई थी।

मैंने साँस रोककर पढ़ना शुरू कर दिया।

□

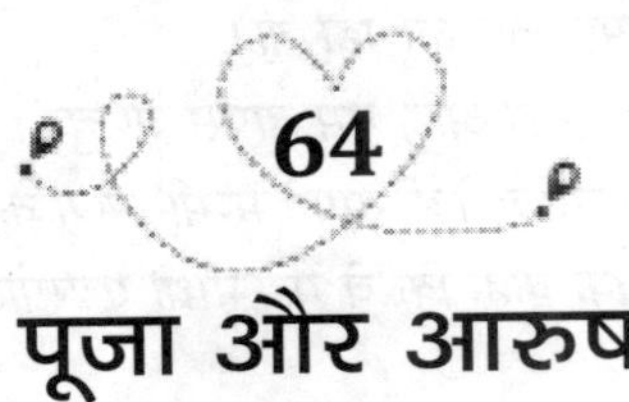

पूजा और आरुष

प्यारी-प्यारी पूजा,

इस समय मन में लाखों भाव और विचार चक्कर काट रहे हैं। समझ ही नहीं आ रहा कि कहाँ से बात शुरू करूँ और पहले क्या कहूँ! सबसे पहले तो माफी चाहूँगा। मैं तुमसे जिस तरह पेश आया, उसके लिए खेद है। मैं कितना मूर्ख हूँ। मुझे तुम्हारे साथ इस तरह व्यवहार नहीं करना चाहिए था। मैं तुमसे माफी माँगता हूँ। बेशर्त! आशा करता हूँ कि तुम मुझे दिल से माफ कर दोगी।

मुझे अपनी बात रखने का मौका दो। जब मैं यू.के. वापस आया तो मैंने तुम्हें मेल लिखीं और तुम्हारे जवाब का इंतजार करता रहा। उसके बाद जल्दी ही मैंने विंसेंट को खो दिया और गहरी उदासी ने घेर लिया। मैं अब भी उसके जाने के दुःख से उबरा नहीं हूँ। कई सप्ताह तक तुम्हारा उत्तर नहीं आया। जरा मुझे अपनी जगह रखकर तो देखो। मेरा तुमसे मुँह फेरने के बारे में सोचना स्वाभाविक ही था। हालाँकि, मेरे लिए भी इसे स्वीकार करना आसान नहीं था। दिल बुरी तरह से टूट गया था, मानो मेरे दिल का कोई हिस्सा हमेशा के लिए अलग हो रहा हो। अपने आप को सँभालने के लिए मैंने खुद को तुमसे अलग करने के बारे में सोच लिया। मैंने खुद को समझाया कि यह केवल खाली समय की मौज थी, और कुछ नहीं था। इस तरह, मैं खुद को छल रहा था। यह आत्मरक्षा का तरीका भर था। मैंने तुम्हें मेल पर ब्लॉक कर दिया, वे सारे एप्स भी अनइंस्टॉल कर दिए, जिनसे तुम मुझ तक पहुँच सकती थीं।

मुझे कोई अंदाजा नहीं था कि तुम मेरे बारे में क्या सोचती थीं या मुझे पाने के लिए क्या कर सकती हो। मैं उन लोगों में से नहीं, जो अचानक मिलनेवाले सरप्राइज

पसंद करता हो। मुझे सभी चीजों को समझने में समय लगता है। जब मुझे लगा कि भारत वाला चैप्टर ही बंद हो गया, तुम उसी समय जेना के साथ आ गईं। यह सब मेरे लिए किसी सदमे से कम नहीं था। मेरे मन में जो आया, मैंने कह दिया। मुझे तुम्हारे साथ दयालुता का बरताव करना चाहिए था। पूजा, मैं वाकई बुरी तरह से परेशान हो गया। कुछ समझ नहीं आ रहा था।

जब तक सारी बात समझ आई, तुम वापस जा चुकी थीं। मेरे पापा मुझे होटल तक छोड़ने आए (मैंने तुम्हारे जाते ही अपने मम्मी-पापा को तुम्हारे बारे में सब बता दिया था)। उन्होंने यहाँ तक कहा कि वे मुझे हीथ्रो एयरपोर्ट छोड़ आएँगे। क्या तुम यकीन कर सकती हो?

मैंने जेना से पूछा तो पता चला कि तुम यू.के. से वापस जा चुकी हो। ओह पूजा! काश, तुम लंदन में दो दिन और ठहर जातीं। मैं तुमसे आकर मिल तो लेता। मुझे इस सदमे से उबरने में एक ही दिन लगा; पर तुमने तो दो घंटे का समय भी नहीं दिया। लगता है, मेरे बरताव की यही सजा थी। बस, इतना जान लो कि मैंने जो भी किया, वह जानकर नहीं किया।

मैं तुम्हारा दिल से शुक्रिया अदा करता हूँ कि तुमने मेरी पेंटिंग्स की प्रदर्शनी लगवाई। शशि ने मेरा आर्ट गैलरी से परिचय करवा दिया और वे लोग मेरे साथ व्यावसायिक संबंध रखना चाहते हैं। मुझे अभी इस बारे में तय करना है। मैं अपने कॉलेज के प्रोफेसरों से बात करूँगा और एक वकील इसके कानूनी पहलुओं को परख रहा है। (मैंने कहा था न कि मैं लापरवाह हूँ। मुझे तुम्हारी तरह तत्काल निर्णय लेने नहीं आते।)

अब मैंने तुम्हारी मेल्स पढ़ ली हैं, जो तुम्हें ब्लॉक करने के कारण ट्रैश में चली गई थीं। मैं खुद को दर्द से बचाने के लिए यह सब कर रहा था। बस, इतना कह सकता हूँ कि तुम मुझसे ज्यादा बहादुर हो। तुम जो चाहती थीं, उसका पीछा करने से पीछे नहीं हटीं। मैं कुछ ऐसा करने के बारे में सोच भी नहीं सकता।

उम्मीद करता हूँ कि घर में सब ठीक होगा।

पूजा, प्लीज, मुझे माफ कर दो।

लव

आरुष

15 मिनट बाद

प्रिय आरुष!

मैं तत्काल उत्तर दे रही हूँ। देखा, मुझे चीजों को समझने में देर नहीं लगती।

तुम तो बड़े ही पागल निकले! पता भी है, कितनी मुश्किल से तुम तक पहुँची थी। तुमने पूछा तक नहीं। तुम यह कैसे कह सके कि मेरे पास पैसा था, इसलिए मैं यू.के. आ सकी? पर पता है, तुम्हारे शब्द दिल पर वार कर गए, क्योंकि वे सच्चे थे। मैंने तुम्हारी बातों पर गहराई से सोचा और मुझे अपने आनेवाले समय के लिए दिशा मिली। विंसेंट के बारे में सुनकर दुःख हुआ। मुझे पता है कि अपने किसी प्रिय पात्र को खोने से मन को कितना दुःख होता है!

हाँ, परिवार के साथ समझौता हो गया। कई सालों में पहली बार आपस में सच्चा जुड़ाव और अपनापन महसूस हो रहा है। यदि तुमने वह सब न कहा होता और मैंने वह यात्रा न की होती तो यह सब कभी संभव न होता। कई बार हम अपनी ही खोज के लिए भी यात्रा करते हैं।

मैं तुम्हें इतनी आसानी से माफ नहीं करने वाली। बस, एक मेल से कुछ नहीं होगा।

पूजा

11 मिनट बाद

पूजा!

जवाब देने के लिए थैंक्स। मैं भी झट से जवाब दे रहा हूँ। पता नहीं क्यों, मन खुश है और मैं अभी मुसकरा रहा हूँ।

देखा, तुम मुझे कैसे बदल रही हो! किसने सोचा था कि ऐसा भी हो सकता है। प्लीज, यह बताओ कि तुम्हारी माफी पाने के लिए क्या करना होगा?

लव
आरुष

4 मिनट बाद

बस, एक ही सूरत में मेरी माफी मिल सकती है। भारत आओ और मेरे पैरों में गिर जाओ। फिर मैं सोचूँगी। (वैसे, पैरों में गिरने के बजाय बहुत सारी किस करने के बारे में भी सोचा जा सकता है।)

1 मिनट बाद

मैं आऊँगा! मैं अचानक आकर तुम्हें हैरत में डाल दूँगा। देखें, तुम कैसे पेश आती हो। हो सकता है कि मैं इंग्लैंड से किसी जहाज में बैठ जाऊँ। जब तुम रात को सबके साथ डिनर कर रही हो तो तुम्हारी छत पर आ धमकूँ।

30 सेकंड बाद

मैं उस ओर से आनेवाले जहाजों पर नजर रखूँगी।

10 सेकंड बाद

वीडियो कॉल? इ-मेल्स धीमी होती हैं।

5 सेकंड बाद

किसी ने कहा था कि मेल में वह भी लिख सकते हैं, जो आमने-सामने नहीं कह सकते। उसने कहा था कि उसे वीडियो कॉल में शर्म आती है और वह खुलकर बात नहीं कर सकता। मैं सोच रही थी कि किसने कहा होगा?

3 सेकंड बाद

मैं भी यही सोच रहा हूँ कि वह कौन होगा? पर जो भी होगा, जिसने भी तुम्हें मेल लिखने को मना लिया, वह कुछ खास ही होगा। कॉल करता हूँ, उठा लेना!

□□□